现代实用应用文写作

主　编　钱　放

副主编　刘哲宁　许丽丽　夏　玲

编　委　（以姓氏笔画为序）

许丽丽　刘哲宁　刘仁三

吕　刚　钱　放　夏　玲

合肥工业大学出版社

内容提要

本书为高职高专应用写作课程教材。全书分为十三章,从高职院校教育教学目标出发,将学生应掌握的知识和技能贯穿于每一个章节中,并通过对案例的分析,提高学生应用写作的能力。

本书可作为各类高职高专院校各类专业应用写作课程教材,亦可作为社会各类人员学习应用写作的参考书。

图书在版编目(CIP)数据

现代实用应用文写作/钱放主编.—合肥:合肥工业大学出版社,2009.6
(2020.1重印)
ISBN 978-7-81093-962-1

Ⅰ.现… Ⅱ.钱… Ⅲ.汉语—应用文—写作—高等学校—教材 Ⅳ.H152.3

中国版本图书馆CIP数据核字(2009)第074229号

现代实用应用文写作

钱 放 主编　　　　责任编辑 陆向军

出 版	合肥工业大学出版社	版 次	2009年6月第1版
地 址	合肥市屯溪路193号	印 次	2020年1月第4次印刷
邮 编	230009	开 本	710毫米×1000毫米 1/16
电 话	总编室:0551-62903038	印 张	16.75
	市场营销部:0551-62903198	字 数	320千字
网 址	www.hfutpress.com.cn	印 刷	安徽昶颉包装印务有限责任公司
E-mail	hfutpress@163.com	发 行	全国新华书店

ISBN 978-7-81093-962-1　　　　定价:32.00元

前　言

近几年来，高职高专教育取得了突飞猛进的发展。我国的经济建设也越来越凸现出对技术应用型和高技能人才的需求。高等职业教育需要在优化人才培养机制、优化专业和课程设置、优化教学内容和教学过程等方向有所创新。为此，我们编写了这本教材。

过去的一些“写作”教材大多理论性强、操作性差，与社会需求和学生的实际接受能力有较大差距。本书着重体现高职高专教育的特点，打破现有教材的传统模式，体现时代特点和风格，并注意淡化教材的理论性，强化教材的实用性和可操作性。尤其在行政公文中加入了写作模板以供学生练习，这是我们的一种新的探索，各专业授课老师可根据自己专业特点和学生自身实际情况，有选择地取舍教材内容。

本书参编人员有安徽工业经济职业技术学院钱放（第一章）、刘哲宁（第七、八章）、吕刚（第十二、十三章）、刘仁三（第五、六、十章），芜湖职业技术学院夏玲（第二、三、十一章），安徽电子信息职业技术学院许丽丽（第四、九章）。

本书编写过程中，借鉴和参考了一些专家文献和互联网上的相关资料，限于篇幅，没有一一列出，在此，表示我们诚挚的谢意！

由于编者水平有限，书中难免有疏漏之处，恳请老师和同学们指正。

编　者

2009 年 6 月

目　录

第一编　事务文书

第二编　行政文书

第三编　专用文书

第一章 绪 论

【知识点】理解应用写作的性质，掌握应用文的含义、特点和种类。

【能力点】初步把握应用写作的基本要素。

第一节 应用写作的基本知识

应用写作与文学写作一样，都是写作的分支，只是写作的内容、作用、要求和技法有所不同而已。随着经济社会的发展，作为信息载体的应用文的读写也越来越被人们所重视。丰富多彩的社会交往、复杂精细的社会生产和日新月异的科学技术都离不开应用文，因此，学习和掌握各类应用文的阅读技巧，特别是写作方法与技巧，成为高职高专学生今后适应社会的一项重要的基本技能。

一、应用写作的内涵

顾名思义，应用写作是指各种应用文的写作。它是以应用文为研究对象，以应用文的产生、沿革、作用、特点和写作等为主要研究内容，以提高应用写作能力为目的的实用科学。

应用写作在一定历史时期内，其研究对象具有相对稳定性，但从历史角度，围绕其为现实服务的总目标来看，它又是发展的，其理论研究也在随着时代进步而相继增加新的内容。

应用文是应用写作的表现形态，是特定格式的文章的总称。它是机关、企事业单位以及个人办理公私事务、传播信息、表述意愿所使用的实用性文章。在应用文的学习和写作过程中，要注意做到既要把握文体知识，又要充分利用例文引入，做到理论和实践相辅相成，相得益彰。

二、应用文的起源

应用文的起源最早可以追溯到殷商社会的晚期。殷商时期的甲骨文，是作为应用文的载体出现的。甲骨卜辞的一些内容，如世系、天象、食货、征伐、畋游等五类，可称为公务文件，真实地保留了当时社会活动的痕迹。钟鼎铭文进一步证实了文字与应用的关系，较之甲骨卜辞，在章法上已有了较大突破。《尚书》是我国第一部以应用文为主体的散文总集。

战国时期政治、文化的发展对应用文的成熟起着承上启下的催化作用。秦统一的封建专制中央集权国家的建立，在客观上使得公牍文书进一步规范化。

秦代出现了以应用文写作跻身文学家行列的名人——丞相李斯。其代表作《谏逐客书》就是一篇上行文，它以历史及现实的大量事实作材料，反复陈说了客卿对秦国的贡献，逐客为秦国带来的害处，从而说服秦王收回逐客令，取得了较好的实际效果。总的来说，秦统一中国，实行所谓的“书同文”，显示出应用文的逐渐成熟，为后代的发展奠定了坚实的基础。到了汉代，统治者为了选拔人才，正式将应用文列为考试内容，这使许多有才之士致力于应用文写作，从而产生了许多典范的应用文名篇佳作。如汉代贾谊的《治安策》、三国时诸葛亮的《出师表》、晋朝李密的《陈情表》、南朝梁丘迟的《与陈伯之书》等，都是应用写作的名篇，脍炙人口。与此同时，对应用写作理论的研究也比较深入。曹丕的《典论·论文》第一次提出了文体的概念，文中具体阐述了奏、议、书、铭、诔等应用文的特点，“奏议宜雅，书论宜理，铭诔尚实”。陆机的《文赋》对应用文体的特征作了更为周详的概括和阐发，“碑批文以相质，诔缠绵而凄怆，论精微而朗畅，奏平彻以闲雅，说炜晔而谲诳”。刘勰的《文心雕龙》可以说是我国第一部应用文写作理论的总汇。这些都极大地推动了应用文体及写作理论的发展。

三国、两晋、南北朝时期是我国历史上一个战乱纷争的阶段，在长达369年的时间内，应用文在文体、理论等方面都得到了长足的发展，为高峰期的到来准备了极好的条件。

唐代和宋代是应用文写作比较繁荣的时期，涌现出一大批应用文章的大手笔。如魏征的《谏太宗十思疏》，韩愈的《谏迎佛骨表》，王安石的《答司马谏议书》，苏轼的《上神宗皇帝书》等。他们的应用文在写作内容、适应范围、文体规范、文辞技巧诸方面，都超越了前代。宋朝的张侃最早提出了“应用文”这一名称。清代学者刘熙载则更是具体地指出：“应用文有上行、平行、下行。重其辞乃所以重其实也。”（《艺概·文概》）

综观历史，可以说历朝历代在应用文的变革上，也多多少少有所动作，但无非是分类上的增删取舍，格式上的改头换面。如太平天国提出了“弃伪从真，去浮存实”的公文改革方针，并相应提出了一系列改革措施；辛亥革命后的南京临时政府颁布了公文程式条例，废除了几千年封建王朝所使用的制、诏、诰、题、奏、表等公文名称，规定了新公文的名称和使用范围。新中国成立后，应用文的发展趋于统一和完善；同时，应用文在内容、形式、语气诸方面也都发生了巨大的变化。

三、应用文的种类

对于应用文的分类，目前没有统一的标准。因为，不少文体本身就具有多种特征，不管按什么标准划分都难免出现概念交叉的现象，且新的文体在不断产生，因此，矛盾分歧是必然的。为了便于今后学习与使用，我们将应用文大致分为：事务文书、行政文书、专用文书三个方面内容。

四、应用文的特点

应用文同别的文章体裁一样，都需要有条理性、逻辑性，都要求遣词造句文通字顺，正确使用标点符号。复杂的应用文还要求讲究布局，也允许采用记叙、说明、议论等表现手法，并要求有准确、鲜明、生动的文风。但应用文和其他文章体裁又有区别，概括来说，有如下几个特点：

（一）有比较具体的对象

就大部分应用文来说，都有比较明确具体的读者对象。一件公文，一篇报告，一封书信，一份合同，一张条据，甚至一纸启事，都是写给具体单位、具体个人或是一定范围内的人看的，不像文学作品那样，读者面那么宽泛。由于读者对象比较具体，内容可以详细，并具有保密性。单位与单位、个人与个人之间的关系也表现得十分清楚。

（二）有较为严格的选材范围

应用文不像文学作品的题材那样，"上下几千年，纵横数万里"，由作家自由选取。应用文所反映的社会生活，是由实际工作及写作目标所决定的。尤其是公务文书，在内容和文体方面，还要受到较为严格的限制，个人自由选择的机会很少。这也是应用写作比一般写作难度较大的一个方面原因。

（三）有较强的约束力

文学作品和一般文章虽然也有鲜明的主题，表示应该怎么做，不应该怎么做，但那只是一种影响、倡导和暗示，对读者没有约束力。而有些应用文，由于其特定的内容，则具有强制性。如政府文件，人民团体制定的公约、条例，企业公布的规章，学校建立的各项制度，产销双方签订的合同，尤其是法律方面的诉讼文件，约束力是很强的。因此，在写作中，就要十分严肃，严格掌握政策，用准确的文体和书面语言表达内容，防止出现误解和偏差。

（四）内容必须真实具体

应用文写作材料，必须绝对真实，不容许有任何虚构。文学作品虽然也要求生活的真实性与艺术的真实性，但允许有丰富的想象力。应用文是为了解决实际问题而写作的，内容稍有失实，即不能达到预期的目的。应用写作只能根据需要，围绕中心，客观而又准确地叙述事实，严谨而又简洁地说明道理。内容的真实性，是应用文写作的根本原则。

（五）有比较固定的格式

应用写作要根据文章的性质、内容和读者对象，选择恰当的文体。应用文在长期实践中，为了表达准确，处理迅速，逐渐形成了各自不同的、相对固定的体式。文章体式的规范化有两种情况，一是党政机关以规章制度形式固定下来的，如行政公文，甚至连用纸的规格、格式都有国家标准规定。另一种是约定俗成的，在长期实践中也逐渐有了较为规范的体式。

（六）时间性强

应用文是为了解决现实生活中的实际问题而写作的，因此，有较强的时间性。文学作品可以反复构思，多次修改，刻意推敲，不必急就成篇。而应用文则不能如此从容，往往是问题刚出现，就需要写成文章，甚至紧迫到争分夺秒，丝毫不能延误。如果拖拖拉拉，等到应用文写出来，已经时过境迁，失去了应有的作用。

五、应用文的作用

应用文是一种工具，它的主要作用表现在以下几个方面：

（一）宣传和贯彻党和国家的方针、政策

各级机关的大多数文件都有宣传教育的作用，特别是“决定”、“决议”、“指示”等高级机关文件，其内容一般都包括指导思想、理论和实践依据、方针政策及实施方案等，制定并传达贯彻这些文件就是为了统一思想，提高认识，推动工作。一些公开发表的文件，其教育宣传的范围更广，影响也更大。下级机关向上级机关报送的文件如“报告”、“简报”等，也有向上级做宣传的作用。

（二）交流信息

下级机关的要求，工作情况，各种动态，特别是新情况、新问题、新经验等需要及时向上级反映；上级机关制定的方针政策和指示意见等需要尽快向下级传达；同级或不同部门之间需要商洽工作，交流情况，协作共事，都离不开应用文；部门内部各业务环节也需要应用文来沟通联系，加强协作。

（三）总结经验

总结经验是为了不断改进工作，进一步做好工作。这就要求我们要善于运用应用文来总结工作中各个环节的经验教训，肯定成绩，纠正错误，不断提高政策、业务水平和工作效率。

（四）资料积累

许多应用文记载着各个历史时期国家发布的政令、法规，反映了各部门的种种活动，积累着某些社会变革重大事件的资料。因此，应用文又是积累和提供历史经验和资料的可靠依据。

六、学习应用文的基本要求

写好应用文不是一件容易的事情，“看似寻常最奇崛”。应用文的内容涉及范围广，种类和格式繁多，我们不仅要学习、掌握应用文的一般知识，还要具备写好应用文的能力。学习应用文的基本要求如下：

（一）端正态度，提高认识

学习应用文，首先要在思想上重视。应用文的内容比较枯燥，不像文学作品那样有新奇的题材、曲折的情节、生动的形象和色彩绚丽的语言。应用文本身很难引起人们的阅读兴趣，但它是学习、工作、生活中必不可少的工具。我们必须从理智出发，认识其重要性，培养学习兴趣。

（二）学习理论，熟悉业务

应用写作是一种综合性的脑力劳动。写作应用文，要求具备各方面的条件，如鲜明的政策观念，正确的思想认识，丰富的业务知识，敏捷的思维能力，端正的写作态度，对所写内容的深刻了解和高超的语言表达技能等。应用文是各部门为解决实际问题而写的，它往往同业务工作有密切联系。《文心雕龙》里说："郊祀必洞于礼，戎事必练于兵，田谷先晓于农，断讼务精于律。"由此可见，我们要学好应用文，不仅要掌握政策，还要加强业务学习，当业务内行。

（三）加强语文基本功的训练

应用文在写作方面，尽管有诸多特点，但与一般的文章写作在基本的、主要的方面仍有很多共同之处，这就是要求熟练地掌握语言文字、逻辑、修辞及谋篇、布局等方面的基础知识，并灵活运用，方能得心应手。因此，我们要认真学习语文基础知识，努力提高语文水平。宋代大诗人陆游说过："纸上得来终觉浅，绝知此事要躬行。"学习应用文的有效方法之一就是要躬行实践，勤练笔头，在写作中学会写作。

（四）掌握格式，表达完善

应用文有其相对固定的格式，文种不同，格式也不同。学习应用文必须掌握各种基本格式，只有这样，才能写出合乎规范的应用文。应用文在表达上有其自身特点。其自身的章法，比如写公文，要求起句立意，多用承接法，结论一般在末段等；语言要庄重、质朴、准确、简约。因此，表达完善也是我们在应用写作实践中需要努力做到的。

第二节　应用写作的基本要素

应用文写作与一般文章的写作，在基本方法上有很多地方是相同的，都要求有正确的观点，真实具体的材料，严密的结构与准确、鲜明、生动的语言，这就是人们常说的文章"四要素"：主题、材料、结构、语言。不过，不同的文种中，文章诸要素会表现为各不相同的个性。

一、主题的提炼

所谓主题（主旨、发文意图），即作者在说明问题、发表主张或反映生活现象时，通过文章全部内容所表达出来的基本观点或中心思想。

表现的直白性，是应用文表现主旨的基本方法。它不同于文学作品，文学作品的主题往往是含蓄隐秘的。一般说来，作者不会在文学作品中直接亮出观点，而是通过情节的叙述，环境的描写，形象的塑造，冲突的展示或意象、意境的创造，给予形象的暗示和自然的流露。它需要读者透过形象去领会，自己去归纳和抽象。而应用文则最忌隐晦暗示，要求观点鲜明，直接表达，毫无隐讳。

应用文的主旨还表现为明确的针对性，对人们行为具有一定的规范作用。

应用文都有一定的行文对象，它不像文学作品和普通文章那样，什么人都可以阅读，有时公文还会限定严格的阅读范围（如秘密文件）。因而，其主旨表现为特定对象的行为规范。

应用文的主旨应符合以下要求：

（一）正确

一篇应用文章，从内容的角度说，观点必须正确，有积极意义，这是撰写应用文的基本要求。应用文的主题要符合党和国家的方针政策，运用辩证唯物主义的观点和方法去认识和分析问题，同时也要符合客观实际条件，反映出客观事物的本质与规律。

（二）鲜明

主题鲜明是指，应用文的观点必须明确。作者赞成什么，反对什么，在文中要明确地表现出来。“述情必显”和“析情必精”，说的就是这个意思。为此，要求撰稿者具有清醒的头脑，对事物具有深刻的认识。

（三）集中

所谓集中，就是指一篇文章只能集中表达一个主题，重点要突出。如果多中心，就会使文章枝蔓丛生，零乱破碎。有的人写文章，眉毛胡子一把抓，总想求全，面面俱到，结果适得其反。

（四）深刻

所谓深刻，就是能够反映事物的本质和规律，而不是罗列现象，言不及义。鲁迅先生谈写作时说“选材要严，开掘要深”，就是指要在揭示事物的本质上下工夫。写文章要做到观点深刻，除了作者本身要思路开阔，善于及时发现并抓住新事物、新思想外，在写作上还要透过现象，抓住本质，从感性认识上升到理性认识，作精辟入理的阐述。

二、材料的搜集

材料是指为某一写作目的收集、摄取以及写入文章之中的一系列事实或依据。由材料这一概念的内涵可以看出，那些写入文章之内的事实或依据固然可称为材料，而那些虽未写入的一切事实或依据，也可称之为材料。

材料收集工作有四个环节，即：材料的占有、鉴别、选择和使用。

（一）材料的占有

占有材料途径是指观察、调查和阅读。

1. 观察。观察是认识客观事物的基础，也是搜集材料的主要途径。我们应养成处处留心观察的良好习惯，从而获取大量有价值的、活生生的现实材料，为应用文写作奠定基础。

2. 调查。有些现实材料，作者仅仅依靠平时的观察是无法得到的，还必须通过有目的、有计划地调查采访而获取。调查的方法有多种，像开调查会、蹲点调查、问卷调查、个别采访等，只有如此，才能获得真实可靠的材料。

3. 阅读。通过观点和调查所获得的材料是直接材料。但是，由于人的精力与时间是有限的，不可能事事躬亲去调查采访，还必须通过阅读去获取大量的见解材料。书籍、报刊是了解世界的窗口，是贮藏材料的仓库，应积极去阅读；上下级文件、有关法规政策等，更应该认真阅读。

（二）材料的鉴别

鉴别就是对材料进行分析、比较的研究过程。要做好这个工作，首先必须认识材料的品质与价值，对材料作出准确的分析与鉴定。

（三）材料的选择

选择材料有四项原则：

1. 围绕主题选择材料。即选择那些符合主旨需要，能有力地表现、说明、突出主旨的材料，否则，无论材料多么生动，都应舍弃。

2. 选择典型材料。典型材料，是指那些最能反映事物本质与规律，具有广泛代表性和说服力的材料。只有选用典型材料，才能以一当十，提高文章的质量，更加有力地表现主旨。

3. 选择真实、准确的材料。真实，是应用文的生命线，选择客观真实的材料，是应用写作最基本的一条选材要求。应用写作，强调实事求是，不允许无中生有，夸张虚构，排斥一切通过想象而创造的主观性材料。

4. 选择生动、新颖的材料。新颖的材料能给人以新鲜感，富有吸引力。社会在不断进步，新事物在不断涌现，写作应立足于时代高度，以敏锐的眼光不断发现和摄取新鲜的、富有蓬勃生机的材料，去歌颂新事物，反映新面貌，阐发新见解。

（四）材料的使用

1. 恰当安排材料的先后顺序。一般遵循以下标准：或依照时间的先后；或根据材料的轻重；或照顾事件之间内部的逻辑联系；或依从说理的顺序；或考虑作者行文的方便。总之，原则只有一个：便于读者接受。

2. 确立材料的详略程度。材料的使用，不可平均使用力量，有的材料应详尽展开，有的材料则一提而过，以便明确重点，突出主旨。原则有二：一是根据主题的需要；二是根据文体的特点。一般来说，重要材料宜详，次要材料宜略；具体材料宜详，概括材料宜略；新颖材料宜详，陈旧材料宜略；典型材料宜详，一般材料宜略；人所难言者宜详，人所共知者宜略；中心材料宜详，背景材料宜略。总之，使用材料应尽最大可能力争繁简适度，浓淡相宜。

三、结构的安排

（一）应用文的结构特征

确立了主旨，选好了材料，还必须依据表达主旨的需要，来确立文章的结构。

应用文的结构，是指应用文的组织方式、整体骨架和内部构造。应用文的文体属性，决定了应用文与其他文章迥然不同的多方面的结构特征。大致有以下五点：

1. 多样性。应用文种类繁多，作用不一，对象有别，内容迥异，于是就形成了多样性的结构形式。比较简单的应用文，如一些篇幅短小、内容单一的便条、电报、启事之类，有时仅有一两句话，甚至一两个字，就谈不上什么篇章结构。而另有一些大型文书，却需要十分复杂的结构形式，如总结、调查报告、学术论文等。由此可见，应用文的结构复杂多样，谋篇时，应根据具体的文种以及主旨、内容、功用、表达的需要，选用恰当的结构形式。

2. 程式性。虽然从整体上说，应用文的结构形式是复杂多样的，但是从一些具体文种看，应用文的结构形式又是较为固定、程式性最强的。一般来说，应用文中每一特定文件，都区别于其他文件的相对稳定的结构程式。这种程式有的是法定的，有的则是约定俗成的。

3. 平直性。应用文的篇章结构单一、平直，没有曲折变化、悬念巧合，不取复线结构形式。它线索单纯，脉络清晰，章法平直，不以奇巧取胜。

4. 逻辑性。应用文主要用于解决实际问题，讲究符合人情事理的高度逻辑性。这一点，在结构上表现得尤为突出。应用文必须以准确的判断，组合成章法严谨的推理或决策层次，让人一目了然。

5. 条理性。许多应用文常采用分条列项或加小标题的结构方法，章节清楚，条款分明，主次得宜，言之有序。阅读起来，直观明了，易懂易记。

（二）结构的基本要求

对结构总体要求是：完整、严谨、统一、自然。

1. 完整，就是要有头有尾，首尾圆合，结构匀称，浑然一体；不可挂一漏万，顾此失彼。

2. 严谨，是指严密精致，合乎逻辑，结构紧凑，条理清晰；不可杂乱无章，颠三倒四。

3. 统一，是指统筹兼顾，主次分明，前后连贯，一意贯通；不可上下脱节，中断文气。

4. 自然，就是要顺理成章，行止自如，不事雕琢，章法得体；不可生搬硬套，牵强附会。

（三）结构的基本内容与技巧

应用文结构的基本内容，包括层次与段落、开头与结论、过渡与照应等。从名称上看，与其他文章的结构内容没有什么差别，但是，由于应用整体结构形式与其他文章迥异，于是也形成了每一项结构要素与其他文章不尽相同的个性。因此，在具体的构文活动中，都应针对具体的内容、功用和行文要求，以恰当得体的谋篇技巧，让每项结构要素的个性充分体现出来。

1. 层次和段落。层次，指的是文章思想内容的表现次序。它是作者思路展开步骤的体现，最能看出作者逻辑思维的功力。常用的层次方式有：总分式、并列式、因果式、时序式、三段式等。

段落则是指构成文章的基本单位，它具有“换行”的明显标志，是文章内容在表达时由于转折、强调、间歇等情况所造成的文字停顿。人们习惯上称之为“自然段”。划分段落常见方式有：提行式（即以另起行表示内容转换的方式）、条款式（即以序数为标志，按不同意思分条列项划段的方式，又称条文式）、篇段合一式（即一篇文章为一段的划段方式）。

2. 过渡与照应。过渡，即指文章中前后相邻层次或段落之间起连接、相承作用的结构部分。照应，是指文章中不相邻的部分之间，彼此在内容上的一种关照与呼应。

过渡在文章中起承上启下作用，使前后相邻的段落自然衔接，常用的方式有：过渡词、过渡句、过渡段等。

应用文中常见的照应方式有：首尾呼应、文题照应、行文前后照应等。

（四）开头和结尾

开头和结尾，是文章结构的有机组成部分。它们不仅能让文章结构完整、圆合，而且还直接影响着文章内容的表达效果。

文章的开头，能起领全篇，为全文定下基调。如命题的范围，记述的角度，层次的展开，叙述的顺序等。

结尾是总结全文的最后一笔，它会给读者留下最后一眼印象。结尾的优劣，影响着文章思想表达的深度，直接关系着文章的质量。好的结尾，可以起到深化主旨、画龙点睛的作用。

常见的开头方式有：

1. 概述式：即概括叙述有关情况或背景材料的开头方式。

2. 目的式：即阐述发文的意义、宗旨等作为开头的方式。这种方式常用“为了”、“为”等介词构成的领启语表明行文的目的，也常用“根据”等句式表明行文根据。

3. 开门见山式：开篇即直入内容或主题。

4. 引述来文式：即引述对方来文、来电的标题与发文字号作为开头的方式。

5. 无开头式：无开头式本身也是一种开头式。它取消了开头部分，直入正文。

结尾。应用文的结尾，一般来说应“言尽意止”，慎用那种语言含蓄，余味无穷的艺术形式。常见的结尾方式主要有：强调式、期求式、希望式、祝颂式、秃尾式。

应用文结构的有关知识不是固定不变的公式。某篇文章采用何种结构形式，应根据该文的文种、内容、功用及主旨需要而定。

四、应用文的语言

语言是思维的直接现实，是人类最重要的交际工具，也是进行写作、表达内容、构成文章的物质手段。文章的结构需要用语言去组织，材料需要语言去表达，主题需要语言去显示。只有通过语言这个物质外壳，主题、材料、结构等文章要素才能变成有形的东西。

（一）应用文的语体特征

不同的文体形成不同的语体特征。

应用文使用的语言是事务语体，是社会集团或个人之间处理事务、沟通信息的一种直接交际性语言，必须准确、庄重、平实、简明，具有特定的语言格式、惯用的句法结构、固定的习惯用语等。

（二）应用文专门用语

1. 开头用语。用于说明发文缘由、意义、根据或介绍背景材料以及情况等。如：为、为了；根据、按照、遵照、依照、鉴于、关于、由于；目前、当前；兹（指现在）、兹有、兹将、兹介绍、兹派、兹聘。

2. 承启用语。用于连接开头与主体文部分，起承上启下作用的惯用语。如：根据……决定；根据……特通告如下；依据……公告如下；为了……现决定；为……通报如下；为此，现就……问题请示如下；现将……（情况）报告如下；现就……问题，提出如下意见；经……批准（同意），现将有关事项通知如下；拟采取如下措施；经……研究，答复如下。

3. 引述用语。悉（知道）、收悉、电悉、敬悉、欣悉。

4. 批转用语。批转、转发、印发。

5. 称谓用语。我（部）、贵（局）、你（省）、本（部门）、该（处）。

6. 经办用语。经、业经、兹经、未经；拟，拟办，拟订；施行、暂行、试行、可行、执行、参照执行、贯彻执行、研究执行；审定、审议、审发、审批。

7. 表态用语。不同意、原则同意、同意；不可、可办、照办、批准、原则批准。

8. 结尾用语。用于请示：当否，请批准；用于函：请研究函复，盼复，不知尊意如何，盼函告，望协助办理，尽快见复；用于批复：复函，此复，特此专复，特此函复；用于知照性公文：特此公告（通告、通知、通报）。

（三）应用文语言的表达方式

表达方式，指撰写文章所采用的具体表述方法和形式。通用的表达方式有：叙述、描写、抒情、议论和说明。应用文以实用为目的，其语言的表达方式为叙述、议论、说明。

1. 叙述。叙述就是运用陈述性的语言，客观地对人物、事件的发展变化过程所作的介绍、交代。一个完整的叙述，常常包括何人、何事、何时、何地、何故、如何，通称为叙述的六要素。叙述是应用写作最基本的表达方法，无论记事，提出论据，反映情况都少不了叙述。叙述的要求是头绪清楚，交代明白，详略得当。

叙述的人称有两种，即第一人称（我、我们）和第二人称（他、她、它、他们）。

2. 议论。议论就是对客观事物直接进行评价、论说，通过事实材料和逻辑推理来阐明观点、见解，明确表明作者赞成什么或反对什么。一个完整的议论由论点、论据、论证三个部分组成，这就是我们通常所说的“议论三要素”。提出充分论据，按照事物内在联系进行分析论证，这是议论的基本要素。

应用文中论点的提出必须十分明确，不能含含糊糊，模棱两可，论据与论点有内在的一致性和必然的逻辑联系。论证过程中概念与判断要保持自身的一致性，不允许中途偷换概念，转移论题。

论证的方法有例证法、分析法、引证法、对比法、因果法等。

3. 说明。说明就是用简明准确的文字对事物的各种属性（诸如形状、特征、性质、功能、成因、意义等）所作的解说、阐释和介绍。说明是一种较为客观的表述方法，其目的是使读者对事物本质有一个准确的了解和认识。它不仅是说明文最主要的表述手段，也是应用文体所必不可少的。应用文体中的说明要抓住事物特征，客观冷静，简洁明了。

说明的方法主要有：定义说明、分类说明、比较说明、数字说明和图表说明等。

（四）例文　正误辨析

关于专拨冷库用油的请示

×办字［20××］第21号

××市工业局

我厂有冷库20处，现有冷冻机50台，变压器30台。这些设备均需使用机油。现在冷库用油欠缺，请求按实际需要供应。

当前用油情况，每季每台冷冻机需机油××公斤，每台变压器每季需机油××公斤，全年共需×××公斤。另外，冷冻机每年要大修一次，需要机油×

×公斤。

过去冷库用油和汽车用油没有分开，去年油源供应紧张，冷库用油得不到保证，影响了机器的正常使用。因此，请求上级及时按我厂冷库用油的实际需要，单独立项下拨指标，以保证各冷库机器设备的正常使用。当否，请批示。

××市××厂（公章）

×年×月×日

××县××局2008年工作计划

硕果累累的2007年过去了，光辉灿烂的2008年已经来临。为了开创我局工作的新局面，更好地完成上级布置的任务，充分发挥××在市场经济中的作用，特制订我局2008年工作计划。

本章小结

本章介绍了应用文的概念、特点、写作基本要求及学习方法。这部分内容含量丰富，历史跨度大，涉及诸多历史典籍。

思考与练习

一、填空题

1. 应用文是机关团体、企业、事业单位以及人民群众用以________，具有________的文体的总称。

2. 应用文的特点：________。

3. ________是我国第一部古老的历史文献总集。

4. 主题集中主要指主题的________和________；主题鲜明主要指主题________。

二、判断题

1. 学习应用文，只要掌握基本格式就可以了。（ ）

2. 进入电脑时代，用不着从事应用写作了。（ ）

3. 古人云："文无定式。"这里当然也包括应用文了。（ ）

4. 标题是文章的名称，它可以引导读者去理解文章的内容，探索文章主题，也可以画龙点睛，给读者以鲜明深刻的印象。（ ）

5. 结构的目的和任务是将材料、观点等组织构成一个有机的整体。（ ）

三、选择题

1. 在我国学习的各种文体中，和人们关系最直接、使用频率最高的是（ ）。

A. 记叙文　　B. 议论文　　C. 说明文　　D. 应用文

2. 各种文体的写作目的不同，应用文写作目的在于（ ）。

A. 以事感人　　B. 以理服人　　C. 以情动人　　D. 以实告人

3.《国家行政机关公文处理办法》规定，我国现行公文分（ ）。

A. 十二类十五种　B. 十四种　C. 十五类十五种　D. 十二类十三种

4. 运用语言的基本要求有（　　）。

A. 准确　B. 鲜明　C. 生动　D. 朴实

E. 简练

5. 结构的基本内容有（　　）。

A. 层次和段落　B. 转关和接缝　C. 开头和结尾　D. 谋篇和布局

E. 过渡和照应

四、简答题

1. 怎样看待学习应用写作？

2. 应用文同其他文章体裁比较，有哪些共性？

3. 学好应用文的基本要求是什么？你准备怎样学习应用文？

4. 应用文开头的原则是什么？

5. 怎样才能做到用词准确？

第一编　事务文书

第二章　计划、总结文书

【知识点】掌握事务文书的含义，特点和写法。

【能力点】熟悉事务文书的格式、写法，能模拟写作。

第一节　计　划

一、计划的含义

计划，是人们为了达到某种目标，事先拟定出具体措施和行动步骤的一种书面文件。计划是由目标引起的，是目标的具体化，是为了实现目标而制订的方案体系，是一级组织或个人对未来所要采取行动的一种基础性、思想性设计。

每当进入一个新阶段，比如新年到来；新一届领导班子产生；新的五年计划开始；或某项工作告一段落，下一阶段即将开始；旧任务完成了，准备迎接新任务，都必须把下一步的行动目标定下来。在目标确定以后，必须将目标具体化为可以把握和着手实施的东西，这就需要对实现目标的途径、措施、手段、步骤等做出具体的规定和设计，这就是计划。

计划有时也称作安排、打算、设想、方案、意见、要点等。

一般的说，跨越时间较长，涉及面较广，内容比较原则概括，只指出长远设想或粗线条要求的，叫规划；

适用时间较短，范围较小，内容比较具体的，叫安排、打算；

初步的、不成熟的、非正式的计划，叫设想；

上级向下级布置一定阶段的工作或某项任务，并交代政策，提出具体要求、提供工作方法的，叫方案、意见、要点。

二、计划的特点

（一）预见性

计划是根据本地区、本部门或个人的实际情况，结合当前的形势，准确地预见未来，提出行动的设想和方案，它不是对现实的简单的直观反映，而是针对未来的一种战略思维，是一种预见、预测、预谋。当然，计划也并不是对未来行动的一切细节都做出详细的设计和规定，这不但没有必要，而且也不可能。

但对于未来为主导，与环境相联系和直接影响预定目标实现的活动，必须予以充分考虑，并做周密规划，这就是计划的预见性。

（二）可行性

这是计划能够实施的保证。没有可行性，计划就如同一纸空文，没有任何用处。因此，计划的目标、任务、方法、步骤、要求、措施等，应当是切实可行的，这就从客观上保证了计划的实施。不可行的计划只是一种空想。

（三）指导性

计划是为了实现某种目标，对未来所要采取的行动的一种安排和设计。计划一旦形成，对今后的行动便有了指导性。计划如果失去了指导性，也就失去了计划的本身。

三、计划的作用

1. 为实现目标提供保证

2. 帮助人们有效地把握未来

3. 推动和促进单位整体的优化

4. 任何工作所追求的目标，实质上都是整体的优化。在制订计划时，必须考虑到各个要素之间的相互关系。因而通过制订计划，可以帮助人们把系统的各个方面更好地结合起来，使各个环节、各个方面都有机配合，形成整体结构的最优化，充分发挥群体效应。

5. 计划不仅是对全局进行宏观控制的有效手段，而且是领导者对系统内部各方面进行协调的有效工具。计划作为总体结构设计，是总体包含的各个方面活动的准则，也是评价人们行为的尺度。有了计划，领导者指挥就有所依据，被领导者的行动也有所遵循，从而做到上下目标一致，行动步调统一。

四、计划的分类

按性质分，有综合、专题、单项计划等。

按内容分，有生产、工作、学习、科研计划等。

按时限分，有年度、季度、月份计划等。

按范围分，有国家、地区、部门、单位、班组计划等。

按形式分，有条文式、图表式计划等。

按性质分，有综合性计划和单项性计划等。

五、计划的格式与写法

（一）格式

1. 条文式：把计划内容划块分条，并加小标题或用序码按序排列组合，主要用文字加以阐述。

特点：条理清楚，重点突出，说理性强，便于人们对计划精神的准确把握和贯彻执行。

2. 表格式：就是把计划的一项项任务、指标用表格形式加以罗列，附以简要的文字说明。

优点是：易归类，易填写，易于对照和检查。定期的、以数据为指标的计划，适宜用这种方式。如我国目前的生产技术财务计划，大多采用表格形式。

3. 条文与表格结合式：条文式和表格式的结合、兼用。

（二）写法

1. 标题

（1）单位名称＋时间期限＋内容范围＋文种＋（草案）

如《××大学2008年度教学改革计划》（草案）

（2）时间期限＋内容范围＋文种

如《2008年度教学改革计划》

（3）单位名称＋内容范围＋文种

如《××大学教学改革计划》

（4）单位名称＋时间期限＋文种

如《××大学2008年度计划》

（5）内容范围＋文种

如《业务考核计划》

如果计划尚未定稿，应在标题之后加括号写上“草稿”、“征求意见稿”、“草案”、“初稿”或“讨论稿”等。

2. 正文

（1）前言：又叫导语。内容有：对基本情况的分析，对计划的概括说明，说明制订计划的依据、条件。

（2）事项：是计划的主体，包括目标、措施、要求三项内容，这些被称为计划的“三要素”。

A. 目标，即回答“做什么”的问题，可以是总体目标，也可以是具体任务或指标。

B. 措施，即回答“如何做”的问题，包括组织分工、进程安排、物质保证、方式方法等。

C. 要求，即回答“做得怎样”、“如何做完”之类的问题，主要是质量、数量、时间上的要求。

3. 结尾

即落款部分，交代制订计划的单位名称、个人姓名和日期等。

六、几个计划类文种的区别

计划是个总的名称，我们日常工作中所常见的“安排”、“打算”、“规划”、“设想”、“意见”、“要点”、“方案”等，都是对今后所进行的工作或活动做出的部署和安排，因而均属于计划这个范畴。它们的区别主要体现在内容的详略和时限的长短上。

规划：跨越时间较长，涉及面较广，内容比较原则概括，只指出长远设想或粗线条要求的计划。一般在 5 年以上。如《上海市 2000——2009 年经济发展十年规划》。

安排：对未来短时间内的某项具体工作提出要求、规定任务的一种计划性文书。如《国庆期间值班安排》。

凡召开各种会议，开展各种活动或突击完成各项任务等需要分工负责的日程性工作，都必须事前进行安排。如，学校里的教研工作、教务工作、文体活动、课外活动、党团活动、考试工作、实习工作、论文指导、答辩工作、寒暑假或节假日值班工作等，都要有专门具体的安排。

打算：与安排类似。但安排是已确定的既定稿，而打算只是一种考虑，一种设想，甚至是一个念头，尚未深思熟虑，还可变通，有待进一步斟酌修改的未定稿。

设想：初步的、粗线条的、不太成熟的、提供参考的计划。

方案：一般是单项工作的、专业性比较强的、比较周密具体的计划。它对某项工作，从目的、要求、方式、方法到具体步骤都作出全面部署与安排的计划。如《人文系卡拉 OK 比赛活动方案》。

要点：内容比较概括的计划。一般只订出未来一段比较短的时间内工作的要点。有时它是以进一步制订详细计划的写作提纲出现的，有时它是以详细计划的摘要形式出现的。如《江海学院 2008 年第四季度工作要点》。

七、计划的写作注意事项

1. 深入领会党和国家的有关方针、政策和法律精神，以之作为制订计划的指导思想。

2. 要从本单位、本部门的实际情况出发，不要脱离现实，任务指标不要订得过高或过低。

3. 措施和办法要制订得具体、可行，以便于落实和监督检查。

4. 表达方式要以说明为主，行文中不要夹杂不必要的议论。

计划范文解析

<table>
<tr><th>要　领</th><th>范　文</th></tr>
<tr><td>标题：单位名称＋时间期限＋内容范围＋文种</td><td>××××大学工会二00八年下半年工作计划</td></tr>
<tr><td>正文：前言</td><td>2008年下半年我校工会工作，经校工会委员会第二次全体会议讨论，提出以下要点：</td></tr>
<tr><td>事项</td><td>一、加强对教职工进行思想政治教育，推进工会工作改革，增强代表和维护的职能，促进民主管理；健全和完善教代会的各项制度，落实第二次教代会的各项提案工作；加强调查研究，定期举行专题情况发布会和座谈会，进一步发挥参政议政和民主监督的作用。
二、加强工会干部的培训工作，下学期初结合各个部门的工作任务，组织委员学习讨论工作职责，明确工作任务。
三、业务部与教代会教学科研工作审议委员会在下半年内联合召开座谈会、情况发布会，由有关职能部门通报职称评定，成人教育，科研工作的情况。协助有关部门开展尊师爱生教育，搞好校风建设。
四、宣传部组织各部门工会的学习活动。继续办好《对话》和校报《教工生活》专栏，下半年召开两次宣传委员信息交流会。
五、文娱部组织各种文娱活动。教师节组织电影专场；国庆节组织一台大型文艺晚会；11月份与女工部联合举办“少年儿童音乐会”；元旦举办第十届教工书画摄影展览。
六、体育部组织各种体育活动。拟于10月份举行教工游泳比赛；11月份举行第二届乒乓球团体杯赛和单打邀请赛；12月份举行全校教工环校跑；组织参加广州地区高校七人制足球赛。
七、女工部做好妇女工作。选举产生“女职工委员会”，加强工会女工工作；在2009年元旦与文娱部合办“少年儿童音乐会”；建议并促成学校对女教职工进行一次妇科检查；举办妇女更年期保健、妇女护肤等讲座。
八、组织部搞好工会工作。年终举行工会积极分子评选；各部门工会建立会员名册；健全工会小组，过好工会组织生活。
九、福利部做好教工困难补助和节日慰问工作。继续办好储金会，合理使用福利经费，关心和支持学校的集体福利事业。</td></tr>
<tr><td>结尾</td><td>××××大学工会委员会
2008年4月</td></tr>
</table>

写作模版

________计划 ____ ____ ________________________________现有如下安排： 1. ____ 2. ____ 3. ____ ×××× ×年×月×日

【病文分析】

2008 年上半学期话剧社工作计划书

“当蜘蛛网无情地查封了我的炉台，当灰烬的余烟叹息着贫困的悲哀，我依然固执地铺平失望的灰烬，美丽的雪花写下：‘我的未来不是梦！’”诗能带给我们身心的愉悦，心灵的绽放；舞台上身体和语言的表现，能诠释我们对生活、生命的理解。

话剧社的活动以上学期在元旦晚会上表演的《爱情疯人院》的落幕而结束上学期的所有活动。为排那一出剧，在两个月的时间里，有烦恼也有欢乐，有收获也有失去，所有的努力都已展现在舞台上。那 30 分钟此起彼伏的笑声和掌声，已给了我们最大的快乐和安慰，努力了并收获了。

从上学期社团基本活动中，发现举办一些与本社无关的活动，并不能激发社员的热情，借此想整改话剧的社团列会内容，开发社团曾经像从未尝试过的活动，会准备各种剧本的段子供社员练习，使他们更深入地体会表演的魅力。在表现自我的同时能突破自我，这种活动也是为了演员以后能真正参与排练做准备。在此同时，也能发现社员的基本条件，以供以后挑选适合的演员。

为了将话剧推向全院学生，在科技文化艺术节时期将出炉的名为“剧里力争”的话剧比赛活动，活动内容主要是以 5 分钟左右的不同形式的话剧（话剧选段或自编剧本）进行比赛，评比由评委按一定的评分标准进行，选出 3 种不同层次的话剧选段。提前一个多月准备比赛的宣传工作，让更多的人参与这个丰富同学校园业余生活的比赛。我们会在前期出海报，并面向社团外播放些话剧视频，同时会介绍排剧的过程，解决他们的疑问，并希望他们能结合08奥运排一些特别的话剧。在科技文化艺术节时期还会上演话剧社排的新剧。在现时期就会着手准备选剧、挑选演员、开始排练和演出钱各种准备。

在社团接班人方面，会在开学第一次社员大会时就跟社员说明，问清楚他们的意向，在这学期确定接班人前会分别看他们的表现，确定一名接班人并会将社团工作渐渐移交给他们做，让他能熟悉社团的工作。

新一学期，抛弃过去所有做过的，好或不够好，都已成过去。重要的是现在将来我们所要做的，在去年话剧社元旦晚会的节目还只是一个开始，所有社团的工作都已在准备中。话剧是一个需要做长期准备工作的，消耗大量的人力精力，但结果只是在台上的那几分钟。这学期的话剧社的亮点不只是舞台上的那一出话剧，而是在科技文化艺术节上“剧里力争”的话剧比赛，这将是话剧的一个新亮点，这是话剧社首次推行这样一次比赛，我们会全力以赴将此次活动办好，相信我们吧，相信我们会做得更好，相信这学期的话剧社会更精彩，相信话剧社会有更好的未来！

评析：上文从内容上来看，表达不够清晰，间或了较多的抒情，后面的计划并不是很详细，不便于落实和后期的考核。从格式上看，没有落款。

第二节　总　结

一、总结的含义

总结是对本人、本单位或本地区某一时期的工作实践经验进行分析、整理、概括，从中找出规律，用以推动工作的一种应用文体。

总结所要解决和回答的是在某一时期的工作中已经做了什么、如何做的、做到了什么程度、有什么经验教训的问题。它要求把零星的、肤浅的、表面的、感性的认识，上升到全面的、系统的、本质的、理性的认识。

总结的使用范围很广，任何机关、部门都要用到。毛泽东说：“在生产斗争和科学实验范围内，人类总是不断发展的，自然界也总是不断发展的，永远不会停留在一个水平上。因此，人类总得不断地总结经验，有所发现，有所发明，有所创造，有所前进。”这是对总结重要性的深刻阐述。

二、总结的作用

（一）总结经验，肯定成绩；

（二）反思过去，展望未来；

（三）互通信息，共同提要。

三、总结的特点

总结的经验主要表现在自我性、回顾性、客观性和经验性四个方面。

（一）自我性

总结是对自身社会实践进行回顾的产物，它以自身工作实践为材料，采用的是第一人称写法，其中的成绩、做法、经验、教训等，都有自指性的特征。

（二）回顾性

这一点总结与计划正好相反。计划是预想未来，对将要开展的工作进行安排。总结是回顾过去，对前一段的工作进行检验，但目的还是为了做好下一段的工作。所以总结和计划这两种文体的关系是十分密切的，一方面，计划是总结的标准和依据；另一方面，总结又是制订下一步工作计划的重要参考。

（三）客观性

总结是对前段社会实践活动进行全面回顾、检查的文种，这决定了总结有很强的客观性特征。它是以自身的实践活动为依据的，所列举的事例和数据都必须完全可靠，确凿无误。任何夸大、缩小、随意杜撰、歪曲事实的做法都会使总结失去应有的价值。

（四）经验性

总结还必须从理论的高度概括经验教训。凡是正确的实践活动，总会产生物质和精神两个方面的成果。作为精神成果的经验教训，从某种意义上说，比物质成果更宝贵，因为它对今后的社会实践有着重要的指导作用。这一特性要求总结必须按照实践是检验真理的唯一标准的原则，去正确地反映客观事物的本来面目，找出正反两方面的经验，得出规律性认识，这样才能达到总结的目的。

四、总结的分类

根据不同的分类标准，可将总结分为许多不同的类型。

按范围分，有班组总结、单位总结、行业总结、地区总结等，当然也有个人总结，但因个人总结已不属于公文的范畴，本节不予介绍。

按性质分，有工作总结、教学总结、学习总结、科研总结、思想总结、项目总结等。

按时间分，有月份总结、季度总结、半年总结、年度总结、一年以上的时期总结等。

按内容分，有全面总结、专题总结等。

区分以上总结的种类，目的在于明确重心、把握界限、为构思写作提供方便。但上述分类不是绝对的，相互之间可以相容、交叉。如《××大学2008年度工作总结》，按性质讲是工作总结，按范围讲是单位总结，按时间讲是年度总结，按内容讲是全面总结。同时，大学的工作总结不可能不涉及教学和科研，那么它也包含了教学总结和科研总结的成分。这说明在总结的分类上，应灵活掌握，不必过于拘泥。

五、总结的内容

总结主要包括以下四个方面的主要内容：

（一）基本情况

这是对自身情况和形势背景的简略介绍。自身情况包括单位名称、工作性质、基本建制、人员数量、主要工作任务等；形势背景包括国内外形势、有关政策、指导思想等。

（二）成绩和做法

工作取得了哪些主要成绩，采取了哪些方法、措施，收到了什么效果等，这些是工作的主要内容，需要较多事实和数据。

（三）经验和教训

通过对实践过程进行认真的分析，找出经验教训，发现规律性的东西，使感性认识上升到理性认识。

（四）今后打算

下一步将怎样发扬成绩、纠正错误，准备取得什么样的新成绩，不必像计划那样具体，但一般不能少了这些内容。

六、总结的写法

（一）标题

与“计划”标题写法类似。

1. 单位名称＋时间期限＋内容范围＋文种（多用于工作总结）

如：《××县2008年防汛工作总结》

《2008年防汛工作总结》（省略单位名称）

《××县2008年工作总结》（省略内容范围）

《××县防汛工作总结》（省略时限）

2. 类似于一般文章的写法。概括表明总结的主要内容，但标题不出现“总结”字样。这种标题多用于经验总结。

如：《巩固责任制，发展新农业》

《以提高经济效益为目标搞好财会工作》

《××市第一机床厂是怎样扭亏为盈的》

3. 正副标题法

正标题概括总结内容，揭示中心、主旨，副标题写明单位名称、时间、文种等。

如：保证质量　薄利多销

——迎宾楼菜馆2008年改进服务工作总结

白手起家　艰苦创业

——扬州市振兴房地产开发公司创业之路

加速提高学生的读写能力

——扬州中学语文教改小结

（二）正文

1. 基本情况概述（导言）

简介总结对象的基本情况，包括交代背景、环境、进程以及主要成绩和收获等。有的说明总结的动机、目的及其必要性。

这部分内容的目的是使人对总结对象的整体情况有一个基本的了解和一种概括的印象。因此在写作上要求简明扼要，紧扣中心，为下文的具体阐述打好基础。

导言常常采用以下几种写法：

（1）概括式。简要介绍基本情况，注意不要求全求详，与中心无关的不写。

如：武钢是新中国成立之后建设起来的大型钢铁联合企业，20 世纪 70 年代从国外引进了 1.7 米轧机系统。1989 年末已拥有固定资产总值 66 亿元，净值 42.6 亿元，职工 12 万人。30 多年来生产建设一直在向前发展，特别是党的十一届三中全会以来的十多年来里，企业面貌发生了深刻的变化，走出了一条坚持社会主义方向的质量效益型的发展道路。

（2）提问式。提出问题，点明总结的重点，引起人们的注意。

如：一要改革，二要发展，这是当前成人教育面临的两大问题。怎样改革？如何发展？二者是什么关系？对这些问题必须认真思考，给予正确的回答。

（3）结论式。先明确提出总结的结论，重点介绍经验或概括工作成绩。使人了解经验是什么或者成绩在哪里。前者也称经验式，后者也称成绩式。

如：为期 40 天的水上春运，在和谐的气氛中降下了帷幕。我处在上级交通主管部门的正确领导及当地政府和各有关部门的大力支持下，通过全体干部职工的辛勤工作，圆满完成了 2008 年春运任务，实现了全市水路春运“安全、及时、优质、有序”的工作目标，没有发生任何船舶交通事故，为构建平安娄底、和谐娄底做出了积极的贡献。整个春运期间，全市水路共投入运力日均船舶 159 艘（含渡船），客位 2546 个，安全发送旅客约 42 万人次（含渡运）；全处人员对辖区水域扎扎实实进行了 6 轮春运大检查，共计出动检查车船 47 台（艘）次，检查船舶 500 余艘次，其中查处船舶违章 49 起，现场制止非客船载客 53 艘，下发《安全隐患整改通知书》81 份，《船舶监督检验意见书》26 份，消除安全隐患 45 处；检查码头、渡口 100 余处；检查航道 100 余公里，设置桥区航标 36 座、险（浅）滩航标 60 余个；查堵" 三品" 鞭炮 14 万响，花炮 20 个；召开船员与船管员安全会议 35 场次；向沿河乡村、学校、航运企业、船户发放水上安全“四进”宣传资料 600 余份，张贴宣传标语 200 余条，悬挂横幅 7 幅。

（4）对比式。将前后情况进行对比，从而分析优劣，突出成绩，引出下文。

（5）提示式。对工作内容作提示性、概括性介绍，它不介绍经验，只提示总结工作的内容和范围。

如：近两年来，我们按照上级对干部培训的要求，在搞好干部培训工作方面，做了以下工作。

具体写明做了哪些工作，完成了什么任务，采取了哪些方法和措施，取得了哪些成绩，有些什么经验和体会；或把做法、成绩、经验合在一起写；或着重阐明成绩表现在哪几个方面，是怎样取得的；或只写经验、体会，而把做法和成绩融合在经验、体会的阐述中；或把做法、成绩和经验分开阐述。

2. 结尾。存在的问题和今后努力的方向

一般文字较少，概括写出即可，不必多加分析。今后努力的方向，是在总结经验教训的基础上，分析形式，提出任务，展望前景，表明决心。经验总结则没有这部分内容。

以上内容，不必面面俱到，可以有所侧重。或着重写成绩和经验，或着重写经验体会，或着重写缺点与教训。

（三）落款

署名和日期。

若是单位，则用全称，若是个人，则写姓名。署名也可写在标题下面。若标题中已标明单位名称，署名则可省去。

七、总结写作的注意事项

（一）坚持实事求是原则

实事求是、一切从实际出发，这是总结写作的基本原则，但在总结写作实践中，违反这一原则的情况却屡见不鲜。有人习惯于在总结中“三分工作七分吹”，夸大成绩，隐瞒缺点，报喜不报忧。这种弄虚作假、浮夸邀功的坏作风，对单位、对国家、对事业、对个人都没有任何益处，必须坚决制止。

（二）全面掌握有关材料

掌握总结对象的全面情况和工作过程，掌握兄弟单位的有关情况或同行业的有关情况资料，了解掌握有关的计划资料。

（三）注意共性、把握个性

总结很容易写得千篇一律、缺乏个性。当然，总结不是文学作品，无需刻意追求个性特色，但千篇一腔的文章是不会有独到价值的，因而也是不受人欢迎的。要写出个性，总结就要有独到的发现、独到的体会、新鲜的角度、新颖的材料。

（四）找出规律性的东西

总结的根本任务就在于总结经验，找出规律性的东西，不断把工作推向前进。要认真做好材料的分析、研究、综合、归纳工作，通过“去粗取精，去伪存真，由此及彼，由表及里”的方法，认识事物的本质，找出事物工作过程中规律性的东西。

（五）详略得当，突出重点

写总结不能把知识和所收集的情况和材料一一堆积上去，或只是原原本本地把工作的过程写出来，面面俱到，抓不住要领，形成一本流水账，读后不知道要说明什么问题，不能使人从中得到有益的启示。这样的总结易写，但用处不大。

有人写总结总想把一切成绩都写进去，不肯舍弃所有的正面材料，结果文章写得臃肿拖沓，没有重点，不能给人留下深刻印象。总结的选材不能求全贪多、主次不分，要根据实际情况和总结的目的，把那些既能显示本单位、本地区特点，又有一定普遍性的材料作为重点选用，写得详细、具体。而一般性的材料则要略写或舍弃。

（六）叙议结合，这是总结写作的主要方法。

叙：摆情况、谈成绩、讲做法。议：分析原因、谈经验、记体会。

不论怎样叙、议，都必须做到用观点统帅材料，用材料说明观点，使观点与材料统一。

（七）总结的语言要准确、简明、朴实。

准确：文如其事，恰如其分，有分寸感，不允许模棱两可，含糊其辞。

简洁：简明扼要，不能拖泥带水，重复啰唆。

朴实：朴素平实，不追求华丽，过分修饰。

（八）适当运用生动活泼的群众语言及形象化的口语。

八、总结与计划的区别和联系

（一）区别

计划是在工作、生产等之前制订的安排、打算，要解决的是“做什么”、“怎么做”的问题。

总结是在工作、生产等到一定阶段或计划完成后进行的回顾、分析，要解决的是“做了什么”和“做得怎样”。

计划的内容是为了完成一定任务所作的具体步骤、方法、措施的安排，重在叙述说明。

总结是对一定阶段的工作、生产或计划执行情况的总回顾，总分析，总评价，重在引出有规律性的东西，作出理论概括。

（二）联系

计划是总结的依据，总结是对计划的检验，又是下一阶段工作的依据，两者相辅相成，互相制约而又互相促进。一项工作总是经过计划——实践——总结——再计划——再实践——再总结……的不断反复的过程。

计划和总结都以实践活动为依据，都是针对一定期限内的工作或活动，都对工作有指导作用。

总结范文解析

<table>
<tr><th>要　领</th><th>范　文</th></tr>
<tr><td>标题：
正标题
副标题</td><td>售后服务是企业的命根子
——万宝技术服务中心 2007 年工作总结</td></tr>
<tr><td>正文：
1. 基本情况概述</td><td>2007 年，万宝集团技术服务中心全体员工和分布在全国各地维修网点的员工一起，根据何总经理关于“售后服务是企业的命根子”的指示精神，坚持“拥有万宝电器，享受一流服务”的宗旨和“一切为了使用户满意”的标准，发扬“同心多奉献，合力创一流”的企业精神，大力开展优质服务活动，扎扎实实地做好各项工作，实现了 2007 年的总体目标。全年维修合格率达 99.8％，比去年上升了 30.3％；维修返修率 0.2％，比去年下降 30.13％；用户来信处理率 100％，全年未出现重大的维修质量投诉，赢得了用户和社会各界的好评，促进了万宝系列产品的销售，促进了万宝售后服务工作向服务质量标准化、服务网络体系化、服务管理规范化、服务方式多样化、服务经营一体化的方向发展。2007 年被评为全国优质服务企业。
回顾一年来，我们主要做了以下几项工作：
一、优化网点建设，加强网点管理（略）
1. 开展网点升级达标活动。（略）
2. 开展网点调研考察。（略）
3. 合理调整网点布局，扩大维修服务的覆盖面。（略）
4. 开展用户抽查，优化网点结构。（略）
二、调整售后服务策略，适应市场和用户需要（略）
1. 增加服务项目，扩展服务范围。（略）
2. 转换服务形式，提高服务水平。（略）
3. 开拓服务经营一体化道路，增强自身实力。（略）
三、提高员工素质，深化优质服务（略）
四、开展“万宝电器百日维修服务质量无投诉”活动（略）</td></tr>
<tr><td>2. 结尾</td><td>2008 年是万宝事业发展的关键一年，也是实现集团中期发展规划的决定性一年。我中心必须进一步贯彻落实何总关于“售后服务是企业的命根子”和汤总关于“服务先于销售”的指示精神，坚持“一切为了使用户满意”的最高标准，把售后服务工作作为首要任务，为维护万宝信誉做出更大贡献。</td></tr>
<tr><td>落款</td><td>万宝技术服务中心
2008 年 1 月</td></tr>
</table>

写作模版

________________的总结 ____ 就____有关问题总结如下： 一、____ 二、____ 三、____ 存在的问题和今后努力的方向。 ____。 ×××× ×年×月×日

【病文分析】

公务员个人年终总结

2007年，我坚持中国共产党的领导，以马克思、列宁主义，毛泽东思想，邓小平理论和“三个代表”重要思想为指导，自觉加强理论学习，认真学习“三个代表”重要思想、党的“十七大”报告，刻苦钻研业务知识，努力提高理论知识和业务工作水平。遵纪守法，努力工作，认真完成领导交办的各项工作任务，在同志们的关心、支持和帮助下，思想、学习和工作等方面取得了新的进步。现总结如下：

一、严于律己，自觉加强党性锻炼，党性修养和政治思想觉悟进一步提高

一年来，我始终坚持运用马克思列宁主义的立场、观点和方法论，运用辩证唯物主义与历史唯物主义去分析和观察事物，明辨是非，坚持真理，坚持正确的世界观、人生观、价值观，用正确的世界观、人生观、价值观指导自己的学习、工作和生活实践。热爱祖国，热爱中国共产党，热爱社会主义，拥护中国共产党的领导，拥护改革开放。认真贯彻执行党的路线、方针、政策，为加快社会主义建设事业认真做好本职工作。工作积极主动，勤奋努力，不畏艰难，尽职尽责，在平凡的工作岗位上作出力所能及的贡献。

二、强化理论和业务学习，不断提高自身综合素质

我重视加强理论和业务知识学习，在工作中，坚持一边工作一边学习，不

断提高自身综合素质水平。

一是认真学习“三个代表”重要思想，深刻领会“三个代表”重要思想的科学内涵，增强自己实践“三个代表”重要思想的自觉性和坚定性；认真学习党的“十七大”报告，自觉坚持以党的十七大为指导，为进一步加快完善社会主义市场经济体制，全面建设小康社会作出自己的努力。

二是认真学习工作业务知识，重点学习公文写作及公文处理和电脑知识。在学习方法上做到在重点中找重点，抓住重点，并结合自己在公文写作及公文处理、电脑知识方面存在哪些不足之处，有针对性地进行学习，不断提高自己的办公室业务工作能力。

三是认真学习法律知识，结合自己工作实际特点，利用闲余时间，选择性地开展学习，学习了《中华人民共和国森林法》、《森林防火条例》、《中华人民共和国土地管理法》、《广西壮族自治区土地山林水利权属纠纷调解处理条例》、《反分裂国家法》，通过学习，进一步增强法制意识和法制观念。

在同志们的关心、支持和帮助下，各项服务工作均取得了好成绩，得到领导和群众的肯定。

回顾一年来的工作，我在思想上、学习上、工作上取得了新的进步，但我也认识到自己的不足之处，理论知识水平还比较低，现代办公技能还不强。今后，我一定认真克服缺点，发扬成绩，自觉把自己置于党组织和群众的监督之下，刻苦学习、勤奋工作，做一名合格的人民公务员，为全面建设小康社会目标作出自己的贡献！

评析：本文存在的问题有：一，作为总结，虽然涉及了个人的思想、学习方面，但是，个人一年以来的具体工作怎么样呢？没有提到。二，没有落款。三，语句欠通顺。对于计划和总结，我们在现实生活中是经常见到的，仔细想一想，会不会发现很多都是没有落款的？

第三节　述职报告

一、述职报告的概念

述职报告是指党政机关、社会团体、企事业单位的机关和部门负责人，向所在单位的权力机关、上级机关或者代表大会、董事会等部门陈述自己在一定时间内履行岗位工作的成绩、问题、情况等。这是推动社会组织工作的重要环节，对于促进和监督其各项工作有着重要的意义。

述职报告可看作是工作报告中的总结性报告。它除了向上级管理机关陈述自己某一阶段工作情况之外，还要进行总结、回顾、分析、评价，找出内在规律性的东西，用以指导未来实践工作，是一种具有较强综合性的公文。

二、述职报告的种类

根据不同的划分标准述职报告有不同的种类，通常有以下几种分法：

1. 按时间划分：可分为任期述职报告、年度述职报告、临时述职报告。

2. 按范围划分：可分为个人述职报告、部门述职报告。

3. 按内容划分：可分为专题（单项）述职报告和综合述职报告。

（1）专题（单项）述职报告是指对某一方面工作或某项具体工作进行的专门汇报。如《开发项目建设，必须增加投资力度——××公司项目部经理述职》。

（2）综合述职报告是指对一个时期内所做工作的总体情况进行汇报。如《2008 年度各部门经理述职报告》。

4. 按表达形式划分：可分为口头述职报告和书面述职报告。

三、述职报告的特点

（一）表述客观公正

述职报告是述职人对自身所负责的组织或部门在某一阶段的工作进行全面的回顾、分析、评价，从工作实践中去总结成绩和经验，找出不足与教训，从而用以指导今后的工作。因此它特别强调客观公正性，所反映的内容必须是个人亲身经历或负责的事实，要公正真实、认真负责地向上级机关汇报自己的工作情况，并能对自己在任期内的“德、能、勤、绩”四方面，尤其是政绩方面做出实事求是的评价。

（二）内容严谨规律

述职报告要有对过去工作事实的回顾，但又不是对事实的简单罗列。它必须对所有工作事实、数据、材料等进行认真的归类、整理、分析、研究，从中找出某种普遍性的规律，得出公正严谨的评价结论。这是一个从感性事实上升到理性认识的过程，否则就不能作为未来行动的向导。因此述职报告是否具有理论性、规律性是衡量一篇述职报告好坏的重要标志。

（三）论述规范确定

述职报告是对自己在一定任期内所做工作的客观评述，其评价标准是对本岗位职责的遵守情况和一定时期内工作目标任务的完成情况，表述内容和衡量标准都非常规范确定。这也正是述职报告与工作总结、工作报告的不同之处，后两种往往以上级部门的工作部署和基本要求为评价依据，评价标准不固定。

四、述职报告的结构与写法

述职报告一般由标题、称谓、正文、落款四个部分构成。

（一）标题

述职报告的标题常见有几种写法：

1. 直接用文种名称“述职报告”四个字作标题，这种标题最常见。

2. 公文式。此类标题一般由年份、职务、文种三部分构成。如，《2008年任××区区长的述职报告》。也可省略年份或职务某一要素，使标题变得较为简短。如，《关于任销售部经理的述职报告》、《2008年度述职报告》。

3. 文章式。此类标题以精炼的语言概括出报告的主要内容或基本观点。如，《建立信誉知名度是企业生存的关键》、《严格人事聘用制度　把好人才入口关》。

（二）称谓

书面述职报告在开头写明主送单位名称，如“××党委”、“××组织部”，或“××人事处”等。口述述职报告的抬头，写明听取对象的称谓，如“各位代表”、“各位委员”、“各位同志”，或“各位领导，同志们”。

（三）正文

1. 前言

又叫引语，用简洁的文字介绍述职人的基本情况或任职概况，并对本人的尽职情况做出总体评价，确定好述职范围和基调。基本内容包括介绍学历、政治面貌、任职时间、工作变动、背景情况、岗位职责、目标等。

例如：2007年3月—2008年12月，我专职担任公司工会主席。在公司班子、基层领导的大力支持和各基层工会全体职工的共同配合下，按照工会主席的职责做好本职工作，为保障我分公司的工作、为生产经营服务以及公司的稳定发展做了一定的工作。现将本年度工作述职如下，请予评议。

这段开头先简单介绍了述职人所担任的职务，后交代了在本岗位工作的基本情况，较为客观。

2. 主体

(1) 工作基本情况。这是述职报告的核心，在写法上以叙述说明为主，叙议结合，采用第一人称的手法详细介绍工作完成的情况和所取得的成绩、经验，找出存在的问题并分析原因。可强调以下几个方面：① 对党和国家的方针、政策、法纪等的贯彻执行情况；② 对上级交办事项的完成情况；③ 对主管工作任务的完成情况；④ 在工作中有哪些创新，采取了哪些措施，作出哪些决策，解决了哪些实际问题，纠正了哪些偏差，做了哪些实际工作，取得了哪些业绩；⑤ 个人的思想作风、职业道德，廉洁从政和关心群众等情况。为使报告层次清晰，可采用列小标题的形式表述，但重点是要突现个人的工作能力和管理水平，尤其是在处理敏感、棘手问题，突发事件或重大事件方面，更要体现出个人的素质、才能和领导水平。这样才能使上级领导和听众对述职者是否称职作出判断。

（2）今后的设想和决心。在报告结束部分，结合工作实际情况和经验，对今后工作做出科学的战略性规划，并表明要尽职尽责努力完成，简短有力地收结全文。

例如：*总而言之，总结一年来的工作，我可以问心无愧地说：自己尽心了，努力了、流汗了。不管这次述职能否通过，我将一如既往地做事，并将再接再厉，努力做好本职工作。*

这段结尾不仅对以往的工作做出了总结，也对将来的工作表明了决心和态度，简单明了。

（3）结尾：一般写结束语，用"以上报告，请审阅"、"以上报告，请审查"、"特此报告，请审查"、"以上报告，请领导、同志们批评指正"等作结。

（四）落款

1. 题下标注。在标题之下注明述职日期、会议名称、职务和姓名。

2. 文尾标注。在文章结尾右下角注明作者姓名、职务和日期。

五、述职报告的写作要求

1. 内容要客观。述职报告的内容必须实事求是、客观真实、全面准确。既要讲成绩，又要讲失误；既要讲优点，又要讲不足；既不能夸大成绩，也不能回避问题。只有客观陈述履行职务的情况，才能使上级机关和所属单位对述职人的工作给予肯定。

2. 重点要突出。述职时应抓住带有影响性、全局性的主要工作进行陈述。有创造性、开拓性的特色工作是重点着笔的对象，力求详尽具体。而日常性、一般性、事务性的工作表述要尽量简洁。

3. 个性要鲜明。述职人的岗位不同，则职责要求不同，即使是相同的岗位，也由于述职者的个性存在差异，其工作方法、工作业绩有所不同。因而，述职报告要突出个性特点，展示述职者个人风格和魄力，切忌千人一面，千篇一律。

4. 语言要庄重。述职报告的语言要朴实得体，评价要中肯，措词要严谨，语气要谦恭，尽量以陈述为主；也可稍加议论，写一些工作的感想和启示，对个人业绩略加评述，但不得描写、抒情，更不能使用夸张的语言。

述职报告范文解析

要　领	范　文
标题：公文式	**桥驿镇党委书记述职报告**
称谓	各位领导，各位同志：
正文： 前言	大家好！ 我是2003年8月由县直机关调任桥驿镇党委副书记、镇长候选人，2004年元月9日，在镇第十一届人大一次会议上，当选为镇人民政府镇长，主持政府全面工作。2005年5月，县委任命我为桥驿镇党委书记，主持镇党委全面工作。三年多来，我按照县委、县政府的要求，虚心学习，努力工作，廉洁自律，团结带领党政一班人，知难而进，迎难而上。 现将个人履行岗位职责的情况简要汇报如下，恳请各位领导和同志们予以评议。
主体	一、桥驿镇三年多来工作的整体效果 在县委、县政府的正确领导下，通过桥驿镇广大干部群众的团结奋斗，全镇工作取得了较大的成绩。 1. 调整确定了桥驿镇域经济发展的思路 （略） 2. 赢得了桥驿镇两个文明建设的新成绩 （略） 3. 呈现出地利人和，健康向上的良好发展态势 （略） 二、个人履职情况的自我评价 自己认为：过去的三年对于三十而立的我来说是一段不平凡的人生旅途，也是我适应角色转换、勤学苦思、意志考验、锻炼成长的三年，履职如何？我比较注意从以下几个方面去探索、去努力。 （略） 桥驿的工作，个人的能力和水平离上级的要求和人民的期望尚有不小差距。特别是镇域经济缺乏特色，镇村两级财政十分紧张，农业基础设施投入太少，指导农民增收的办法不多、措施不利，机关干部素质有待进一步提高，协调部门服务当地方法有待进一步改进。我在党委书记岗位上，要履行好职责，必须加倍努力，在今后的工作生活中认真改进，力争把工作做得更好。旁观者清，恳请领导和同志们指出我的诸多不足和过失，以利党的事业、人民的事业、个人的成长。
结尾	以上报告，请领导、同志们批评指正。
落款	桥驿镇党委书记××× 2008年1月10日

写作模版

____________述职报告 ×××： 大家好！ ____ ____。 任职期间，工作基本情况如下： 1. ____ 2. ____ 3. ____ 今后的设想和决心： ____ ____。 以上报告，请领导、同志们批评指正。 ×××× ×年×月×日

桥驿镇党委书记述职报告

各位领导，各位同志：

大家好！

我是2003年8月由县直机关调任桥驿镇党委副书记、镇长候选人，2004年元月9日，在镇第十一届人大一次会议上，当选为镇人民政府镇长，主持政府全面工作。2005年5月，县委任命我为桥驿镇党委书记，主持镇党委全面工作。三年多来，我按照县委、县政府的要求，虚心学习，努力工作，廉洁自律，团结带领党政一班人，知难而进，迎难而上。

现将个人履行岗位职责的情况简要汇报如下，恳请各位领导和同志们予以评议。

一、桥驿镇三年多来工作的整体效果

在县委、县政府的正确领导下，通过桥驿镇广大干部群众的团结奋斗，全镇工作取得了较大的成绩。

1. 调整确定了桥驿镇域经济发展的思路

镇人大第十一届人大一次会议和镇十次党代会提出了本届党委、政府任期内全镇经济和社会发展思路，即："高起点谋划桥驿，大规模建设桥驿，全方位开放桥驿，严要求治理桥驿"，明晰了十件实事工程。随着交通优势、区位优势、资源优势、人气优势、形象优势的明显凸现和改变，立足镇情，集思广益，

2006年初实事求是地提出了“创全县一流乡镇，建望城河东中心”的奋斗目标。同时努力推出了打造桥驿“旅游休闲的胜地、投资兴业的宝地、商贾云集的福地、望城河东的府地”的招商引资、开放、开发牌。思路就是出路，调整确定思路并使之逐步成为全镇上下的共识与实践，是关乎全局、计之长远的一件大事，是确保桥驿工作获得良好总体效果的关键。

2. 赢得了桥驿镇两个文明建设的新成绩

2005年在县直科局级单位乡镇中，被县委、县政府授予“十佳领导班子”称号，并有12个单项工作受到县以上表彰奖励；2006年在全县两个文明建设总结中考核评为目标管理一类乡镇，综合排位全县第四名，并有14个单项工作受到县以上表彰奖励；在今年上半年度全县乡镇13项单项目标综合考核中得分排位第四名。回顾过去工作的三年，我认为有以下几点：

一是三年来是桥驿镇各级、各部门顾全大局、互相理解、克服困难、顽强拼搏、大力支持镇党委、政府工作的三年。

二是三年来是镇党委、政府、人大一班人团结务实、创新争先、齐心协力、自加压力、负重奋进的三年。

三是三年来是坚持在县委、县人大、县政府、县政协的正确领导下，在县直各部门的大力支持下，紧紧扭住经济建设中心，强化干部队伍管理，依靠广大人民群众千方百计把经济建设和各项社会事业推向前进的三年。具体表现在：财政税收增幅较大；企业改制效果明显，民营企业队伍壮大；产业结构调整步伐加快；招商引资受益匪浅，形势喜人；基础设施投入大大增加；计划生育稳居先进；社会大局保持稳定；干部作风明显好转，党风廉政建设警钟长鸣；其他社会事业全面进步。

3. 呈现出地利人和，健康向上的良好发展态势

2005年换届以来，经过全镇上下奋力拼搏，桥驿呈现良好的发展态势。一是全盘皆活的开发态势。镇内全长近8公里途经5个村有效路面17米宽水泥硬化的长湘线、全长近11公里途经5个村水泥硬化的桥林公路、全长近7公里途经8个村油砂路面的垃圾场公路三线通车在即；省级森林公园黑麋峰森林公园蓄势待发等将拉开全镇开发架势，全盘激活桥驿经济；一批重点工程在我镇落户，诸如投资近2.47个亿的长沙市固体废弃物处理场、投资约2000万的中南五省防汛预警雷达指挥中心、投资近1000万的武广铁路牵引变电站将成为镇域经济新的增长点和项目落户的引路牌；刚引进投产的投资近500万的湖南众立石化集团和正在洽谈并达成意向落户集镇新区的长沙雅凯服饰工业园、河东商贸中心市场等项目将为桥驿的可持续发展培植财源。二是团结干事的工作态势。全镇党政人一班人心齐、气顺、劲足。镇党委深入贯彻落实科学发展观，总揽全镇工作大局，驾驭全面工作，正确处理改革、发展、稳定的关系，发挥了领导核心作用。镇人大主席团抓住改革开放和经济建设、社会事业发展中的重大

问题进行审议监督，推进依法治镇、依法治村上水平，规范部门职能作出了重要贡献。政府组织人员和从事经济工作的其他负责干部围绕镇十次党代会和镇人大十一届一次会议的任务目标，突出工作重点，抢抓机遇，开拓进取，工作卓有成效。县直驻乡镇各部门、镇属各办、企事业单位、村支两委顾全大局、艰苦奋斗、竭心尽力。离退休老同志关心、支持党委、政府的工作，老有所为，余热生辉。三是安定和谐的社会态势。三年来尽管遭受了一些特大灾害的创伤，周边不稳定因素波及影响，重点工程矛盾复杂具体，我镇社会治安仍然实现了无省、市、县挂牌的重大恶性案件，无群众集体上访省、市事件，无重大治安安全事故，无群体性械斗，无“法轮功”分子抬头。全镇上下人心安定，社会大局稳定，为全镇改革和发展创造了良好的社会环境。四是领导鼓舞和鞭策的关注态势。三年来，国家计生委、省、市党政和部门主要领导先后多次在镇视察指导，县委、县政府始终对桥驿的工作提出更新更高的要求。这些都是桥驿发展的良好氛围和希望。

二、个人履职情况的自我评价

过去的三年对于三十而立的我来说是一段不平凡的人生旅途，也是我适应角色转换、勤学苦思、意志考验、锻炼成长的三年，履职如何？我比较注意从以下几个方面去探索、去努力。

1. 适应角色转换，虚心学习强素质

如何当好地方父母官？镇长、党委书记的岗位对于我来说都是一个新的不同的课题。任县直机关部门一把手从事的是部门的宏观组织、协调、监督、服务，业务性较强，任镇人民政府镇长主要是谋“事”，就是想方设法找准路子把桥驿经济搞上去，解决经济和社会事业的热点、难点。任党委书记抓的是全面、管的是人和队伍。三个职位都是正职，要实现三个转变，也只有实现三个转变才能进入角色开展工作。我体会到，要履行好自己的职责必须加强学习，因此，工作再忙，家庭再忙，总是挤时间学习。虚心向老同志请教，诚恳向基层同志取经，积极借鉴兄弟乡镇经验，结合桥驿实际，静心思考一些问题，理清工作思路。从而通过个人工作要求的定位和工作环境的适应，提高了个人素质，增强了政治责任感和综合协调能力。

2. 坚持民主集中制，慎重决策求实效

先后主持政府全面工作和党委全面工作以来，自己认为能够贯彻落实民主集中制原则，凡重大、重要工作坚持党政人集体研究，民主集中，会议决定，有效地增强了决策的科学性、准确性，进而避免了明显的重大失误。党政人全会讨论研究工作，坚持做到不抢先发言定调子、不压制发言堵言路、不强制拍板作决定。在充分发挥民主的基础上，对重大问题决定做到有主见不主观、能果断不武断。三年来在干部调整分工、轮岗、交流等方面做到了人尽其才，未出闪失；在农民负担、农网改造、重点工程征拆标准等方面顺乎民意，一帆风顺；在严肃党纪处置不合格党员、维护社会稳定、创造良好发展环境、打击犯罪等方面，从快、从严刹住了歪风。

3. 严于律己律他，遵纪守法树形象

用领导廉洁自律的规定约束自己，要求他人，坚持态度坚决地抓党风廉政建设，旗帜鲜明地反对腐败行为，是我对自己工作的一贯要求，“己不正难以正人”。因此，在工作和生活中，我不断加强自身修养：一是严格遵守经济纪律，不以权谋私。在镇机关建设、镇财政投资项目、境内重点工程施工队伍选择方面，坚持不打一个招呼，不写一张条子，不收一分票子，不进一次馆子。二是公道正派用干部，防止吏治腐败。严格执行县委关于领导干部选拔任用的规定，选贤任能，唯才是用，调整和推荐干部。三是带头执行机关各项制度，防止思想腐败。从不讲特殊，以领导身份自居，以家庭困难为由违背机关各项制度和纪律。四是大力支持纪检、政法部门查处违纪违法事件，不断完善监督机制。

桥驿的工作，个人的能力和水平离上级的要求和人民的期望尚有不小差距。特别是镇域经济缺乏特色，镇村两级财政十分紧张，农业基础设施投入太少，指导农民增收的办法不多、措施不力，机关干部素质有待进一步提高，协调部门服务当地方法有待进一步改进。我自知，在党委书记岗位上，要履行好职责，必须加倍努力，在今后的工作生活中认真改进，力争把工作做得更好。旁观者清，恳请领导和同志们指出我的诸多不足和过失，以利党的事业、人民的事业和个人的成长。

桥驿镇党委书记×××

2008年1月10日

【病文分析】

个人述职报告

我自2002年参加工作以来，一直坚持党的四项基本原则，贯彻执行党在新时期下关于素质教育的方针政策，着力于培养学生的创新能力，既教书又育人。在工作中，不怕困难，勇挑重担，顽强拼搏，敢于创新，在教育教学方面取得了一定的成绩。

一、教学手段及方法

我参加工作的这六年，可以说是语文教学不断改革和探索的几年。在这几年里，市、区教育局不断提倡改革，鼓励教学上的大胆创新。在这种教学思想的指引下，我也努力探索，大胆尝试，逐渐摸索出了一套适合自己教学的方法。为了调动学生上课参与的积极性，发挥学生的主体地位，提高课堂教学的效益，我采取了如下的一些措施和方法：

1. 牢牢把握“读”的环节，让语文教学的课堂充满朗朗的读书声。

古语云：“书读百遍，其义自现”，说的就是“读”的重要性。上课的时候，我着重于读，但也注重读的方式和方法，那种“南郭先生吹竽”式的“读”是没有什么效果的。从方式方法上来说，我把“读”分为个人“读”，小组“读”，带“读”，抢“读”，竞赛“读”，其中学生最喜欢的就是竞赛“读”了。具体操作是这样的，我把全班同学分为四组，以组为单位，然后进行朗读比赛。一组在“读”的时候，其他组就听，等到这组读完后，其他组就指出这组在“读”的过程中读错的字。错一个扣10分，然后把这组的最后得分记入他们的学期总分，学期末进行奖励。由于有这么一个强有力的竞争机制，学生上课的参与热情相当高，他们大多能把别人读错的字找出来，并且轮到自己读的时候也相当认真。事实证明，这种“读”的效果是不错的。

2. 注重课堂提问的艺术，引入竞争机制，让学生上课积极思考。

提问是一门艺术，教师在上课的时候会不断地提出问题，如果教师提出的问题太大、太泛、太难，都很难激起学生思维的火花。为了解决好这个问题，我在每一节课上课之前，都做了认真的准备，把要在上课的时候提出的问题做到心中有数。要学生回答问题的时候，我针对学生的掌握情况，分别叫不同的学生来回答。由于问题设计得比较合理，学生接受起来就容易多了。为了调动学生上课参与的积极性，我常常采取小组竞赛的方法让学生自己去发现问题，解决问题。这种做法和前面介绍过的朗读竞赛的方法是一样的，学生对这种方法相当欢迎。为了给自己这一组争光，可以说个个都积极地思考，小组讨论的气氛也相当热烈。学生上课参与的积极性高了，上课的效果自然也就好了。

3. 探索研究新教法，新课型，全面提高学生的语文素质。

语文课的工具性特点决定了这一门学科靠死记硬背是学不好的，它体现的并不是你明白了多少语文知识，而是一种语文素养的全面提高，着重体现在“听、说、读、写”四个方面。这种能力的提高，单单靠语文课堂教学又是不够的，在这种教学理念的促使下，我不断地探索、尝试新的教法、新的课型。在一个学期中，我不间断地开设了诸如“朗读竞赛”、“演讲竞赛”、“背书比赛”、“查字典比赛”、“找错别字比赛”、“成语接龙比赛”、“IQ游戏比赛”、“写字比赛”、“讲故事比赛”、“讲笑话比赛”、“作文片段描写比赛”等等。这些生动有趣的课型的开展，不仅是对课堂教学内容的有益补充，更是激起了同学们对于语文这一门课程的热爱，使他们对于语文这一门学科“爱学”、“乐学”，同时，他们的语文能力，语文素养也在一种轻松活泼的氛围中不知不觉地得到了提高。实践证明，学生们很喜欢上这样的课，这也是我以后继续探索、努力的方向。

4. 运用多媒体教学，提高语文课堂教学的效果

近几年，多媒体教学在语文教学中悄然兴起。多媒体教学由于其集文字、声音、图像、动画于一体，有很强的可感性、趣味性，所以得到了学生们的热

烈欢迎。由于运用多媒体教学的效果比较好，我利用课余时间加紧钻研，努力学习，逐渐掌握了这种新兴的授课方式，适当加以运用，让语文课取得更好的效果。

例如，初中课文中有两篇文章，岑参的《白雪歌送武判官归京》和毛泽东的《沁园春·雪》都是传诵千古的名篇，诗中所表现出来的和谐的音韵，优美的意境，作者博大的胸怀和气概，都深深地感染着学生。但这里却存在着一个关键的问题，全篇都是以雪作为背景的，雪对于增强诗的感知能力，审美能力，都起着至关重要的作用。但广州的学生根本就没有见过下雪，只是从电视画面上得到过一点模糊的认识。如果此时不加深学生对雪景的形象感知，即使学生对课文了如指掌，也达不到对诗歌内在美的品味，那么这堂课就是失败的。为了在上课之前加深学生对雪的认知和感知的能力，我从网上下载了许多雪景图片，然后把它们制作成课件，在上课的时候进行演示，这样在上课的时候既创设了良好的教学情境，也有力地调动了学生上课的积极性。整堂课下来，学生们都显得意犹未尽，这是传统的教学模式所达不到的效果。

在几年的语文教学中，我深深地体会到：语文教学关键是一个“活”字，死扣书本，死记硬背，是绝对出不了成绩的。对“活”的理解是多种多样，有教学模式上的改变，有教学手法上的更新。我在语文教学中能“活”字当先，不拘一格，所以我的语文课受到了同学们的喜爱和欢迎。这几年的语文教学，也取得了一定的成绩。

2003 年至 2007 年，我连续四年担任初三毕业班的语文教学工作，教学成绩年年超出区平均分，2007 年初中升学考试，我班的萧媛妮同学达到了单科标准分 789 分的高分，创下了我校单科分数最高之最。

同时，在辅导学生参加市、区各项竞赛方面也取得不错的成绩。2004 年度，陈美艳同学获得区文言文知识竞赛三等奖；2005 年度，张丽芳同学获得区文言文知识竞赛一等奖，萧钟艳同学获得区朗诵比赛三等奖；2007 年度，李晓丹同学获得市环境征文三等奖。

二、班主任工作方面

在坚持教好书的同时，我从未放弃过育好人。从参加工作第一年起，我连续五年担任班主任，其中四年是初三的班主任。我觉得，做一个班主任也许不难，但要做一个好班主任就很难了。我在班主任工作中，主要做到了两个字：“爱”和“严”，这使我在班主任工作中取得了较好的成绩，既改变了一大批后进生，又培养了一批优秀的学生。

1. 有一颗爱心，这是做好工作的前提。

带着一颗“爱心”去工作，可以让学生觉得你是真心地关心他，缩短了师生之间的距离，同时，他们犯了什么错误，也就容易接受你的教育，很快地加以改正。这种爱，有对学生思想形成的正确引导，更有对学生生活上实实在在的关心。例如2005届，我班有一个学生叫黄雪梅，在临近升学考试的前一个多月突然提出退学申请，经过了解后我才明白，她家里有五姐妹，个个都在读书，而父母亲的收入又少得可怜，家里决定让她不要读了，出去打工挣钱。我于是在班上发动学生捐款，同学们的捐款十分踊跃，有的同学把自己仅有的零花钱都捐了出来。我又把这件事向学校领导作了反映，学校领导也相当重视，个个慷慨解囊为她捐款，最后为她筹得了新学期必须的资金。我又把她的情况写成书面材料，积极地向上级主管部门反映，向报社反映，最后得到了上级主管部门的重视，使黄雪梅同学破格录取到一所收费相对较低的师范学校读书，这使学校领导和我班的同学们都兴奋不已。

2. 细心、耐心、诚心这是做好工作的基础。

教育学生不是一朝一夕的事，是一项长期的工作，这就需要足够的耐心。在平时的工作中细心观察，发现了学生的错误，坦诚地和他交流，学生是能够接受的。

例如2005届我班有一个学生叫王汉冲，平时上课下课很爱调皮捣蛋，上课时不是身子动过来扭过去，就是嘴巴说个不停。第一次找他谈话，他就很直爽的告诉我，他也想好好学习，但就是坐不住。这时，我知道要提高他的成绩，首要的是解决他的思想问题，改变他的坏习惯。但这种根深蒂固的思想和习惯又岂是一朝一夕能改变的？于是，我耐下性子多次找他谈话，只要他犯了错误，我就找他谈。次数多了，他也被我的诚心所感动，努力尝试改变坏习惯。到初三最后一个学期，他基本能做到和老师积极配合上好课了。在中考中，他还考上了一所较好的技工学校。

3. 严格要求，措施得力，这是做好工作的保证。

“严是爱，松是害”，在对学生关心爱护的同时，也不忘对他们严格要求。我班制定了严格的班级文明公约，在班宣读、张贴后，师生一起严格遵守。例如，以前我班的卫生工作一直不得力，达不到学校的要求。针对这种情况，我把班上的同学按自愿组合的原则分成八个组，每组6—7人，设小组长一人，把以前的值日制改为值周制，本周内该组的卫生得分必须要达到学校的平均分，否则重扫一周，相反，如果本周值周拿到卫生流动红旗，则奖励一个笔记本。措施得当，奖惩分明，学生们劳动的积极性大大提高，一个学期下来，我班竟然拿到了十四次卫生流动红旗。通过我的言传身教，2002年到2007年，五年时间，我所带的班级德育考核合格率为100%，多次荣获校“文明班”、校“学雷锋活动先进集体”光荣称号。

我工作的成绩，得到了学校领导和上级主管部门的肯定，2005年，我被评为“白云区优秀德育工作者”，还参加了9月10日在白云区礼堂进行的教师表彰大会，领奖那一刻的幸福感现在还时时在我的脑海中出现。2007年，我的年度考核被学校评为“优秀”，还获得了白云区的嘉奖。

在工作的同时，我也不忘提高自己的理论水平，积极参加市、区教育局组织的各项论文竞赛。2005年，我的论文《诗词教学中形象思维的拓展》获得区二等奖，《班会课教学设计》获得区三等奖。

"捧着一颗心来，不带半根草去"，陶行知先生的真知灼言，言犹在耳。我深感一位人民教师的责任，也深感一位人民教师的光荣。成绩属于过去，未来才属于自己。作为一个青年教师，我知道我的工作才刚刚开始，党在新时期下的素质教育的方针政策已经确定，我唯有勇于进取，不断创新，才能取得更大的成绩。

×××

2008年×月×日

评析：这是一篇写的不错的述职报告，粗看，没有什么问题，但是，仔细想一想，这是向谁述职呢？没有称谓，不知道向谁述职。

本章小结

本章主要讲解了计划、总结和述职报告的相关知识，包括计划、总结和述职报告的概念、用途、特点、格式和写作注意事项，其中，重点需要大家掌握的是几种事务性文书的写作格式。格式看起来很简单，可实际运用过程中，我们常常不是忘了称谓就是忘了落款，小毛病不断，需要大家多注意细节。

思考与练习

1. 计划文体都有哪些文种，说说它们之间的区别。
2. 用条文式写一篇新学期学习计划。
3. 述职报告有哪些特点？
4. 回顾一下自己以前写的计划和总结，都会出现什么样的错误。

第三章　调查、信息文书

【知识点】了解掌握启事、调查报告和会议记录的概念、特点格式。

【能力点】熟悉启事、调查报告和会议记录的格式，能模拟写作。

第一节　启　事

一、启事的含义

启事，是一种公告性的应用文。单位或个人，凡有事情要作公开说明以求大家协助的，都可写成启事公布出来，或者登在报刊上。

二、启事的种类

1. 征招类。如招聘、招生、招工、征稿、征集启事。

2. 声明类。如遗失、聘请、迁移、更名、开业、竞赛等启事。

3. 寻找类。如寻人、寻物启事。

三、启事的格式

1. 标题

居中写“启事”或“××启事”，字比正文略大些。分四种写法：

（1）以文种作标题，如《启事》。

（2）以事由作标题，如《寻人》，《招领》。

（3）以启事单位和文种组成，如《某某公司启事》。

（4）标明启事性质，如《寻物启事》。

2. 正文

说明启事的内容。第二行前空两格写起，包括启事的原因、目的、内容、形式和要求等项，正文末尾可以写上“此启”或“特此启事”。内容多的，可分列逐条说明。

3. 落款

另起一行的偏右处。

四、写作要求

1. 标题题目短小。

2. 启事内容要完整，表达清楚，力求内容单一。

3. 语言要真挚，中肯，注意礼貌。

4. 启事单位或个人姓名及联系地点，联系人和联系电话等一定要交代清楚，具体。

有的启事，如招领启事，由于目的是要失主来认领物件，而又要防止被人冒领，所以有些内容，如物件的数量、特征等就不应该写得具体明确，而应在失主认领时当面核对；但联系的地点、办法等，要写清楚。

启事范文解析

要　领	范　文
标题：	征稿启事
正文：	为丰富校刊《中学时代》的内容，特征求下列稿件："园丁颂歌"，"班级新事"，"学习心得"，"读书笔记"，"思想的火花"和"文艺创作"等。 来稿要求观点鲜明，文字简洁生动，字迹清晰，篇幅以不超过千字为宜。请写明真实姓名和所在班级。 稿件请送本校学生会《中学时代》编辑部。
落款	《中学时代》编辑部 ×年×月×日

写作模版

<table><tr><td>

____________启示

____
____
______________________。

特此启事。

××××
×年×月×日

</td></tr></table>

【病文分析】

招领启事

本人昨天在学校一食堂拾到一部黑色摩托罗拉手机，上面有一个招财猫，请失主及时联系我，电话13912341234。

×××

×年×月×日

评析：此启事大家一看就知道，文中把手机特征描述过为详细，不便于后面核实失主身份。

第二节　调查报告

一、调查报告的概念

调查报告是指有目的、有计划地，对客观事物进行全面、深入、科学的调查研究、分析推理，从而得出能够反映客观事实，揭示事物本质规律的书面报告。其目的在于得出某种具有普遍意义的结论、解决某一问题的措施和意见，或制定某项政策与决策的依据。调查报告是调查与分析、实践与理论、客观与主观相结合的实用性文体，是从调查目的通向社会效益和经济效益的桥梁和工具，它在社会生活、经济活动和人类的其他实践活动中具有十分重要的作用。

二、调查报告的种类

除“调查报告”之外，此类文书还有“考察报告”、“调研报告”及“××调查”、“××状况”等常见的名称。

（一）按照性质来分，有综合性调查报告和专题性调查报告。

1. 综合性调查报告：反映某一地区或某个行业的政治、经济、思想、文化各个方面情况的调查报告。

特点：全面而细致，把一个地方各个方面的情况都要反映出来，因而篇幅长，调查任务重，写作难度大。但能反映事物的全貌。

2. 专题性调查报告：针对某一专门问题展开调查研究，并将这类调查研究的成果反映出来，就是专题性的调查报告。如，《企业亏损面面观——来自辽宁10家亏损大户的报告》。

特点：主题专一，所反映的问题不论涉及多少个单位，多大范围，其主题只能有一个。它只对某一问题作深入细致的探讨，与之关系不甚密切的其他问题都应在回避之列。

（二）按照内容来分，有新生事物调查报告、总结经验的调查报告、揭露问题的调查报告、典型调查报告、社会心理调查报告。

1. 新生事物调查报告主要反映现实生活中的新发现、新发明、新创造、新思想、新作风、新方法等。

撰写这类调查报告，要写出这种事物产生的背景，发展的原因及过程，要全面地、完整地反映新生事物的特点，同时还要指出它的作用、意义，揭示它的发展规律和发展方向。

这类调查报告，不仅能促进新生事物不断发展，还有宣传教育及推广应用的意义。

如　　　　　“寒极”开始解冻

——来自清远“扶贫开发试验区”的报告

2. 总结经验的调查报告，这是最为常见的一种调查报告。它是在对某些单位或个人的典型事迹进行周密调查的基础上，经过细致的分析，从中总结出具有普遍指导意义的规律性经验，用调查报告的形式加以推广，以求在更大范围内被人们学习和应用。

特点：这类报告，不仅要叙事，还要归纳总结，找出事物发展变化的规律性东西。它往往采用横式结构进行剖析，展现几个闪光点；也常用对比方法，可和事物本身的历史状况作纵向对比，也可和同类事物作横向对比，在比较中显出经验的价值。

如　　　　　发展有农村特色的乡镇企业

——关于桃林砖瓦厂的调查报告

3. 揭露问题的调查报告，主要以披露社会生活中某些带有倾向性的不良事件或危害性较大，性质严重的特殊问题为主题，从而引起有关部门或社会舆论的关注。

特点：这类调查报告一定要实事求是，证据确凿，事实清楚；在数量上、性质上、范围上、程度上都不可扩大或缩小，拔高或降低；要十分注意语言的准确性。通常要用精确的数字和百分比来说明问题。

如　　　　　《青少年违法犯罪现象透视》

4. 典型调查报告，是对发生在特定的环境、特定的单位或个人身上的特有事件进行调查研究而形成的文字成果。典型有好有坏，因此，与总结经验的调查报告在性质上截然不同。典型是指个体（某一单位或某一个人），与反映、揭露问题的专题性调查报告在范围上又有区别。

因此，它的最大特点在于反映事物的个性、特殊性，当然，这些个性和特殊性又具有一定的代表意义。

特点：典型调查报告的写作，基础是抓好典型，即善于发现社会生活中具有代表意义的事物或现象。好的典型可以供人们学习仿效，坏的典型可让人们引以为戒。因此，凡典型，都必须具有教育意义。

典型调查报告的写作就是要解剖一个“麻雀”，即写好某一单位（或个人）的某一方面，涉及面不能太广，涉及范围不能太大，也不能像工作总结那样面面俱到。

5. 社会心理调查报告，专门反映人们对某种社会现象所表现出的种种不同心态的调查报告。它不在于揭示某种社会现象，因此无需勾画某种现象发生发展的进程轮廓。而在于深入地剖析面对某种社会现象所产生的各种心态，从思想深处挖掘某种社会现象所赖以存在的心理基础。

特点：它的写作，关键是要进行深入细致的调查研究，把握不同的人们面对同一问题所持的种种不同的态度。要对面临同一问题的人群作心态上的分类，找出她们心理因素当中的细微差别，然后进行排列对比，反映出种种千差万别的心态来。

三、调查报告的特点

（一）真实性

调查报告必须以客观事实为基础，注重真实性，用事实说话是其首要特点。通过全面调查、科学分析材料，揭示事物的本质特征。写作调查报告时，陈述事实，应占到整个篇幅的70%以上。涉及的人物和事件要绝对真实，事件的时间、地点、过程、细节等也要绝对真实，不可把臆想和推理当成事实。作者的观点和结论，也必须是建立在大量事实材料的基础之上，观点结论最好是在事实之后水到渠成地准确概括出来。这样，才有说服力和可信度。

（二）典型性

调查所选取的对象是否具备典型性，是调查报告能否得出正确结论的关键。因此在调查中应当对调查对象进行科学的筛选，找出最具代表性的事物作为调查对象，要能起到以局部反映全局，以“点”带“面”的作用，否则，难以对工作产生指导意义。

（三）针对性

进行调查研究，撰写调查报告，是为了解决实际问题，因此调查报告要有很强的针对性。要关注社会热点问题或群众普遍关心的问题。一篇调查报告是否成功，往往首先看它是否具有针对性。针对性越强，效果就越好，指导作用就越大。从某种意义上说，针对性是调查报告的灵魂。

（四）新颖性

调查报告要对社会普遍关注或亟待解决的问题提出见解，要能体现新方法、新观点、新思路、新角度，才能产生强烈反响。如《2008年北京奥运会足球比赛结果对各国球迷心态影响的调查》，就具有较强时效性和新颖性。

四、调查报告的结构与写法

调查报告的结构包括标题、正文和落款三部分，各部分的写法如下：

（一）标题

调查报告的标题要精炼、醒目，用简洁明快的语言表明文章主题，以引起人们关注。

一般有以下几种形式：

1. 单行标题

(1) 公文式标题：由“调查对象、调查时间、调查范围、调查内容”等因素加“文种名称”构成，如《关于三峡移民安置情况的调查报告》、《2008 年度北京高校毕业生就业状况调查》。

这种标题形式，可省略或变化其中某些因素，如《中学生心理健康调查报告》、《失地农民就业和社会保障的调查与思考》、《会计委派制度改革情况的调查与思考》。

(2) 文章式标题：此类标题通常不出现调查报告、考察报告等文种字样，只点明文章主题或调查对象名称即可，如《艾滋病在中国的传播》、《电信服务，消费者满意度如何?》、《群众集体上访的现状、成因及对策》、《湖南与全国及外省私营经济发展比较》。

2. 双标题

正标题揭示文章主题，副标题指明调查对象、地点、范围等，如《大学生是否应具备自我牺牲精神——首都十所大学的调查报告》、《还我美好河山——我国风景名胜区的保护和治理有待加强》。

（二）正文

1. 前言：也称导语或引言，简洁明了地介绍调查概况、调查对象，说明调查目的，或提出问题，设置悬念，引出正文。常见的导语有：

(1) 简介式。这类前言主要对调查的课题、对象、时间、地点、范围、方式、经过及调查组等情况作简明介绍。

例如：《优化整合区域卫生资源　大力提升卫生事业水平——赴河北保定市、北京市朝阳区学习考察报告》的前言：

为学习借鉴外地整合和优化区域卫生资源的经验，促进我区卫生事业发展，3 月 2 日至 3 日由副区长郭××、大港油田集团公司副总经理石××带队，区政府办、研究室、卫生局、大港医院、油田医院一行 11 人，赴河北省保定市、北京市朝阳区学习考察。先后考察了保定市人民医院、保定市第三医院、北京市朝阳医院和垂杨柳医院。虽然考察时间短暂，但是由于考察内容明确，安排周密，考察人员结合我区医疗资源现状去思考和研讨，收获很大。现将有关情况报告如下。

这段开头简单介绍了调查课题、时间、对象、范围、地点、方式，以及调查组情况等信息交代得较为完整。

（2）概述式。这类前言主要对调查报告的内容和宗旨作概括的说明，开门见山点明基本观点或主张。

例如：林木种苗是林业建设的基础和前提，林业要发展，种苗是关键。为进一步搞好我省的林木种苗建设，推动我省林业持续快速健康发展，我们组织力量对全省的林木种苗情况进行了详细的调查，并据此提出了几点意见，现分述如下：

这段开头概括简略交代了调查报告的宗旨和意图，并直接引出下文。

（3）揭露式。这类前言主要揭露社会或工作中的重大问题和黑暗面，并说明问题的严重性和危害性，以引起读者注意。

例如：当人们听说一个成功商界人士的传奇故事，很可能被故事情节所吸引，而且重要的是，如果讲述中没有表述任何显示性别的细节，人们通常会不知不觉地认为，这是一个有关男性的故事。人们能够普遍接受一个传奇式男老板的故事，不管这种传奇中有多少真实的成分，但却很难接受一个女老板可以用同样正当、诚实、道德、传奇的方式实现成功，对于这种表面成功的背后，往往产生不好的推论。其实，这种表象的下面存在着这样一个问题：人们是否已经具备了接受一个女性领导者的成熟而自然的心理。

这段开头以揭示矛盾为切入点，引出调查对象，具有较强的吸引力。

（4）议论式。这类前言把主要的成绩、经验或问题揭示出来，突出其重要性、意义或问题的严重性及危害，引起读者重视。

例如：劳务输出是通过有序转移富余劳动力创造经济社会效益的一种有效形式。扩大劳务输出，发展劳务经济，对于增加农民收入，发展壮大地区经济，有重大意义。××县在这一工作中，为全国广大地区树立了榜样。

这段开头首先诠释调查问题，然后点明调查的具体对象，并指出其之所以成为调查对象的意义所在，以达到推广经验的目的。

还可采取提问式开头，概要式开头等，有时几种方式还可兼而用之，作者应根据材料、主题、结构和表达的需要自由灵活地运用。总之，要在前言部分开门见山、言简意赅地把全文的中心思想，基本情况说明白，为主体的展开打好基础。

2. 主体

包括对调查事实和基本情况的介绍，对调查资料的理性分析，以及最终得出的结论、措施或建议，也可附加相关研究材料。这是充分体现调查报告价值和质量的核心部分。其结构组成通常如下：

（1）基本情况。这部分要具体写明调查的时间、地点、人物、数据及事件的起因、发展经过和结果等，尽可能地运用人物有典型意义的原型语言和典型事例，以增强报告的说服力度。

（2）事实分析。这部分运用夹叙夹议的写作手法对调查事实进行分析归纳，得出经验教训，说明原因和影响。

（3）归纳结论。这部分是调查报告的目的所在。经过上述叙述和分析，归纳出客观、正确的观点和结论。

（4）结尾

调查报告的内容大多是为了宣传、推广一定的先进经验，或据此提出一些合理化建议，或回答社会上人们普遍关心的问题等，所以它的结尾必须把调查报告主体部分所反映的内容的价值、意义、作用作一番理论上的评价，或恰到好处地提出作者的看法，或鼓励人们去学习、探索，或号召人们沿着某一方向继续前进等等。结尾写得好，可使整篇调查报告倍增光辉，有“点石成金”之效；反之则前功尽弃，有“狗尾续貂”之嫌。所以，尽管调查报告的结尾可长可短，以简短有力、耐人寻味为宗旨，但一定要起到总结全文、画龙点睛的作用。常见的形式有，建议式、深化式和鼓舞式等。

例如：教育优先发展的战略地位，决定了各级党委政府必须对当地教育发展作出长期性和阶段性的规划，而规划的依据必须充分考虑和预测到生源的变化情况，必须充分考虑国家对教育发展的要求和国家对课程开设改革的要求。

这段结尾简短有力，富有总结性地深化了全篇的主题。

（三）落款

1. 文尾标注。在正文右下角落款，写上调查者和完成日期。单位内部使用的调查报告一般多采用此法落款。

2. 题下标注。公开发表的调查报告，多在标题之下署上调查者姓名和完成日期。

五、调查报告的写作要求

（一）深入调查，广泛占有材料

调查报告是调查研究的产物，没有调查就没有调查报告；调查不充分，占有材料少，基础就薄弱，结论就可能缺乏说服力，甚至是错误的。在调查取材过程中，要亲临现场，对调查对象作深入细致的了解，获取大量的第一手材料。这些材料可以是正面的、反面的、侧面的；可以是具体的、概括的、典型的、一般的；可以是口头的或书面的，历史的或现实的等等。只有充分占有材料，才能为科学分析和提炼观点提供坚实的基础，写出的调查报告才有价值。

（二）认真分析研究材料，提炼正确观点

在占有大量的素材之后，要对原始材料进行整理、鉴别、筛选、分析，作一番去粗取精、去伪存真、由此及彼、由表及里的分析研究工作。经过认真分析研究，找出事物的本质和规律，提炼出具有普遍意义的正确结论和观点，在研究中，要把零散的、孤立的材料联系、统一起来思考，选择出典型的、有说服力的材料，来支持、说明观点。我们在调查报告中常见的经验、教训的总结，建议、对策的提出，观点、结论、评价的归纳等，都是在分析研究材料之后得出的。

（三）点面结合，材料和观点统一

要把材料和观点统一起来，用材料说明观点，用观点统帅材料。材料的叙述要真实、确切、具体，观点的论述要鲜明、深刻、周密。结论、观点应在材料基础上水到渠成地得出，材料和结论、观点之间要有内在的逻辑性。典型材料要在其中发挥重要作用，要详细叙写和重点分析；一般材料也不可缺少，或事实或数据，或代表面上情况，点面结合，才能正确反映情况，结论、观点才能使人信服。

（四）夹叙夹议，具体简明

调查报告不仅要报告事实，也要报告事实基础上的结论、观点及其分析推理，所以文体决定其基本写法是夹叙夹议，叙议结合。只叙不议，是罗列现象；只议不叙，是空发议论；叙议结合，才能使材料通向观点。与其他文体相比，调查报告的文风要求朴实简明，事实具体可感，观点、结论要客观、中肯，总体上体现“靠事实说话”的特点。

调查报告范文解析

要　领	范　文
标题：	年轻干部思想作风状况的调查报告
正文： 前言	最近，我们对全县31个乡镇和县直单位的100名年轻干部的思想作风状况进行了问卷调查。调查对象有：县处级干部3名，正科级干部25名，副科级干部72名。其中30岁以下的19人，31～35岁的32人，35～40岁的49人。调查显示，当前年轻干部的思想作风状况主流是好的。在工作和实践中，年轻干部表现出了比较坚定的社会主义信念和比较明显的社会主义立场以及积极向上的人生追求，展现出了新时期的年轻干部奋发向上、敢于创新、朝气蓬勃的时代特征。
主体	一、年轻干部思想作风状况的主要特点 （略） 二、年轻干部思想作风存在的主要问题 （略） 三、解决年轻干部思想作风问题的对策 （略）
落款	×××× ×年×月×日

写作模版

______调查报告

____

____

____

____

____

____

____

____

____。

××××

×年×月×日

年轻干部思想作风状况的调查报告

最近，我们对全县31个乡镇和县直单位的100名年轻干部的思想作风状况进行了问卷调查。调查对象有：县处级干部3名，正科级干部25名，副科级干部72名。其中30岁以下的19人，31～35岁的32人，35～40岁的49人。调查显示，当前年轻干部的思想作风状况主流是好的。在工作和实践中，年轻干部表现出了比较坚定的社会主义信念和比较明显的社会主义立场以及积极向上的人生追求。展现出了新时期的年轻干部奋发向上、敢于创新、朝气蓬勃的时代特征。

一、年轻干部思想作风状况的主要特点

1. 具有比较坚定的社会主义信念和良好的价值取向。在当前市场经济和改革浪潮的冲击下，处在农村基层艰苦工作环境下的广大年轻干部依然表现出了较坚定的社会主义信念。从调查情况来看，有84%的年轻干部对实现社会主义充满了信心；68%的年轻干部将个人事业的成功作为自身价值的最佳体现方式。充分显现出了新时期年轻干部正确的世界观、人生观和价值观。

2. 具有较高的学习热情和强烈的求知欲望。新的时期，年轻干部都意识到了人类已进入学习型社会，学者生存，不学者必将淘汰，从而增强了学习的主动性和自觉性。调查表明，有65%的年轻干部认为必须不断加强自身学习，改善知识结构，切实提高自身的政策理论水平。由于年轻干部具有旺盛的精力，加上对新知识的强烈渴求，都养成了勤于学习政治理论和专业技术、勤于思考的习惯。

3. 具有较好的创新意识和较强的实干能力。广大年轻干部，尤其是年轻领导干部都具有较强的开拓创新能力，他们坚持解放思想，实事求是，更新观念，开拓进取，敢于并善于发挥自己的主观能动性，在工作中及时大胆提出与老观念、老传统不同的新观点、新方案。“空谈误国，实干兴邦”是大多数年轻干部的工作理念，他们坚持求真务实、真抓实干的工作作风，不怕苦，不怕累，继承和发扬了艰苦奋斗的优良传统，体现了全心全意为人民服务的革命宗旨。根据调查统计，有86%的年轻干部表示现阶段党员干部必须继续发扬艰苦奋斗的作风和务实创新的工作理念。

4. 具有较强的自律意识和强烈的正义感。调查表明，大多数年轻干部对自己要求比较严格。53%的年轻干部把群众公认作为自己工作好坏的衡量标准。年轻干部在廉洁自律方面表现出了十分坚定的意志，78%的调查对象对当前社会上存在的各种腐败现象和不正之风表示深恶痛绝、坚决抵制。76%的年轻干部认为必须狠抓党员干部作风转变，并对党风的转变充满了信心，展现出了新时期年轻干部坚定的社会主义立场和正义感。

二、年轻干部思想作风存在的主要问题

我们从调查情况中可以看出，尽管大多数年轻干部继承和发扬了党的优良传统，能解放思想，勇于创新，艰苦奋斗，开拓进取，在各条战线上发挥着骨干作用，但是，由于各种原因，极少数年轻干部在思想作风上也存在着一些问题，应该引起社会各界的高度重视。

问题之一：淡漠。主要表现为：不注意理论的学习，借口工作忙而忽视理论学习，理论功底比较浅。因而观察问题缺乏敏锐性和洞察力，对于影响社会稳定、社会安定的苗头性问题，往往嗅觉不灵，反应迟钝，明辨是非的能力较差。分析问题不善于从一定的高度探索问题发生的根源，不能以高度的鉴别力对问题的性质作出准确的判断，在大是大非和许多问题上分不清是非。

问题之二：热衷权力。当前，有极少数年轻干部不能正确看待和使用手中的权力，过分注重职务升迁，权力观发生扭曲和变形，不能正确使用人民赋予的权力。为群众谋利益，把很大的一部分精力放在谋划自己的升迁上，迎来送往搞关系，找门子，想方设法寻找升官的捷径，而没有把精力放在工作上，完全忘掉了全心全意为人民服务的宗旨，在群众中造成很坏的影响。

问题之三：贪图安逸。在改革开放和发展社会主义市场经济的新形势下，少数年轻干部潜滋暗长了贪图安逸、害怕艰苦的思想。他们甚至把勤劳朴素看作寒酸，把吃苦耐劳当作迂腐，视艰苦创业者为傻帽。相反却把讲排场、比阔气、摆派头当作荣耀。

问题之四：轻视群众。年轻干部大都由于具备较高的文化知识水平，接受新事物快，思想活跃，具有较强的开拓创新精神，结果他们中的少数人往往因为取得了一些成绩就过高估计自己，片面强调自己在决策和工作中的作用，滋长了骄傲自满和个人英雄主义思想，违背党的民主集中制原则，产生了脱离群众的不良倾向。

三、解决年轻干部思想作风问题的对策

上述问题虽然发生在少数年轻干部身上，但危害极大，不可等闲视之。问题产生的原因是多方面的，有形势和环境等客观上的原因，而根本原因是少数年轻干部放松了世界观、人生观和价值观的改造，放松了党性锻炼，在市场经济的新形势下，沾染了庸俗的政客风气，个人主义、拜金主义和享乐主义的思想悄然滋长。要解决年轻干部存在的这些思想作风问题，应该采取以下四个方面的对策：

1. 提高年轻干部的理论修养。只有理论上的清醒，才有思想上的坚定。各级党委必须从“三个代表”重要思想的高度，抓好年轻干部的理论学习，把理论学习纳入党委工作的重要议事日程，牢牢抓在手上，做到经常抓，反复抓，抓反复。要制订学习计划，规范学习内容，改进学习方法，完善学习制度，注重学习实效。要使年轻干部真正认识到提高理论修养离不开学习，只有不断地学习才能在思想上保持清醒的头脑，在行动上与上级组织保持高度一致。要组织年轻干部系统地学习马列主义、毛泽东思想、邓小平理论和“三个代表”重要思想，真正领会其精神实质，吸取其思想精华，在复杂的形势下坚持理性思考、冷静分析、辨别方向，沉着应对。做到立场坚定，旗帜鲜明。

2. 强化年轻干部的宗旨意识。全心全意为人民服务是检验干部党性的试金石。一个认识不到人民群众重要历史地位的人，一个对人民群众没有深厚感情的人，是不可能自觉地为人民群众谋利益的。首先，要教育年轻干部牢固树立群众观点。注重解决对待群众的态度问题，使他们对人民群众的感情融于自己的一言一行当中，自觉把人民拥护不拥护、赞成不赞成、满意不满意、答应不答应作为自己想问题、办事情的出发点和落脚点。其次，要教育年轻干部增强“公仆”意识。教育年轻干部正确对待和使用人民赋予的权力，把权力当作更好地为人民服务的手段。第三，要教育年轻干部发扬艰苦奋斗的优良传统。帮助年轻干部树立正确的世界观、人生观和价值观。使年轻干部在思想上筑起抵御腐朽思想、生活方式侵蚀的坚固防线，顶得住诱惑，管得住小节，做到不正之风不染，不义之财不取，不法之事不干。

3. 锻炼年轻干部的务实作风。首先，要坚持把工作热情与尊重客观规律统一起来。年轻干部的工作热情高、劲头大，但必须头脑冷静，尊重客观规律，想问题办事情必须从实际出发，实事求是，根据需要和可能，一件件扎扎实实去办。其次，要提倡说实话、鼓实劲、干实事、求实效。年轻干部要敢于把说实话作为自己的一项品德，如实反映各种问题，在遇到大事，特别是涉及个人利益的时候，要实事求是，坚持原则，绝不能弄虚作假。要坚持深入基层，体察社情民意，为群众办实事、办好事，不搞不切实际的高指标，不搞虚假浮夸的假政绩。第三，从小事做起，从自我做起。年轻干部为人民群众办实事不能好大喜功，不屑于办“小事”。其实，许多看似细枝末节的“小事”，却与群众的利益息息相关，不能借口“小事”而置之不理，要在一件件小事中培养求真务实的作风。要培养严于解剖自我的精神，对自身存在的问题，敢于承认，坚决改正，不遮遮掩掩、躲躲闪闪。同时，年轻干部还要克服傲气，尊重同志，取长补短，促进自己不断成熟。

4. 加大年轻干部的监督力度。年轻干部思想作风出现的问题，应本着“惩前毖后、治病救人”的原则，加强教育和管理。组织部门要在严把入口关的前提下，不断强化对年轻干部的监督。要建立健全经济责任审计、汇报思想、定期谈话、年末述职等一系列监督制度，把管理监督工作贯穿于年轻干部培养、选拔、使用的全过程。综合运用组织考察、个别座谈、民主评议、公开述职等形式，加强对年轻干部的考察监督，做到警钟长鸣，防微杜渐，发现问题，及时教育。同时，要深入考察监督年轻干部的生活圈、社交圈，对年轻干部实行全方位的监督管理。

××××

×年×月×日

【病文分析】

关于杭州私家车主构成的独立调查

在近年来如火如荼的汽车消费热潮中，数以万计的杭州百姓人家圆了汽车梦。据统计，杭州私家车拥有量已从去年年底的每100户家庭2.5辆上升到3.1辆左右。预计到今年年底，杭州将成为我国轿车发展最快的城市。

那么是哪些人推动了杭州私家车消费的狂潮？杭州车市有哪些明显的特征？这些问题无疑是很多业内人士和有车族关注的焦点。近日，我们在一些酒店、写字楼、停车场、生活小区等地通过当面访问以及电话采访、网上调查等方式，对杭州私家车情况做了一次抽样调查。此次调查共发放300份问卷，回收有效问卷近280份。

1. 年轻车主崛起

在外贸公司工作的王小姐说，普通的交通工具已经不能满足现在年轻人的需要。现在的年轻人张扬个性，事事都要有自己独立的空间。同时工作生活的快节奏促使现在的年轻人需要更快捷的交通工具来实现工作的高效率。

调查结果显示，中年车主仍然是私家车主的主流群体，占了调查人数的大部分。值得注意的是，一部分年轻车主正在崛起，占总人数的26.5%。这部分车主的年龄大致在20～30岁左右，大多拥有大学本科学历以及较好的职业，年收入在5万～10万元左右，而且50%以上由自己独立出资购车。

这部分车主最为敏感的是轿车的价格，占了37%，另外，油耗、安全性、品牌以及外观也是他们所关注的主要因素。他们选择的车型、颜色一般比较时尚，驾龄一般与购车时间同步，大多集中在近3年内。

2. 个体业主是主力

个体私营者陈先生拥有一辆别克商务车，他说自己周围越来越多的人都购买了商务车。从职业角度考虑，商务车拥有开阔的内部空间，为他们提供了随时接待客户、洽谈商贸的场所。另外，也使企业形象和个人身份得到了提升。

在调查中，个体私营者仍是私家车主的主流，占总数的26.5%。令人惊喜的是，私家车主的职业构成呈现了前所未有的多元化趋势：公务员、教师、普通职员成为壮大最快的购车队伍。

这类车主购车主要用于上下班代步，同时方便周末出游。选择的价位基本在5万～15万元之间。公务员方先生买了一辆威驰，平时工作日顺带接送孩子上学、放学和妻子上下班。到了周末，则载着家人开车到周边风景区感受大自然的风光。他感慨地说，有车后，生活半径扩大了不少，生活质量也提高了。

3. 买家愿付全款

一个月前，在杭州某事业单位工作的朱先生参加团购，买了一辆赛欧两厢SRV，7.28万元的车价加上其他费用，他一次性支付了8万多元，将车子开回了家。

同样的问题居然得出了两个截然相反的答案：网上调查显示，购车方式选择银行按揭的高达71%；而在当面访问和电话采访中，选择一次性现金交付的占了80%以上。仔细分析发现，选择银行按揭的车主大多已有2年以上的有车生活，而选择全额购车的车主，基本都是在近两年内新购的车。

元通汽车公司王先生解释说：银行按揭骤然降温的主要原因是银行信贷的收紧，办贷手续的繁琐。与一年前宽松的信贷政策和市场浓厚的消费信贷气氛相比，越来越多的人选择了全额购车。而收入的提高和车价的持续下降也是许多人选择全额购车的一个原因。另外，现在购车以家庭为主，人们普遍心态是求稳，尽量避免超前消费，等家里存够钱再买不迟。

4. 汽车网站受青睐

罗先生在三年前就想为自己购买一款当时风靡的车，但自打他在销售公司下订单半年来，对方一直没有消息。无奈之下，他只好放弃这次购车计划。一次偶然的机会他在网上找到一家汽车销售公司正在出售那款车，抱着试一试的心态他下了一份电子订单。没想到，一个月后就拿到了车。

近年来消费者在获得购车信息渠道方面出现了多样化趋势。除了看报纸、杂志、电视上的汽车广告和汽车新闻，越来越多的人走进了网络世界。调查表明：杭城有小部分的购车族倾向于浏览互联网上的汽车网站，因为他们更看重网上全面、丰富、深入的汽车信息，购车者足不出户就可以了解到各大品牌车的最新动态，一些制作精良的网站还能带消费者领略试坐感受、汽车构造和部件性能。在日趋完善的网络世界，甚至实现了网上购车。

5. 车主倾向5年换车。

几年前，国产轿车市场还是洋品牌一手遮天，国内汽车品牌比较少，一辆轿车的身价往往令人咋舌，许多人还抱着"一车终身制"的观念。随着国内中低档家用轿车的开拓和发展壮大，越来越多的家庭已抛弃了这种观念。

调查发现：经济型家庭轿车市场份额遥遥领先，86%的人购买的第一辆车价格低于15万元；另外，44.9%的车主表示平均5年会换一辆新车。特别是国内汽车生产、经销市场新陈代谢加速，各家新款车层出不穷，售后服务的不断完善加之低价位的营销战略，不仅让普通工薪阶层圆了购车梦，更让囊中鼓鼓、喜欢体验不同驾驶感觉的人过足了车瘾。

但值得注意的是，车主对于遵守交通规则的自觉性仍比较欠缺。调查显示，买车后从未有过违章经历的人只占了1%，有六成车主违章记录在5次左右，违章超过10次的比例高达12%。

××××

×年×月×日

评析：本文结构清晰，有条理。但大家不妨仔细看看，全文很少有可靠的数据说明问题。作为调查报告，数据是最直接、最直观能说明问题的，这里常用的是"大部分"、"小部分"、"相当高"、"近280份"等模糊概念。不便于大家了解情况。如"此次调查共发放300份问卷，回收有效问卷近280份。"到底回收了多少份呢？"调查结果显示，中年车主仍然是私家车主的主流群体，占了调查人数的大部分。"大部分？多大一部分？有没有具体调查？那么后面的分析，有多大的可信度？

第三节　会议记录

一、会议记录的概念

会议记录，是开会当场把会议的情况如发言人姓名、会上的报告内容、讨论的问题、与会者的发言、通过的决议等如实地记录下来的书面材料。

二、会议记录的格式

会议记录一般分两个部分：

第一部分，是记录会议的基本情况。主要有：会议的名称、开会的时间、地点、出席人、列席人、主持人、记录人。这些内容要在宣布开会前写好。至于出席人的姓名，会议人数不多，可一一写上。会议人数多，可以只写他们的职务，如各校正副校长、教导主任；也可只写总人数。如是工作例会，可只写缺席人的名字和缺席原因。

第二部分，是记录会议的内容。它是会议记录的主要部分。主要有：主持人的发言、会议的报告或传达、与会者讨论发言、会议的决议等。内容的记录，有摘要和详细两种。

（一）摘要记录

一般会议只要求有重点地、扼要地记录与会者的讲话和发言，以及决议，不必“有闻必录”。所谓重点、要点，是指发言人的基本观点和主要事实、结论。对一般性的例行会议，只要概括地记录讨论内容和决议的要点，不必记录详细过程。

（二）详细记录

对特别重要的会议或者特别重要的发言，要作详细记录。详细记录要求尽可能记下每个人发言的原话，不管重要与否，最好还能记下发言时的语气、动作表情及与会者的反应。如果发言者是照稿子念的，可以把稿子收作附件，并记下稿子之外的插话、补充解释的部分。

需要详细记录的发言，可采取速记的方法。现代化生活为我们提供了方便，还可以先录音，会后再整理。

会议结束，记录完毕，要另起一行写“散会”二字，如中途休会，要写明“休会”字样。

三、会议记录的要求

1. 准确写明会议名称（要写全称），开会时间、地点，会议性质。

2. 详细记下会议主持人、出席会议应到和实到人数，缺席、迟到或早退人数及其姓名、职务，记录者姓名。如果是群众性大会，只要记参加的对象和总人数，以及出席会议的较重要的领导成员即可。如果某些重要的会议，出席对象来自不同单位，应设置签名簿，请出席者签署姓名、单位、职务等。

3. 忠实记录会议上的发言和有关动态。会议发言的内容是记录的重点。其他会议动态，如发言中插话、笑声、掌声，临时中断以及别的重要的会场情况等，也应予以记录。

记录发言可分摘要与全文两种。多数会议只要记录发言要点，即把发言者讲了哪几个问题，每一个问题的基本观点与主要事实、结论，对别人发言的态度等，作摘要式的记录，不必“有闻必录”。某些特别重要的会议或特别重要人物的发言，需要记下全部内容。有录音机的，可先录音，会后再整理出全文；没有录音条件，应由速记人员担任记录；没有速记人员，可以多配几个记得快的人担任记录，以便会后互相校对补充。

4. 记录会议的结果，如会议的决定、决议或表决等情况。

会议记录要求忠于事实，不能夹杂记录者的任何个人情感，更不允许有意增删发言内容。会议记录一般不宜公开发表，如需发表，应征得发言者的审阅同意。

四、会议记录的写作技巧

一般说来，有四条：一快、二要、三省、四代。

一快，即记得快。字要写得小一些、轻一点，多写连笔字。要顺着肘、手的自然去势，斜一点写。

二要，即摘要而记。就记录一次会议来说，要围绕会议议题、会议主持人和主要领导同志发言的中心思想，与会者的不同意见或有争议的问题、结论性意见、决定或决议等作记录。就记录一个人的发言来说，要记其发言要点、主要论据和结论，论证过程可以不记。就记一句话来说，要记这句话的中心词，修饰语一般可以不记。要注意上下句子的连贯性，一篇好的记录应当独立成篇。

三省，即在记录中正确使用省略法。如使用简称、简化词语和统称。省略词语和句子中的附加成分，比如“但是”只记“但”，省略较长的成语、俗语、熟悉的词组，句子的后半部分，画一曲线代替，省略引文，记下起止句或起止词即可，会后查补。

四代，即用较为简便的写法代替复杂的写法。一可用姓代替全名，二可用笔画少易写的同音字代替笔画多难写的字；三可用一些数字和国际上通用的符号代替文字；四可用汉语拼音代替生词难字；五可用外语符号代替某些词汇，等等。但在整理和印发会议记录时，均应按规范要求办理。

会议记录范文解析

要　领	范　文
标题：	城南开发区管委会办公会议记录
正文： 1. 记录会议的基本情况	时间：2008 年 4 月 8 日上午 地点：管委会会议室 主持人：李××（管委会主任） 出席者：杨××（管委会副主任）、周××（管委会副主任管城建）、李××（市建委副主任）、肖××（市工商局副局长）、陈××（市建委城建科科长）及建委、工商局有关科室宣传人员。街道居委会负责人。 列席者：管委会全体干部 记录：邹××（管委会办公室秘书）
2. 会议的内容	讨论议题： 1. 如何整顿城市市场秩序。 2. 如何制止违章建筑、维护市容市貌。 杨主任报告城市现状：我区过去在开发区党委领导下，各职能单位同心协力、…… 讨论发言（按发言顺序记录） 肖××：个体商贩不按规定到指定市场经营，管理不得力…… 罗××（工商局市管科科长）：市场是到了非整不可的地步了。我们…… 秦××（居委会主任）：整顿市场纪律我们…… 李××（建委副主任）：去年上半年创建文明卫生城市…… 陈××：对犯规者一是教育，二是逗硬。…… 周××：城市管理我们都有文件、有办法，现在…… 与会人员经过充分讨论、协商，一致决定： 1. 由工商局牵头，居委会和其他部门配合，第一周宣传、第二周行动，监督实施，做到坐商归店，摊贩归点，农贸归市，彻底改变市场紊乱状况。 2. 由管委会牵头，城建委等单位配合对全区建筑工地进行一次检查。然后召开一次施工单位会议，对违章建筑、违章工场限期改正。一个月内改变面貌。过时不改者，坚决照章处理。 散会。 主持人（签名） 记录人（签名）

写作模版

______会议记录

时　间：______

地　点：______

主持人：______

出席者：______

列席者：______

记　录：______

议论议题：____。

×××：______

×××：______

×××：______

×××：______

×××：______

与会人员经过充分讨论、协商，一致决定：

____。

散会。

主持人（签名）

记录人（签名）

【病文分析】

飞熊公司项目会议

时间：2008年9月1日

地点：公司会议室

出席人：公司各部门主任

主持人：马燕（公司副总经理）

记录：祁迎峰（办公室主任）

一、主持人讲话：今天主要讨论一下《中国办公室》软件是否投入开发以及如何开展前期工作的问题。

二、发言：

技术部朱总：类似的办公软件已经有不少，如微软公司的WORD、金山公司的WPS系列，以及众多的财务、税务、管理方面的软件。我认为首要的问题是确定选题方向，如果没有特点，千万不能动手。

资料部祁主任：应该看到的是，办公软件虽然很多，但从专业角度而言，大都不很规范。我指的是编辑方面的问题。如WORD中对于行政公文这一块就干脆忽略掉，而书信这一部分也大多是英文习惯，中国人使用起来很不方便。WPS是中国人开发的软件，在技术上很有特点，但中国运用文方面的编辑十分简陋，离专业水准很远。我认为我们定位在这一方面是很有市场的。这是在众多航空母舰中间寻求突破，我认为有成功的希望，关键的问题就是必须小巧，并且速度极快。因为我们建造的不是航空母舰，这就必须考虑到兼容问题。

各部门都同意立项，初步的技术方案将在十天内完成，资料部预计需要三个月完成资料编辑工作，系统集成约需要二十天，该软件预定于元旦投放市场。

散会。

主持人：（签名）

记录人：（签名）

评析：很明显这个会议记录不完整，给人的感觉是通知了一个计划，和讨论的主题不符合，从会议记录中看不出讨论的过程，分歧解决的过程。

本章小结

本章讲解了启事、调查报告和会议记录的概念、格式和注意事项。几种文体在日常工作和生活应用较多，需要大家重点掌握其写作特点和主要格式，并结合日常所见所闻加以理解和应用。

思考与练习

1. 找一下学校张贴的启事，看看格式。
2. 论大家看到的各类启事，都有些什么内容。
3. 可以小组为单位，组织一次调查，校园内、社区里都可以，然后形成调查报告。

第四章　书信、条据文书

【知识点】了解书信、条据类公文的概念，理解其特点，掌握其格式。
【能力点】熟悉书信、条据类公文的结构和写法，学习例文，模拟写作。

第一节　请　柬

一、请柬的含义

（一）请柬的含义

请柬，也称请帖或邀请书，是为邀请客人参加各种活动或会议而发出的通知书。它属于礼仪类书信中的一种，在书写上有特定要求。

（二）请柬的使用范围

使用范围十分广泛，主要用于社交场合，诸如节庆、奠基、落成、开业、娱乐、宴会、典礼、仪式、展览、舞会、演出、新闻发布等。一般来说，在举行重大活动而对方又是作为客人参加时，才发送请柬，寻常聚会或活动一般不发请柬。但有些公务活动如现场办公、法庭审判等，则不宜使用请柬。

二、请柬的特点

（一）确指性

请柬的内容单一，发送的对象是特定的单位和个人。

（二）礼仪性

请柬的使用，应表达尊重和联络情感的意味，具有礼仪性。

三、请柬的结构和写法

请柬从结构形式上可分为横式写法和竖式写法两种。但无论哪一种，都一般由以下几部分构成：标题、称呼、正文、结尾和落款。

（一）标题

在封面上写的“请柬”（请帖）二字就是标题，一般要做一些艺术加工，可用美术体的文字，文字的色彩可以烫金，可以有图案装饰等。

（二）称谓

要顶格写被邀请对象，单位名称要用全称。个人的姓名后加以尊称，如“先生”、“女士”、“小姐”；有职称学衔的可称“教授”、“博士”等，称谓后加上冒号。

（三）正文

要交代活动内容，如开座谈会、联欢晚会、生日派对、国庆宴会、婚礼、寿诞等。写明时间、地点、方式。

（四）结尾

要写上请语，这是请柬所特有的，是请柬的重要标志要素。常用的请语有："敬请光临"、"恭请光临"、"恭请尊驾莅临指导"、"敬候莅临"等。

（五）落款

署上邀请者（单位或个人）的名称和发柬日期。可以标识组织名称，亦可以组织领导者名义，或者二者兼用。如果是结婚请柬，要并排写上新婚夫妇二人的姓名，其后加上"敬启"或"谨上"之类谦词。

有的请柬还有附启语。附启即附加陈述。附启的内容有时是具体的时期安排，有时是活动场所的地址、乘车路线、入场口、座席位置、座位号等；有时是一些值得注意事项，附启书写于请语之后、落款之前，空两格书写，并用括号将附启内容括上。

四、写作注意事项

（一）语言

语言要谦恭有礼，得体周到。根据具体场合、内容、采用得体客气的措词。做到优美、典雅、热情、庄重，使被邀请者感到愉快和温暖，切忌使用乏味及浮华的语言。

（二）表达

表达务必严谨、准确。一是要写清被邀请者的姓名、身份、邀请的事由、应注意的事项等内容，不要赘述活动的意义，二是特别要注意校对时间、地点和人物等项内容，做到清晰明了准确，不出差错，否则就会造成对邀请者的不尊重。

【例文分析】

请　柬

张彦总工：

兹定于2008年8月26日至8月30日，在华侨大厦二楼召开新品展示会，并于8月26日中午11时30分在华侨大酒家举行开幕典礼，敬备酒宴恭候。

敬请光临

康达电器有限公司

2008年8月20日

评析：这是一份请客户参加新品展示会的请柬，格式标准规范，请柬简单明了地说明邀请的原因，并且清楚地写明了参加会议的时间、地点。用语精炼、得体。

第二节 申请书

一、申请书的含义

（一）申请书的含义

申请书是个人或单位为实现其愿望，对上级有所请求时所写的一种专用书信。

（二）申请书的范围

一般在要求加入共产党、共青团、少先队、工会等组织，或参军、参加某项活动，或请求承担某项任务等情况下，都可使用申请书这一文体，递交有关领导、组织及部门，以示态度。

二、申请书的特点

（一）内容的单一性

申请书一般一事一书，一份申请书只提一个问题。

（二）写作的目的性

申请书的写作有明确的目的，即对上级表达某种请求。

三、申请书的结构和写法

申请书的结构由标题、称谓、正文、结语、落款组成。

（一）标题

申请书的标题有两种形式：申请书的标题可以由申请事项、文种构成，如“入团申请书”；也可以直接由文种构成，如“申请书”。标题写在第一行的正中。

（二）称谓

另起行，顶格加冒号写明接收申请书的组织、机关、团体的名称或有关负责人的姓名。如“×××团支部”、“××同志”等。

（三）正文

正文由三部分内容构成：

1. 申请内容。开篇就要向领导、组织提出申请什么。要开门见山，直截了当，不含糊其辞。

2. 申请原因。为什么申请，也就是说明申请书的目的、意义及自己对申请事项的认识。

3. 决心和要求。最后进一步表明自己的决心、态度和要求，以便组织了解写申请书人的认识和情况，应写得具体、详细、诚恳有分寸，语言要朴实准确，简洁明了。

（四）结语

申请书可以有结语也可没有。结语一般是表示敬意的话，如“此致敬礼”等。也可写表示感谢和祝颂的话。此外还可写些“请组织考验”、“请审查”、“望领导批准”等语。

（五）落款

写上申请人姓名或申请部门的名称并在其下写上申请日期。

四、写作申请书的注意事项

（一）申请对象要明确；

（二）申请内容要具体清晰；

（三）申请语言要朴实。

【例文分析】

复学申请书

尊敬的校领导：

你们好。

我是我校×级会计二班的学生夏叶。我在去年的一次体育课上，由于不慎摔了一跤，造成了左腿骨折。经过一年的治疗和调养，现已基本痊愈，为了不耽误下学期的课程学习，现特提出申请，请求复学。

去年住院以后，由于不能上课，就向学校提出了休学申请。当时我的辅导员张治业老师跑前跑后，所有的休学手续都是他给办的，因此有些具体复学的手续我还不太清楚。上周，我曾给张老师打电话，但办公室的老师告诉我张老师已经调往别的单位了。我也不好再麻烦张老师。我开始休学的时间是6月7日，再有20天正好就是整一年。由于学校进入6月份，临近期末，各方面工作较多较忙，又快放暑假了，因此为了能在学校放假前将所有的入学手续办妥，我就向学校教务处的王老师作了咨询。王老师给了我很多帮助，我已填好了有关的一些表格。

在家休养这一年中，我从未放弃过自己的专业学习。出院不久，我就让家人把我所有的专业书籍从学校拿了回来，每天给自己制订了具体的学习计划。专业外语，我每天几乎都在读。班上同学来我家时，我就会把看不懂的地方拿出来，向他们求教。这一年来，我还读了不少提高个人修养方面的书，读了一些中外名著。因此，一年来我虽未在校学习，但却未停止学习。因此，我希望领导考虑能否让我重新跟原班学习。我知道这种提法有些过分，但我请学校找有关的老师考试一下，再做决定。若我各方面知识确实不让人满意，我将无怨无悔重新学起。

此致

衷心的谢意

学生：夏叶

××年×月×日

评析：这是一份复学申请。在申请书中写明了休学的原因及自己要求重新回到原班级学习的愿望，具体而简明。

第三节 推荐信

一、推荐信的含义

推荐信是个人或单位向用人单位或个人介绍某人可以担当某职务或承担某项工作的书信。

二、推荐信的特点

（一）针对性

推荐信是为向用人单位介绍某人以谋求职位而写的，有很强的针对性。

（二）目的性

推荐信的写作目的很明确，就是为了可以担当某职务或承担某项工作。

（三）推介性

写推荐信的人要根据用人单位的需要，推介自己或他人。

三、推荐信的种类

（一）自荐信

自荐信是自己向用人单位介绍自己可以担当某职务或承担某项工作的书信。

（二）推荐信

推荐者作为中介向用人单位介绍某人可以担当某职务或承担某项工作的书信。

四、推荐信的结构和写法

推荐信一般包括以下几部分：标题、称谓、正文和落款。

（一）标题

推荐信的标题一般由文种名构成，即在第一行正中写上“推荐信”、“自荐信”。有的推荐信由于写信与收信双方关系较熟则可以不要标题。

（二）称谓

推荐信要在第二行顶格写上收信方领导的姓名和称呼或只写对方领导的职务，如“尊敬的×局长”。

如果推荐人同收推荐信的人是熟人朋友，则也可以用常见的私人信件一样的称呼，如“英华兄”。

（三）正文

1. 导言。推荐他人或自荐的缘由。

2. 主体。通常包括：个人的学历、年龄、专长、经历、业务能力以及其他能力；个人的性格、兴趣；所求的职位；通讯地址、电话、电子邮箱等等。如果是推荐他人，你可以阐述你对这位被推荐者的评价。

3. 结尾。用诚恳的态度表达自己希望能办成此事的愿望，恳请领导给予被推荐人工作或晋升机会，并向对方致以感激祝福之情，如“盼望答复”、“静候佳音”等。结尾处可附上一些被推荐人业绩的有关材料，一般是证书和有关材料的复印件。

（四）落款

推荐信的落款要在正文右下方署上推荐者的姓名，以及成文日期。

五、写作注意事项

（一）态度要谦恭

无论是推荐自己还是推荐他人，语气都应谦恭、礼貌，表述要得体，用语要亲切。

（二）情况要真实

信中反映个人面貌及其他相关情况应是真实的，不得弄虚作假。

（三）目标要明确

在推荐信中，应对自己或被推荐者希望获得什么职位要表达清楚，对自己和被推荐者的基本素质和才能也应表述清楚，这样才能帮助对方认识和了解自己或被推荐者。此外，目标定位要准确，不要过高，要恰如其分，与自己或被推荐者的实际能力相称。

（四）语言要简洁

由于推荐信的特殊目的以及它所针对的特殊对象，决定了其语言与其他文体的不同，必须做到文字表达简洁、朴实、通顺，切忌出现错别字和语法错误。

【例文分析】

自荐信

尊敬的×总经理：

打扰您了！

首先感谢您在百忙中阅读我的自荐信。我是××大学××专业的学生，将于今年7月毕业。在校四年，我担任了校学生会学习部长，连续三年被评为校“三好学生”和校“优秀学生干部”，三次荣获一等“校长奖学金”。在2006年学校举办的专业技能大比武中，我荣获计算机操作一等奖。2007年8月我的创业计划“××”获得省大学生创业大赛一等奖。2007年9月—2008年4月，我在××市××公司进行毕业实习，通过半年多的实践锻炼，我的理论联系实际的能力和专业技术操作能力得到了很大提高，并于今年4月顺利通过××考试，获取了××高级证书。

贵公司是我仰慕已久的大公司，尤其是贵公司提出的“以人为本，科技为本，诚信至上，服务至上”的经营理念更是令我深深敬佩。我渴望成为贵公司的一员。假如我有幸能加入这个光荣的集体，成为其中的一员，我一定服从命令，听从指挥，兢兢业业，任劳任怨，尽我最大的力量为公司添砖加瓦。至于待遇问题，当按贵公司的有关规定，我没有特殊要求。期盼您的回音。

敬颂工作顺利

×××敬启

2008年5月10日

附：

1. ××等级证书，荣誉证书，获奖证书复印件共8份

2. 学习成绩登记表一份

3. 联系地址：××省××市××路××号××大学××系××信箱（邮编：××××××）。联系电话：×××××××××××

评析：这是一篇较为规范的自荐信，称谓、问候语、正文、结束语、署名、日期、附件俱全。这是大学毕业生为求职而写。信中介绍了自己各方面的情况，给用人单位一个初步的、完整的印象以达到求职的目的。这份自荐信内容充实，个人情况介绍全面，中心明确，结构严谨，语言诚恳、简明、得体。

【例文分析】

推 荐 信

满子兄：

社中计划有《黄庭坚选集》，未审是否已经定人。如一时尚未确定，拟请代向领导方面提出，由我校黄宝华同志一试。宝华曾在我校研究生班毕业，目前担任部分教学工作，在求学中勤勤恳恳，工作亦属踏实。如能从事此项任务，当嘱其益加努力。专此奉陈，不胜悚切。

顺祝

健康

东润

××年×月×日

评析：这是朱东润推荐他的学生黄宝华编撰《黄庭坚选集》的推荐信。信中恰当地推介黄宝华的优点，又处处用商量的语气，用语谦诚，充分体现出推荐信的写作要求。

第四节　说明类条据

一、说明类条据的含义

（一）说明类条据的含义

说明类条据是日常生活中常用的简便应用文。其格式近似信函，但又不完全同于信函。说明类条据主要有便条、留言条、请假条等。

（二）说明类条据的作用主要是告知对方某个信息，向对方说明某件事情。这类条据只起说明告知的作用，不具有法律效力。如，便条、留言条、请假条。

二、说明类条据的特点

（一）时效性强；

（二）朴实无华；

（三）交代明白。

三、说明条据的结构和写法

说明类条据一般由标题、称谓、正文、落款组成。

（一）标题

在条据正文上方，写明条据名称。如：留言条、请假条。

（二）称谓

在条据标题下的一行顶格写受文者姓名或称谓。如："××同志"、"××老师"等。

（三）正文

另起一行，空两格，写明告知、说明的事项。

（四）落款

在正文的右下角写上落款与日期。

四、写作注意事项

（一）说明类条据一般属于说明性文体范围，其四项要素，即写给谁，什么事，谁写的，什么时间写的，要一一写清楚。

（二）是否要写致敬语，应视其条据格式、内容和交往对象而定，不可随便处理。

五、便条、留言条、请假条

（一）便条

便条是人们用于临时性事务的一种最简便的书信，属于书信类应用文体。在日常生活中，如果我们有什么事情要告诉另一方，或委托他人办什么事时，在不能面谈的时候，可使用便条这种形式进行联系。

【例文分析】

便　条

小李：

我下周五去南京开会，你要托带的东西，明天送到学校的传达室即可。

王良

7月9日

评析：这则便条事项说明清楚明白，符合便条的写作要求。

（二）留言条

走访别人未遇；临时有一活动要请对方参加，而对方恰好不在；有时替人接了电话不能当面转告；想请人代办某事，一时见不了面；有事不便于当面谈，又必须让对方知道等都可以留言告知。

留言条一般要放在书桌显眼处，或贴在门上，还可以贴在车站、码头的留言栏内，也可托对方的家人、熟人或者门卫转交。

【例文分析】

留 言 条

王艳：

张经理要你把2008年第三季度的增产计划马上送去。

李莉

即日

评析：这是找人未遇而写的一则留言条。正文写明了留言的原因，内容明确，简洁明了。

（三）请假条

因为某种原因不能参加某项工作、学习、活动等，必须向老师、领导或单位说明情况，写出来的就是请假条。请假条是一种最简单最特殊的书信。如果是委托他人代写的假条或是代他人写的假条应该注意叙述的语气。委托他人代为请假，在请假条上应以第三人称出现，并应写上代请假人的姓名，有的还要写明与请假人的关系。

【例文分析】

请 假 条

张老师：

昨天晚上我突然感冒发烧，今天不能到校上课，特此请假一天。请批准。

此致

敬礼

学生林小杰

9月12日

评析：因有事或病不能按时到校上课，需要向老师说明原因及请假的起止时间。这则请假条格式规范，内容明确，语言简洁。

第五节 凭证类条据

一、凭证类条据的含义

人们在工作和生活中，常常为办理涉及钱财和物品的各种手续而留下存根，或者为说明某种情况和理由而留下字据，这种作为依据的字条就叫做条据。凭证类条据的作用是作为证据、凭证，具有法律效力。有收条、领条、借条、欠条等。

二、凭证类条据的特点

1. 一文一事，简洁明快；

2. 朴实无华，反对虚夸；

3. 强调手续，一清二楚。

三、凭证类条据的结构与写法

条据的结构形式包括标题（即条据的名称）、正文、结语和落款三个部分。

（一）标题

在凭证类条据正文上方，居中写明条据的名称，如：“收条”、“借条”、“代收条”等。

或者可以写“今收到”、“今借到”、“暂借”等，条据的标题常常加有“今”字，这个字可要，也可不要。

（二）正文

这是条据的主体部分。它要写明事由或事实，如借条要写明谁借什么、数量多少、何时归还等。凭证类条据涉及物品的，要写清物品的名称、数量、质量或规格；涉及款项的，一般要写明收、领、借的原因。

如果标题是“收条”、“领条”等，正文写在标题下面一行，空两格。

如果标题是“今收到”、“今借到”等，正文写在标题下，顶格写。

（三）结语

在正文的下一行写明“此据”二字，亦可不写。

（四）落款

必须签署立据者的姓名，写清楚立据的时间，表明对条据正文中的内容负责。

四、写作注意事项

1. 一定要按照条据的结构格式来写，只有把条据的形式划分开来，才能分清各种条据的性质和作用。

2. 凭证类条据不能用铅笔、红色笔或其他易退色的墨水笔，应用毛笔或不易退色的墨水笔书写，字迹要端正、清楚。

3. 凭证类条据上的物品和款项的数字，一般要用大写汉字，如果是现金，在数字后还要写上整，表示到此为止，以防添加篡改。同时，还要叫人知道立据的期限。

4. 凭证类条据写成后不得涂改，如有涂改，必须在涂改处盖章，以示负责。

5. 借条或欠条中，必须写清归还期限，以免无理拖延。

五、借条、收条、欠条、领条

(一) 借条

借条是借钱或物品时写给对方的一种凭证，以供对方保存查考。等所借钱或物品归还时，应收回原来所写的借条，做作废处理。

【例文分析】

借　条

今借到王婷同学《说文解字》壹本，三个月内送还。

此据

借书人：王文靖（签名盖章）

2008 年 3 月 9 日

【例文分析】

今借到

红星中学板凳伍拾个，作召开表彰大会用，会后归还。

此据

试验中学

经手人：王敏

2008 年 9 月 20 日

评析：以上这组借条，是凭证条据。例文一是向个人借条，例文二是以单位名义写的借条（据），这类借条必须有经手人的签名或盖章。借条里将借的什么，数量多少，规格怎样以及归还的时间都写清了。

（二）收条

收条是收到别人或单位送到的钱物时写给对方的一种凭据式的应用文，收条也称作收据。

【例文分析】

收　条

今收到红星中学高山同志送来的电脑培训费人民币叁仟元整。

电脑培训中心

收款人：张玉山

×年×月×日

【例文分析】

代收到

刘晓红同学还给张琼老师的网球拍一副，完好无损。

代收人：李群

2008 年 4 月 15 日

评析：以上两则是凭证条据。例文一为收条，例文二是代收条。代收条也是收条，只是代收人不是当事人，而是一个中间人而已。两则收条都将所收到的物品、钱款的具体数目以及物品的大小规格式样等一一说明，并写清是从谁那儿收的。落款有经手人或代收人签名，注明日期，而不能仅仅只有单位的名称。

（三）欠条

借了个人或公家的钱物，归还了一部分，还有部分拖欠，对所欠部分写的凭证，叫欠条。

【例文分析】

欠　条

原借李立同志人民币伍佰元整，已还叁佰元整，尚欠两佰元整，下月 10 日还清。

此据

王晓娟（签章）

2008 年 4 月 1 日

评析：这是凭证条据。例文中把原借款数目、已归还数目、尚欠款数目，尚欠款归还的期限均已写明。格式规范，内容具体，语言明确。

（四）领条

领条是领取钱物的单位或个人在领到钱物后，向发放物品的个人或单位所写的一种凭据类的应用文样式。

【例文分析】

领　条

今领到厂总公司后勤处发给第三分公司的饮水机叁台，保温杯贰拾个，茶叶壹斤。

经手人：秦柱

×年×月×日

评析：例文符合领条格式要求，单位、物量、数量清楚，落款完备。

本章小结

书信、条据类文书是人们在日常的工作、学习和生活中，办理公务、处理私事时使用的一种实用文体，由于其通俗易懂，实用性强，有人把它称作实用文。它们是应用文中最为常见的，是老百姓日常交往中最常用的。这类文书的特点是：有特定的对象和行文目的，有较为固定的格式，有较强的时效性，语言平实、简明、准确。

本章介绍了书信、条据类文书的几种常用类型，它们都有各自约定俗成的格式，依据内容的需要，有各自的习惯用语，写作时要语言得体，意向明确。在内容上重点突出，言简意赅，客观真实，诚恳谦虚。用语简洁明确，避免出现歧义。

思考与练习

一、填空题

1. 申请书与一般书信的不同之处在于内容单一，一般__________，而且主题________。

2. 条据可分为______________、____________两类。

3. 推荐信有__________、___________两种。

4. 借了_____或____的钱物，归还了一部分，还有部分拖欠，对_________所写凭证，叫__________。

二、名词解释

1. 说明类条据

2. 收条

3. 请柬

三、简答题

1. 写作推荐信应注意什么？

2. 请柬与通知有何区别？

四、写作题

1. 请仔细阅读下面的几则应用文，指出其存在的毛病，并改正。

(1)

自荐信

××经理：

我叫×××，男，今年 25 岁，本市人。大学毕业后一直在××厂做业务员，由于专业不对口，致使学业荒废。所以很想到你们公司工作。

此致

敬礼

求职人：×××敬上

2008 年 3 月 6 日

(2)

请柬

××副市长：

经班子研究决定，定于 6 月 6 日全体班子成员到××街××号××企业办公室现场办公，望届时参加。

××市委办公室

2008 年 6 月 7 日

(3)

请假条

李老师：

我因病故请假一天。

此致

敬礼

王伟

4 月 4 日

（4）

收　条

今学生处金亮同志收到05计算机（2）班交来体检费共计105元。

金亮

2008年9月10日

2. 按要求写作

（1）李理向张明借100元，请代李理写一张借条。

（2）明达学院团委决定暑假组织一次丰富多彩的“大学生科技夏令营”活动，网络07（2)班的李明同学是班上有名的科技爱好者，他想参加这次活动，请你代他写一份申请书。

第五章　演讲文书

【知识点】掌握演讲文书的概念，理解演讲文书的特点，掌握文书格式。

【能力点】熟悉演讲文书的结构和写法，学习演讲文书的例文，模拟写作。

第一节　讲话稿

一、讲话稿的概念和种类

讲话是指在特定的时境，就某个问题的说话或发言。我们这里的讲话主要是指领导在公开场合的发言。我们把领导在特定的时境发表讲话时所使用的文字底稿，称为讲话稿。

讲话稿的种类很多，依据不同的划分标准，可有不同的类型，一般分为总结性、指导性讲话稿和专业性、研讨性讲话稿。

二、讲话稿的特点

（一）思想性

讲话稿一定要有理论色彩和思想深度，要以先进的思想和理论为指导，阐述工作的意义，动员群众以饱满的工作热情投身全面建设小康社会之中。用自己的思考和见识去分析问题和解决问题。只有这样，才能打动听众，令人信服。

（二）真实性

讲话历来是各级领导宣传主张、部署工作的有效手段，也是领导确立自身权威的重要方式。讲话稿的内容必须真实，才能得到部属的信任，才会让部属在具体的行动中坚决执行领导的要求，从而确保工作的高质量和团体的高效益。

（三）鼓动性

领导者为实现某种政治目的或工作目标，常常借助“讲话”这种形式激励和鼓动部属，用实际性行动去实现领导的工作目标，因此，讲话稿要针对形势、问题或某种思想动态展开富有启发性的议论，旗帜鲜明地表明自己的主张，才能达到预期的效果。

三、讲话稿的结构与写法

讲话稿主要由标题、开头、主体、结尾四大部分组成。

（一）标题

标题的形式有两类三种：

1. 简式标题，又称单行标题，它有两种形式。

(1) 讲话人姓名(职务)+事由+文种

如:《×××省长在全省治安工作会议上的讲话》

(×年×月×日)

(2) 事由+文种

如:《在全省治安工作会议上的讲话》

(×年×月×日)

2. 复式标题,又称双行标题,即主标题+副标题。主标题一般用来概括讲话的主旨或主要内容,副标题则与简式标题的构成形式相同。

如:《以史为镜 共创未来

——在纪念抗日战争胜利六十周年大会上的讲话》

(×年×月×日)

(二) 开头

首先要根据与会人的身份、会议性质等情况来确定适当的称谓,如“各位代表”、“各位评委”、“同志们”、“同学们”等,要求庄重、严肃、恰当。然后用简洁的文字概述要讲的内容,说明讲话的缘由,为转入正文做相应的铺垫。

(三) 主体

这是讲话稿的主要部分。它要求根据会议的内容和发表讲话的目的,重点阐述如何领会上级文件或会议精神;通过分析形势和明确任务,提出搞好工作的几点意见;结合本单位具体实际,提出贯彻上级指示的要求;围绕会议的中心议题,结合自己分管的工作,谈几点看法。

正文主要有两种结构形式:第一,总结性、指导性会议讲话,由分析形势、阐明主旨、分析总结前段工作得出经验教训、指明今后的任务和提出完成任务的措施等构成;第二,专业性和研讨专门问题的讲话,由分析形势、集中分析一或几个问题、几个部分围绕一个中心问题进行阐述等构成。

(四) 结尾

讲话稿的结尾,要能够总括全文。为了使听众对讲话的全部内容有清晰、完整、深刻的印象,在讲话稿的结尾一般要把主要内容加以概括,作简要小结。结尾的形式灵活多样,既可以写口号、提希望,也可以发号召、提建议等。

四、讲话稿的写作原则

(一) 有的放矢、针对性强

讲话稿的内容是由会议的主题和讲话者的身份来决定的,内容要有的放矢,具有针对性,切不可偏离会议的主题和讲话者的身份,一味地讲空话套话,作无病呻吟,否则就会写得越多,离题越远。

(二) 观点鲜明、主题突出

讲话人,对所讲的问题,是赞成还是反对,是表扬还是批评,不能含糊其辞、模棱两可，要观点鲜明。主题要单一、突出。一次会议总有一个主题，讲话者往往不止一个。所以讲话，首先要围绕会议主题讲，不能离开会议主题，信口开河。

（三）通俗易懂、精炼有力

用句要短，修饰语要少，文言句子和倒装句要尽量避免使用，以免造成听众的错觉或分散注意力。一些书面语言的词汇，要改用口语词汇。一个意思有几个词都可以表达的，要尽量选择其中一听就懂的词，要通俗易懂、精炼有力。

（四）注重时效、撰写迅速

讲话稿具有很强的时效性，临时举行一个会议，随即就需要撰写讲话稿，既要满足领导参会讲话要求，又要在时间上与会议召开时间同步，在讲话稿的撰写上就要迅速，注重时效。

【例文分析】

讲话稿范文一解析

要　领	范　文
标题：事由十文种 发表讲话时间 发表讲话人姓名	在全省语言文字工作会议上的讲话 （2008 年 9 月 28 日） 陕西省新闻出版局副局长、省语委委员　陆柯仑
称谓：	尊敬的各位领导，各位来宾：
第一段表示了祝贺。	首先，我代表省新闻出版局和全省新闻出版工作者，对全省语言文字工作会议的召开和省语言文字水平培训测试中心的成立表示热烈的祝贺！
第二段回顾了语言文字工作取得的成绩，对全省语言文字工作的未来进行了展望。	最近几年，我省语言文字工作者以“三个代表”重要思想和科学发展观为指导，在省委、省政府的正确领导下，结合我省经济社会发展实际，认真贯彻执行《中华人民共和国国家通用语言文字法》和《陕西省实施〈国家通用语言文字法〉办法》，取得了很大的成绩，为我省社会经济发展和国民素质的提高发挥了一定作用。我相信，随着这次全省语言文字工作会议的召开和省语言文字水平培训测试中心的成立，我省语言文字工作一定会打开新的局面，树立新的里程碑。
	语言文字是信息、知识和文化的载体。大力做好语言文字工作，努力推进语言文字规范化进程，对于社会生产力的发展，对于传播先进思想文化，对于丰富广大人民群众精神生活，都具有重要的现实意义和历史意义。陕西是一个具有

（续表）

第三段结合全省经济社会发展的现状，深刻阐述了语言文字的重要作用，并对如何推进这项工作提出了要求。	深厚文化积淀的省份，是中华文明的重要发祥地之一，改革开放迎来了四面八方的建设者和参观游览者，西部大开发又让无数投资者瞩目，推广普通话、推行规范汉字，实现顺畅交流，是改善投资环境，树立文明陕西形象，建设以经济强、科教强、文化强为任务的西部强省的重要基础。未来几年，我省将进入加快发展、全面建设小康社会的重要历史时期。经济和社会事业的加速发展，必然会促使社会交际范围的急剧扩大，以及交际频率的急剧增加，伴随社会语言生活的空前活跃和计算机语言文字信息处理技术的普及和发展，我们比以往任何时候都更加迫切地需要语言文字发挥维持社会高效协调运转的功能，更加迫切地需要推广、普及民族的共同语言——普通话，更加迫切地需要推行全国通用的规范汉字，更加迫切地需要良好的语言文字应用环境。因此，我们一定要站在促进全省先进生产力发展、推动先进文化建设、提高社会信息化水平、维护人民群众根本利益的高度，充分认识、学习并宣传《陕西省实施〈国家通用语言文字法〉办法》的重要性，不断增强责任感和行动的自觉性，坚持科学发展观，在巩固过去工作成果的基础上，大力推广国家通用语言文字，进一步提高全省语言文字的规范化、标准化和信息化水平。
第四段阐述了新闻出版工作是语言文字工作的重要环节和领域之一，应全面加强新闻出版管理工作，以促进语言文字工作。	新闻出版工作是语言文字工作的重要环节和领域之一，担负着规范新闻出版物语言文字的光荣职责。出版传播使用规范汉语的出版物，对全省新闻出版系统语言文字工作进行规范和管理，是我们新闻出版工作者义不容辞的责任。近年来，省新闻出版局在语言文字规范化管理方面开展了大量卓有成效的工作。从上世纪五十年代起，尤其是改革开放以来，按照国家的统一规划，为配合全省普通话推广工作，我局安排陕西人民出版社、陕西人民教育出版社等出版了一大批推广普通话的书籍，有计划地组织编撰了各类规范的语言类工具书，并指导各出版社在编辑工作中全面贯彻落实《陕西省实施〈国家通用语言文字法〉办法》，把实施该办法落实到每一部出版物中，这对于推广普及普通话、促进语言文字规范化，为读者提供规范的语言文字书籍，起到了重要作用。在

（续表）

	报刊管理方面，我局按照《陕西省实施〈国家通用语言文字法〉办法》要求，建立了专业的报刊审读机构，完善了各项规章制度和质量保障体系，实行质量倒查制度，每年对各报刊进行质量评比，对图书编校质量进行检查，及时解决存在的问题。这些措施，确保了报纸、刊物和图书中语言文字的规范，减少或消灭了错别字，极大地提高了书报刊编撰质量。在新闻出版总署组织的图书、报刊质量评比中，我省屡次获奖，多次被评为先进单位，为我省语言文字工作争得了荣誉。
第五段阐述了语言文字工作的复杂性，面临的挑战。	但是，随着市场经济的发展，城镇化和人员流动加快，各种媒体纷纷出现，这些现象都进一步凸显了语言文字工作的复杂性。也就是说，我们现在的语言生活更加丰富，以文字为载体的新闻媒体、各种报道，包括电视和平面媒体，都不同程度地增加了语言文字工作的复杂性。同时，随着经济全球化带来的国际交往的日益增多，以及多元文化的重合和交融，我国的语言文字也正面临着来自外来文化的强烈冲击，我们的语言文字工作也将面临新的挑战。
第六段由语言文字工作面临的挑战，联系到出版领域语言文字工作存在的问题。	在这个背景下，目前我省出版领域语言文字工作也存在一些隐忧和亟待解决的问题，如一些出版单位为了提高经济效益而对语言文字工作重视不够，个别出版单位的少量出版物质量有所下降，编校差错率上升等；对语言领域出现的新问题，如对网络语言、外来语言影响语言文字的纯洁度等不能正确认识，也困扰着出版工作者。这些问题不解决，不但影响我省新闻出版工作的发展，也阻碍着我省语言文字工作的深入开展。
最后一段对如何加强今后的语言文字工作，提出了要求和希望。	因此，这次全省语言文字工作会议的召开十分及时和重要。我们要在省语言工作委员会的正确领导下，以语言工作会议的召开和省语言文字水平培训测试中心的成立为契机，在全省新闻出版领域进一步开展对语言文字工作重要性的教育和学习，要求各职能部门认真学习贯彻《国家通用语言文字法》和《陕西省实施〈国家通用语言文字法〉办法》，重视出版普及语言文字方面的图书、文章，充分发挥图书、报刊的示范榜样作用。继续组织专家对图书、报纸、期刊进行规范用语的审读，定期汇总审读结果，及时反馈给有关部门督促整改。同时加强业务人员教育培训工作，完善业务人员持证上岗制度，以使我省出版领域语言文字规范化工作再上一个新台阶。

讲话稿范文二解析

要　领	范　文
标题：事由十文种 发表讲话时间 发表讲话人职务、姓名	在湖南省教育国际交流协会2007年常务理事会议上的讲话 （2007年2月6日） 湖南省教育厅厅长　张放平
第一段介绍讲话的主题。	这次来参加会议，一是看望各位，我看了会议名单，有这么多校长都来参加这个会议，说明大家对这项工作很重视；二是春节快来了，借这个机会跟大家拜个早年；三是想对教育国际交流协会的工作提几点希望，有些想法，我原来跟白玉会长和其他负责同志也交流过。
第二段提出对国际交流协会的希望和要求，即：真正成为湖南教育对外开放与交流的一个平台，借助这个平台，加大湖南教育对外开放与交流的力度。	首先，我希望国际交流协会能够真正成为湖南教育对外开放与交流的一个平台，借助这个平台，加大湖南教育对外开放与交流的力度。我觉得我们湖南的教育真正要发展，要按照省第九次党代会提出的建立教育强省，如果对外开放与交流这一块不加强，那就是个很大的缺陷。我昨天在全省教育年度工作会议上也讲过，无论是从教育怎么样来应对和迎接世界范围内的发展机遇，还是从建立教育强省的高度，或者从我们改革人才培养模式的角度来理解，都需要加大对外开放与交流。我们到国外考察时发现，任何一个国家，只要是留学生、外籍教师或者其他外国人聚居比较多的地方，这个地方就发达。如果那个地方没有人去，它绝对发展不起来。现在的世界是开放的世界，教育也是如此。如果我们的思想不解放，不把人送出去，不把外面的教师、专家引进来，还说什么想把湖南的教育搞上去，我认为难度是相当大的。所以希望国际交流协会进一步增强使命感和责任感，为推动湖南教育对外开放与交流、建设教育强省作出积极贡献。
第三段对教育系统特别是各个学校，提出了要进一步解放思想的要求，进一步阐明对外交流的重要性。	其次，我们教育系统特别是各个学校，都要进一步解放思想。今年的年度工作会议上为什么要设立来华留学生的奖项呢？实际上是个导向。就是希望我们教育系统，特别是各个学校一定要把对外交流与合作作为推动教育发展的强大动力，摆上重要的议事日程。我为什么这么讲呢？刚才有同志在发言中谈到，为什么我们外籍教师引不进来，除了引进渠道有些问题，还有就是观念问题。比如外籍教师的待遇，有的学校表示每月高于3500元、4000元就不愿意请。我想这就是观念问题。国内一般的教授年薪都有四五万、五六万。从外面请个专家来，别人千山万水，离乡背井，跑到你这里来才4000元人民币一个月。原来搞计划经济的时候是三四千元

（续表）

	钱一个月，现在过了十多年还是“老皇历”，还要求三四千元钱来请一个外国专家，这就是思想观念不解放的表现。要按照我个人的想法，年薪10万以内可以承受，一个月8000元钱并不算高。一所大学花200万可以请20个外籍教师来这里工作一年。特别是我们上万人的大学，一年的接待经费可能就不止200万。一个外籍教师产生的效益比国内一个英语教师产生的效益要大得多。国内的英语教师与外籍教师来教英语哪个效果好？我看氛围就不一样，效果也会不一样。为什么我们的学生学了七八年英语还开不了口，为什么我们的英语教学被称为“哑巴英语”、“聋子英语”，个中缘由值得我们认真反思和总结。我经常在有的学校讲，我说你这么一个上万人的大学，或者冠名大学的学校，校园里面没有几个外国人走来走去，没有几个留学生，没有几个外籍教师，你说像个什么大学？因为文化需要交流，不交流就没有生命力。所以说在这方面一定要解放思想。
第四段提出希望交流协会把引智作为突出的工作重点的要求，指出教育的对外开放思路必须要开阔，要紧紧依靠对外开放来提升学校办学实力与水平。	第三，希望交流协会把引智作为突出的工作重点。国际交流协会的工作当然还包括其他方面，全国协会列了47个项目，我们都可以做，但我认为重点在这个方面。正好今天我们人事厅外国专家局的负责同志也来了，希望对教育系统引智工作继续给予大力支持。今天校长来了的，希望你们回去以后认真传达会议精神，只来了外事处长的，回去要向学校党委、行政汇好报。要坚持大规模引进留学生。我说的大规模是成百上千的引进，开始得贴点本、花点钱，只要规模做上来了，效益也就来了，它所创造的价值远远不只你付出的这一点。引进外籍教师有几种不同的情况。一类就是通过教育机构引进的正规教师。我觉得只要适合学校工作，都可以引进。所以要加大教师的引进力度。特别是我们有些高校外语系还没有几个外籍教师，怎么体现对外开放？还有一类是国外有些退休教师和工程师。他们并不要高薪，我了解过，有的两口子过来以后在这里工作一年，只要组织他们把国内的主要景点看一遍，然后负责来回路费，再补助点生活费就可以了。但是他们所做出的贡献远不只这一点。比如实验室的建设，如果人员真正请对了的话，实验室的建设包括有些方面的指导设计，他们发挥的作用就不可估量。当然最合算的是志愿者，但志愿者项目毕竟有限，多数的还是要靠自己花钱请。如果项目对路的，也有花钱不多的。国外有的学校对研究生、博士生有个规定：必须要有国外的一年的实践经

（续表）

	验。有的就选择到中国来教书。教书也算国外经历，他每月能够拿点收入，一年国外经历也有了，他觉得很合算。这个量也是比较大的。还有一个整体引进的问题。我曾经设想，像我们涉外经济学院，这类民办学校的机制比较灵活。有没有可能把国外办得比较好的专业，花点本钱把他们的教学理念、教材、教师整套的引进来，再把外语成绩好的人招进来，办几个这样的专业，办一个学院，这样不但缩小了与发达国家的差距，还很有可能形成学校的办学特色。我们教育的对外开放思路要开阔一些，要紧紧依靠对外开放来提升学校办学实力与水平。
第五段是总结讲话，并对国际交流协会今后的作用发挥提出进一步的希望。同时也对省外事侨务办、省外专局工作支持提出了希望。	昨天我在年度教育工作会上举了个例子，国外的一家咨询机构对中国的高等教育培养的学生研究了两年后得出一个结论：今后中国要抓住全球经济一体化的产业分工所带来的机遇，必须要有具备这个承接能力的人才。但是现在培养的人才，它分析还不到20%能满足要求，差距相当大。在实践工作中我们也感到，我们培养的人才要真正能够满足国际分工或参与国际竞争的要求，距离还相当大。我觉得对外开放与交流就是要跨出这一步，就是为培养今后适应经济社会发展的人才奠定一个基础。我今天是来跟大家讨论和交流，希望我们的国际交流协会能够为湖南教育的对外开放与交流发挥积极的推动与促进作用；同时也希望省外事侨务办、省外专局一如既往地关心和支持教育外事工作。我要说的就这些，谢谢大家！

【病文分析】

在2008届毕业生毕业典礼上的讲话

大家好，明天大家就要离开母校，奔赴新的工作岗位，开始了人生又一个征程。今天我很高兴有这样一个讲话的机会，在此，让我代表全体老师对大家圆满地完成学业表示热烈的祝贺！

同学们，回想当年我们师生、同学共同生活在一个学校，一起在课堂讨论问题，一起参加实习，一起游戏玩耍，我们已经形成了良好的师生关系、朋友关系！但现在，同学们要到一个新的工作岗位、一个新的环境、陌生的人群，老师希望大家在新的环境里开拓一个崭新的局面，跨出勇敢、坚实的一步。同学们不要祈求痛苦与挫折有所止境，要有一颗战胜它们的心。用自己的聪明才智、靠自己的真实本领、用×××学院学子的踏实去开创一个美好的未来。

同学们！我们要在生活中幻想，不要在幻想中生活，老老实实做人，踏踏实实做事，任何伟大的事业和成功都是从基层做起、基础做起。要努力培养自己的心理素质，在实践中提高自己的业务素质，培养自己辨别是非的能力，使自己成为单位中德、智、体全面发展的复合型人才。

同学们！我们要把握机会，积累经验，找准位置，相信每位同学的明天都比今天好，都会前途无可限量。

希望我们师生常联系！相互补充，相互提高，希望你们一如既往地关注母校的发展。母校就是你们的家，希望你们常回家看看，全体老师欢迎你们，×××学院欢迎你们！

最后祝大家前程似锦，一帆风顺，万事如意！

此致

敬礼

2008 年 6 月 30 日

评析：这篇讲话稿存在以下几个方面的问题：

1. 格式不规范，缺少称谓。在开头顶格应加上“各位领导、同学们”。

2. 第一段中的“今天我很高兴有这样一个讲话的机会”啰嗦，应删去。

3. 第二段中的“当年”应改为“当初”。“一起游戏玩耍”不合讲话情境，应删去。

4. 第四段中的“都会前途无可限量”不合讲话情境，应删去。

5. 结尾处“此致、敬礼”多余且不符合讲话稿写作要求，应删去。

第二节　开幕词、闭幕词

开幕词和闭幕词是在会议开始时和会议结束前，由相关领导人对会议的有关情况发表的讲话，它们是演说类事务文书中较为常见的文种。

一、开幕词

（一）开幕词的概念和种类

开幕词是各级党政机关、社会团体、企事业单位在一些庄重和严肃的会议上，由有关领导人向大会发表第一篇讲话时所使用的文字底稿。旨在阐明会议的指导思想、基本宗旨、主要议程、重要意义等，向与会者提出开好会议的中心任务和基本要求。它被称为会议的序曲，对开好会议具有重要的指导意义。

按内容分，会议开幕词分为一般性开幕词和侧重性开幕词。一般性开幕词不太突出讲话的重点，只对会议的目的、议程、主要来宾等作概述性的说明和介绍。它在一些商业性的会议中使用较多。侧重性开幕词须对会议召开的历史背景、重大意义、中心议题或会议的重大意义，作重点阐述，其他问题则作简要概述。

（二）开幕词的特点

1. 简明性。开幕词要简洁明了、短小精悍，最忌长篇累牍，言不及义，多使用祈使句，表示祝贺和希望。

2. 口语化。开幕词的语言应该通俗、明快、上口，表达生动活泼，层次条理清楚，讲究口头表达效果，注重听众反映。

3. 宣告性。开幕词起着宣布会议开始的作用，因致辞者的身份，使其更加庄重，宣告性更明确。

（三）开幕词的结构与写法

开幕词的结构通常由标题、开头、正文和结语四部分组成。

1. 标题。标题的写法分为两类四种：

(1) 简式标题，又称单行标题，有三种写法。

第一种，由“致开幕词人姓名＋会议全称＋文种”构成。这时需在标题下方标注日期，但不必另行署名。

第二种，由“会议名称＋文种”构成。这时，需在标题下方注明日期，再在日期下面正中署上致开幕词人的姓名。

第三种，只写文种“开幕词”。

(2) 复式标题，又称双行标题。主标题揭示会议的宗旨、中心内容，副标题与简式标题的第一种和第二种的构成形式相同。

2. 开头

开头由两部分组成。首先是称谓，又叫呼语，是对与会者的称呼。开幕词对称谓比较注意，应根据会议的性质和出席会议的人员来确定。如党代会称“同志们”，人代会称“各位代表”；也可按国际礼仪称“各位来宾、各位朋友”或“女士们、先生们”等。其次是开门见山地宣布会议开幕，也可以对会议的规模及与会者的身份作简要介绍，并对会议的召开及出席会议的人员表示祝贺。

3. 主体

主体是开幕词的核心部分，通常包括三项内容：一是阐明会议的重大意义，概括说明与会议有关的形势及会议的目的；二是阐明会议的指导思想、主要议程和安排；三是对与会者提出希望和要求。写作时，要紧扣会议中心议题，篇幅不宜太长，语言力求简洁概括，对会议各项内容只作原则性交代。语气要热情，语言富有感染力。

4. 结语

开幕词的结语大都简洁，话不多，一两句即可，高度概括、集中，带有号召力、鼓动性和预祝性。有时，也直接以会议号召为结束语，干脆利落。

（四）开幕词的写作原则

1. 掌握会议的主题精神，全面了解会议的情况，如会议的指导思想、会议议程与安排、与会人员、会议有关资料等，这是写好开幕词的基础。

2. 开幕词的内容不宜过于庞杂，篇幅不能太长。它只是原则性地向与会者交代会议的基本任务、主要议程，不要过多过细，也不必旁征博引。

3. 语体庄重，文字精练，语言明快热情，尽量使用口语。

【例文分析】

开幕词范文一解析

要　领	范　文
标题：事由十文种 致开幕词人姓名	在北京大学第十一次党代会上的开幕词 北京大学校长　许智宏
称谓： 第一段是宣布会议的召开，并以代表主人的身份对参加会议的各层人员表示感谢。	各位领导、各位来宾、各位代表、同志们： 中国共产党北京大学第十一次代表大会今天正式开幕了。首先，我代表北京大学向前来参加这次会议的各位领导和来宾表示热烈的欢迎和衷心的感谢，向各位代表、列席代表表示诚挚的问候。
第二段着重说明了会议召开的背景和特定的意义。	在全党认真落实十六大精神，兴起学习贯彻“三个代表”重要思想新高潮的重要时刻，在北京大学加快创建世界一流大学的关键时期，我们召开第十一次党代会。这是原北京大学和北京医科大学合并组建新的北京大学后，在新世纪召开的第一次党代会，必将对北京大学改革、发展、稳定的各项工作和学校党的建设产生重要而深远的影响。
第三段是回顾上一次党代会提出的目标，强调过去所取得的成绩，并对给予过支持、关心的所有人士、师生员工和党员表示感谢。	在北京大学第十次党代会上，我校确立了创建世界一流大学的目标，这一宏伟目标不仅寄托着几代北大人的梦想和希望，也引起了中央领导和社会各界的关注和支持。四年多来，正是在中央领导的亲切关怀下，在教育部、卫生部、北京市委市政府的直接领导和帮助下，在全校共产党员、师生员工的共同努力下，在海内外北大校友和社会各界人士的关心和支持下，我们在教学、科研、社会服务、党的建设和思想政治工作等方面取得了长足的进步，为创建世界一流大学打下了更加坚实的基础。在此，我代表北京大学向支持、关心北大建设的所有人士，向多年来顽强拼搏、无私奉献的北大共产党员和全体师生员工表示崇高的敬意和衷心的谢意！

（续表）

第四段通过党的十六大目标引申到北大应该承担的责任，这就使北大党代会与全国党的代表大会结合了起来。	党的十六大报告提出，在新世纪的头二十年全面建设小康社会，要实现这一伟大目标，就必须进一步贯彻落实科教兴国战略和人才强国战略，通过教育创新，造就数以亿计的高素质劳动者、数以千万计的专门人才和一大批拔尖创新人才，走跨越式发展之路。对于北京大学来说，加快创建世界一流大学的步伐，以实际行动贯彻落实科教兴国战略和人才强国战略，是我们为实现全面建设小康社会目标而应尽的职责。我们希望通过这一次党代会的召开，进一步凝聚和调动全校党员和师生员工的积极性和创造性，增强为中华民族复兴而创建世界一流大学的责任感和使命感，为我国的改革开放和现代化建设做出新的贡献。
第五段通过说明实现目标的艰巨性，联系到这次党代会的主要任务目标。	在一个物质文化相对落后的发展中国家创建世界一流大学，是一个复杂、艰巨的系统工程，必然会遇到前所未有的困难和曲折，需要我们长期不懈的努力。我们将通过这次党代会，进一步统一思想，增强忧患意识，认真分析研究当前高等教育面临的形势，进一步探讨推进教育创新的手段和途径，积极探索新的历史条件下高校党的建设和思想政治工作面临的新情况、新问题，同心同德，群策群力，把我们创建世界一流大学的工作推向一个新的阶段。
第六段强调了党的领导的重要性，并指出北大通过此次党代会要进一步加强党的建设。	在社会主义市场经济和经济全球化这样一个新的历史条件下，要把全校党员和师生员工的思想统一起来，力量凝聚起来，向着既定的目标前进，必须有中国共产党的坚强领导。中国共产党是中国工人阶级的先锋队，同时是中国人民和中华民族的先锋队，是中国特色社会主义事业的领导核心。我们要通过这一次代表大会，进一步加强和改进北京大学党的建设，提高党对学校工作的领导水平，更充分地发挥党的先进性，按照立党为公、执政为民的本质要求，真正使我校的各级党组织成为贯彻“三个代表”重要思想的组织者、推动者和实践者，使学校共产党员的先锋模范作用得到进一步发挥。
最后一段是发出号召并再次感谢各位参会领导和来宾。	同志们，创建世界一流大学是北大当前和今后相当长一段时期的中心任务。我们相信，有党的正确路线、方针、政策的指引，有教育部、卫生部、北京市委市政府的直接指导和关心，有北京大学优良的传统和全校党员和师生员工的共同努力，也有我们改革开放以来，特别是在第一期211、985工程执行过程中积累的经验，我们一定能够克服各种困难，实现创建世界一流大学的目标，在新世纪创造出北京大学新的更大的辉煌。最后，再次感谢参加这次会议的领导和来宾，祝大会圆满成功！

开幕词范文二解析

要　领	范　文
标题：事由十文种 致开幕词人：职务十姓名 致开幕词时间	第十二届中国东西部合作与投资贸易洽谈会开幕词 第十二届西洽会组委会主任　陕西省省长　袁纯清 （2008 年 4 月 5 日）
称谓：因参加人员层次不同而分两行来写。	尊敬的华建敏副委员长、张榕明副主席、何厚铧先生， 各位来宾，女士们、先生们、朋友们：
第一段是宣布会议的开始，用“在此”引出主持人的身份及对于与会者表示欢迎。这是通常的写作结构。	第十二届中国东西部合作与投资贸易洽谈会隆重开幕了。在此，我谨代表西洽会组委会和中共陕西省委、陕西省人民政府，向莅临本届盛会的国内外嘉宾，国家有关部委、各省市代表和台港澳同胞，以及云集古城西安的十万商客表示热烈的欢迎！
第二段是指出西洽会的重要作用。	11 年来，西洽会见证了我国改革开放不断深入的历史进程，历届西洽会始终以东西合作、优势互补为宗旨，各参展参会省区市累计签订国内横向联合、利用外资、商品贸易合同总额超过 1 万亿元，西洽会已经成为东中西部地区进行多层次、宽领域交流合作的重要展会平台。
第三段是指出会议的背景及主题和目的，以起到为会议定调的作用。	在当前全国人民深入贯彻党的十七大精神的新形势下，本届西洽会将以“互动・开放・和谐・发展”为主题，致力于在扩大开放中寻求更多的合作，在合作中促进区域和经济社会的和谐发展。我相信，本届西洽会将以更加优质便捷的服务、更加广泛务实的合作领域，为中外客商提供更多的商机，赢得更大的发展空间。
第四段预祝会议取得圆满成功。 结尾使用了感谢词，表达致辞者的诚意。	预祝第十二届中国东西部合作与投资贸易洽谈会圆满成功！ 谢谢大家！

【病文分析】

××××小学第八届田径运动会开幕词

（2008 年 10 月 8 日）

大家好！在今天这个令人欢欣鼓舞的时刻，我们又迎来了 2008 年秋季田径运动会胜利召开，在此，我代表校委会，向这次体育盛会的召开表示热烈的祝贺！向为大会的召开精心准备、积极参与的各个学校、各个班级表示衷心的感谢！

老师们、同学们，随着人类历史的不断推进，随着社会进步和文明的发展，体育在人类发展中的地位和使命也在不断变化，体育的功能和价值也正不断地走向成熟和完善。我们的教育目标，对人体素质与身心和谐发展，提出了更高的要求，也使体育得以日益发展。所以，体育对社会文化和人们生活的影响也越来越大。从古罗马竞技场上奴隶间的角斗，到现代奥运会赛场上运动员们的竞争，体育从来都是人类社会的兴奋点，也从来都是教育的关注点。曾经就有伟人说过“身体是革命的本钱”。强健的身体素质是学习、生活、工作的基本保证。

这次运动会是对我镇小学体育教学工作的大检阅，更是对我校师生精神面貌和综合素质的大检阅，希望全体师生要讲公德、讲卫生，在运动场地上不留下一件废弃物，真正体现现代人的文明有序的行为习惯；希望全体运动员奋勇争先、再接再厉、赛出风格、赛出水平；希望全体工作人员忠于职守、热情服务、保障安全；希望全体观众团结友爱、齐心协力、文明守纪。

体育是力量的角逐，体育是智慧的较量，体育是美丽的展示，体育是理想的飞扬。在紧张激烈的赛场上，希望全校师生要以我国的体育健儿为榜样，以饱满的激情，昂扬的斗志，勇于拼搏进取的信念，团结向上的精神投入到本次运动会中去。赛出成绩，赛出水平，赛出风格！用我们的行动去追求更高、更快、更强！

最后，祝全体运动员赛出好成绩！预祝本次大会一帆风顺，马到成功！

评析：这篇开幕词存在的问题主要有以下几个方面：

1. 格式不规范，缺少致开幕词人姓名。应在开幕词时间正下方居中书写“××××小学校长×××”。

2. 格式不规范，缺少称谓。应顶格书写“老师们、同学们：”

3. 第一段感谢的对象不全面，还应加上对裁判员等对象的感谢。如可以加上“向本次大会的裁判员、教练员、运动员和所有工作人员表示崇高的敬意！”

4. 第二段中的“曾经就有伟人说过‘身体是革命的本钱’”一句多余，应删去。

5. 第四段中表达的希望不够全面，还应加上对裁判员的希望。如在对运动员的希望之前加上“希望全体裁判员严守规程、公正裁判”，这样则更妥。

6. 结尾的祝语写法不合情境，“预祝本次大会一帆风顺，马到成功！”应改为“预祝大会圆满成功！”

二、闭幕词

（一）闭幕词的概念和分类

闭幕词是各级党政机关、社会团体、企事业单位的有关领导人在重大会议行将结束时，向会议作总结性讲话时所用的文字底稿。它也是会议的一个重要组成部分。它要对会议的组织与成果作出正确的总结和评价。同时，恰当肯定会议的重大成果，正确评估会议的深远影响，从而激励与会人员的斗志，增强他们贯彻会议精神的信心和决心。闭幕词被称为会议的尾声，也是会议的重要文件之一。

按内容分，分为一般性闭幕词和侧重性闭幕词。一般性闭幕词只对会议的情况作简要总结，对会议的效果、希望作简要概述。侧重性闭幕词要对会议的成就、会议的要求等作重点讲述，其他问题作简要概述。

（二）闭幕词的特点

1. 简明性。闭幕词语言概括简明，短则几百字，长也不超过一两千字，多使用祈使句，表示祝贺和希望。

2. 宣告性。凡重要会议或重要活动，与开幕词相对应，一般都有闭幕词，这是一道必不可少的程序，标志着整个会议或活动的结束。

3. 总结性。闭幕词通常要对会议或活动作出正确的评估和总结，充分肯定会议或活动所取得的成果，强调会议或活动的主要精神和深远影响，激励有关人员宣传会议或活动的精神实质和贯彻落实有关的决议或倡议。

（三）闭幕词的结构与写法

闭幕词的结构通常由标题、开头、主体和结语四部分组成。

1. 标题。闭幕词标题的写法分为两类四种。其基本形式与要求同开幕词相似，只是文种“开幕词”换成“闭幕词”即可，同一会议的闭幕词与开幕词标题一般要相适应。

2. 开头。闭幕词的开头由两部分组成。首先是称谓，其呼语要求与开幕词差不多，根据会议性质及与会者的身份来确定。其次是简要说明会议经过，点明会议是否圆满完成预定的任务。

3. 主体

主体是会议闭幕词的核心内容，通常包括两项内容：一是总结会议所完成的任务，肯定会议的成果，对大会作出客观评价，评价要中肯，不能空泛笼统地说会议开得很成功、很鼓舞人心，要有实在内容；二是提出会议精神的指导意义、如何贯彻会议决议，不能走形式。

在主体的写作中，要做到层次清楚，内容明确，善于综合概括，不必有太多的陈述。从理论高度准确地归纳会议的成功之处。语言要简洁明快，富有号召力和鼓动性，以激励与会人员为完成大会提出的任务而不懈努力。

4. 结语。结语大都提出希望与号召，并表示祝愿，最后宣布会议闭幕。有时只用一句话作为结语：“现在，我宣布××××大会闭幕!”写结语时，用语要坚定有力。

（四）闭幕词的写作原则

1. 闭幕词是对会议的概括总结，是对会议精神的集中与强化，应紧紧围绕会议的中心议题，熟悉会议的全部过程，对会议作出总体的、较高层次的总结和评价，概括出会议所形成的共识和会议精神的实质要义。

2. 适当深化和发挥。闭幕词是对会议的总结和评价，又可以对会议精神有所延伸和补充，对已统一认识的问题，应在闭幕词中进一步强调，对与会人员所提出的合理化意见，并已得到会议认可的问题，可以做必要的发挥，但这种发挥必须是与会议的中心议题有关的内容。

3. 闭幕词的篇幅应短小精悍，语言应简洁明快，既有高度的概括，又要富于感染力和号召力。

【例文分析】

闭幕词范文一解析

要　领	范　文
标题：事由十文种 致闭幕词时间 致闭幕词人职务姓名	在第十一届全国人民代表大会第一次会议闭幕会上的讲话 （2008 年 3 月 18 日） 全国人民代表大会常务委员会委员长　吴邦国
称谓：	各位代表：
开头部分致辞人表态并对会议进行总体评价，用语高度概括。	我完全赞成胡锦涛主席的重要讲话。 第十一届全国人民代表大会第一次会议，在全体代表的共同努力下，圆满完成了各项预定任务。会议充分发扬民主，严格依法办事，开得很成功，是一次高举中国特色社会主义伟大旗帜、全面贯彻落实党的十七大精神的大会，是一次与时俱进、民主团结、求实鼓劲的大会！
第三段介绍会议的主要议题及其重大意义。	会议期间，代表们肩负全国各族人民的重托，以主人翁的高度责任感，认真履行宪法和法律赋予的职责，使会议通过的各项决议和决定，充分体现了党的主张和人民意志的统一。会议审议批准的政府工作报告和其他报告，总结了在以胡锦涛同志为总书记的党中央领导下，五年来我国各方面工作取得的重大成就和有益经验，明确提出了今年乃至今后五年的主要任务和工作部署。会议依法选举和决定任命了新一届国家机构领导人员，为推动党和国家事业发展、实现党的十七大确定的目标任务提供了坚强的组织保证。这次大会必将进一步激励和动员全国各族人民，万众一心、奋发图强，为夺取全面建设小康社会新胜利、开创中国特色社会主义事业新局面而团结奋斗。
	各位代表，十届全国人大及其常委会坚持党的领导、人民当家作主、依法治国有机统一，始终从最广大人民的根本利益出发，紧紧围绕党和国家工作大局开展工作，坚持依法

（续表）

第四段是介绍十届全国人大及其常委会所做出的主要成绩，并向十届全国人大代表、大常委会和各专门委员会组成人员表示敬意和感谢。	按程序办事，在前几届工作的基础上与时俱进，形成了一套行之有效的工作机制和工作方法。立法工作成绩显著，监督实效明显增强，代表工作积极推进，对外交往更加活跃，自身建设不断加强，为坚持和完善人民代表大会制度、推进全面建设小康社会作出了重要贡献。在这里，请允许我代表十一届全国人大及其常委会，向十届全国人大代表，向十届全国人大常委会和各专门委员会组成人员，致以崇高的敬意和诚挚的感谢！
第五段对自己当选向各位代表表示感谢，同时对这一任期的工作进行了充满信心的表态。	这次大会选举产生了十一届全国人大常委会，并选举我继续担任委员长。这是各位代表和全国各族人民对我们的信任，我代表十一届全国人大常委会组成人员表示衷心的感谢！我们深感使命崇高，责任重大。我们将同全体代表一起，忠诚履行宪法和法律赋予的职权，恪尽职守，勤勉工作，竭诚为国家和人民服务，不辜负全国各族人民的重托。 各位代表！
第六至十一自然段着重阐述了今后五年，是我国全面建设小康社会的关键时期，在这一时期内将从“完善中国特色社会主义法律体系为目标”等四个方面开展工作，将全国人大及常委会的各项工作不断推向前进。	今后五年，是我国全面建设小康社会的关键时期。党的十七大分析了国内国际形势的新变化，回顾了党的十六大以来各项事业的新进展，总结了改革开放以来的新经验，提出了实现全面建设小康社会奋斗目标的新要求，为我们继续推动党和国家事业发展指明了前进方向。党的十七大明确提出，要坚定不移发展社会主义民主政治。强调人民民主是社会主义的生命，发展社会主义民主政治是我们党始终不渝的奋斗目标。强调要坚持中国特色社会主义政治发展道路，坚持党的领导、人民当家作主、依法治国有机统一，不断推进社会主义政治制度自我完善和发展。强调深化政治体制改革，必须坚持正确政治方向，以保证人民当家作主为根本，以增强党和国家活力、调动人民积极性为目标，扩大社会主义民主，建设社会主义法治国家，发展社会主义政治文明。强调支持人民代表大会依法履行职能，善于使党的主张通过法定程序成为国家意志，保障人大代表依法行使职权，密切人大代表同人民群众的联系，加强人大常委会制度建设。这些都对做好新形势下人大工作提出了新的更高的要求。十一届全国人大及其常委会要全面贯彻党的十七大精神，高举中国特色社会主义伟大旗帜，坚定不移地走中国特色社会主义道路，坚定不移地以中国特色社会主义理论体系为指导，坚持党的领导、人民当家作主、依法治国有机统一，围绕中心，突出重点，扎实工作，把人民代表大会制度坚持好、完善好，把依法治国基本方略贯彻好、实施好，把最广大人民的根本利益实现好、维护好。

（续表）

	我们要以完善中国特色社会主义法律体系为目标，继续加强和改进立法工作，抓紧制定在法律体系中起支架作用的法律，及时修改与经济社会发展不相适应的法律规定，督促有关方面尽快制定和修改与法律相配套的法规，坚持科学立法、民主立法，不断提高立法质量，更好地发挥法律在国家政治和社会生活中的规范、引导和保障作用。 我们要以增强监督实效为核心，继续加强和改进监督工作，全面贯彻落实监督法，加强宪法和法律实施，坚持公民在法律面前一律平等，维护社会公平正义，维护社会主义法制的统一、尊严、权威，更好地发挥人大监督对促进依法行政、公正司法和维护人民利益的作用。 我们要以深入贯彻中央 9 号文件为主线，加强和改进代表工作，努力提升服务保障水平，更好地发挥代表参与管理国家事务的作用。 我们要以制度建设为重点，继续加强常委会自身建设，严格依法按程序办事，自觉接受监督，更好地发挥最高国家权力机关、依法履行职责的工作机关、密切联系人民群众的代表机关的作用。
最后一段发出号召，语句简练，刚劲有力，令人深受鼓舞。	各位代表！ 祖国的发展前景无限美好，改革开放的伟大事业催人奋进。让我们紧密团结在以胡锦涛同志为总书记的党中央周围，高举中国特色社会主义伟大旗帜，以邓小平理论和“三个代表”重要思想为指导，深入贯彻落实科学发展观，坚持改革创新、求真务实、团结奋进，为夺取全面建设小康社会新胜利、谱写人民美好生活新篇章而努力奋斗！

闭幕词范文二解析

要　领	范　文
标题：事由十文种	在第二十一届职工代表大会第四次会议上的闭幕词
称谓：泛称	各位代表、同志们：
第一段是宣布会议的结束。	×××××第二十一届四次职工代表大会在省××工会、××××××工委的关怀下，在×党委的正确领导和×××的支持下，经过全体代表的共同努力，历时一天，圆满地完成了大会预定的各项任务，现在就要结束了。

（续表）

第二段是回顾会议所通过的行政工作报告等相关报告和议案，有对报告内容的概括，有代表们对报告的评价，有对报告作用的阐述，是对会议议程的全面陈述。	会议期间，代表们认真地听取并审议通过了行政工作报告，这个报告对×××的经济工作进行了实事求是的总结，并精辟地分析了当前××所面临的严峻形势，具体地部署了今后一个时期工作。代表们一致认为，报告对×××目前状况谈的实事求是，客观公正，对今年的工作任务讲的目标明确，措施具体，具有较强的操作性。代表们一致表示，要以“报告”精神为动力，动员和带领广大职工群众，为实现×党委“一一四”工作思路和×××“一六”工作目标，促进××的全面发展而努力奋斗。大会还认真审议通过了其他有关报告和议案，评议了企业领导干部，签订了2008年《集体合同》和“双文明”建设责任状。会议期间，代表们各抒己见，畅所欲言，会议始终充满了民主、团结的浓厚气氛，收到了预期的效果，取得了圆满的成功。
第三段是对党委书记×××同志的讲话内容的概括陈述，借以提出要求和希望，以深化行文的主题使这次会议成为取得更大成绩的起点。	这次大会得到了×党委的高度重视，党委书记×××同志做了重要讲话，他就贯彻好这次会议精神，动员广大干部群众如何认清形势、统一思想、坚定信心、扎实工作，努力开创全×各项工作新×面，为实现×××三步走发展战略提出了具体要求，并号召全×广大职工群众要立足本职，发挥作用，为完成×党委、×××提出的各项工作任务，开创××经济发展的新局面而努力奋斗。
第四段是以鼓动的语言提出总的要求和指导思想，以高昂的语气结束全文。	各位代表、同志们，在这充满希望的新世纪里，不管我们面前会遇到多大的困难，我们都要高举邓小平理论伟大旗帜，解放思想，抓住机遇，务实创新，开拓进取，迎接考验。大会闭幕后，希望代表们要认真贯彻落实会议精神，为全面完成会议确定的各项工作任务而努力。
最后是宣布会议闭幕并发出良好的祝愿。	现在我宣布：×××××第二十一届职工代表大会第四次会议胜利闭幕。 祝各位代表身体健康，工作顺利，万事如意！

【病文分析】

闭幕词

××市第十届运动会在社会各界的大力支持下，在全体运动员、教练员、裁判员及工作人员的共同努力下，已实现了“文明、热烈、精彩、圆满”的目标，今天就要胜利闭幕了。

××市第十届运动会于10月26日开幕，历时20多天。共有各县（市、区）6个代表队的682名运动员参加少年组10个项目的比赛；有各行各业27个代表队525名运动员参加成年组6个项目的比赛。在各项目的具体比赛中，各级党委、政府及有关部门高度重视，组织严密有序，裁判员公正准确，教练指导有方，运动员顽强拼搏，观众文明热情。共有9队26人次打破少年组记录，涌现出一批水平较高的体育竞技后备人才，实现了运动成绩和精神文明双丰收。

在此，我代表市委、市政府向参赛的各代表团和取得优异成绩的运动员、教练表示热烈的祝贺！对为市十运会取得圆满成绩作出辛勤劳动的裁判员、工作人员表示亲切的慰问！对关心和支持本届运动会的有关单位和各界人士表示衷心的感谢。

同志们、朋友们，市十运会的成功举办，进一步激发了全市人民团结奋斗、振兴××的巨大热情，让我们在“三个代表”重要思想的指导下，同心同德，开拓创新，与时俱进，为全面贯彻落实科学发展观，为建设我省的体育名城而努力奋斗！

市十运会作为我市举办的一次全市性综合运动会，是对我市竞技体育水平和群众体育一次全面检阅，为我市组团参加省运会打下了良好基础，将有力地促进我市全民健身计划的全面实施和竞技水平的提高，也将很好地促进我市三个文明的建设。

谢谢大家！

评析：这篇闭幕词存在以下几个方面的问题：

1. 格式不规范，标题下缺少致辞时间和致辞人姓名。应标题下正中书写“××××年×月×日”，在此时间下再正中书写致辞人姓名“×××”，在姓名前可以加上单位和职务。

2. 格式不规范，缺少称谓。应顶格书写“各位领导、各位来宾，同志们、朋友们”。

3. 第二段中的“历时20多天”不妥，应为确数而不是概数。如改为“历时25天”。

4. 闭幕词应简明短小，第二段中对比赛相关情况的叙述应删去，只保留第一句话即可并与第三段合为一段。

5. 第四段中的“同心同德，开拓创新，与时俱进”的句序应调整为“与时俱进，开拓创新，同心同德”较妥；“为建设我省的体育名城而努力奋斗！”是病句，应改为“为把我市建设成为我省的体育名城而努力奋斗！”

6. 第五段中的三个文明应加双引号，改为“三个文明”。

7. 根据闭幕词的写法，第四段和第五段的次序应互调一下。

8. 结尾应加上闭幕词的惯用结束语，如“现在我宣布，××市第十届运动会胜利闭幕！”

第三节　欢迎词、欢送词

欢迎词和欢送词是在欢迎或欢送宾客的仪式上，由有关人员（更多是各级各类领导）致辞时所使用的文字底稿。它们是在社交活动中经常使用的演说类事务文书。

一、概述

（一）概念

欢迎词是在迎接宾客（内宾或外宾）的仪式、集会、宴会上或有关会议开始时，主人对宾客的到来表示热烈欢迎所作讲话的文字底稿。

欢送词是在送别宾客（内宾或外宾）的仪式、集会、宴会上或有关会议结束时，主人对宾客的离去表示热烈欢送所作讲话的文字底稿。

（二）特点

1. 情感亲切真挚

迎来送往是社交活动中最富有情感特质的情况，致辞者总是会把对被欢迎者的到来和被欢送者离去的内心感受如实地表达出来，形成浓烈的情感氛围，能使听众感到亲切真挚。

2. 语言明确简练

无论是迎接宾客，还是欢送宾客，演说者在特定的情感氛围中，最忌大话套话，通常是开宗明义，实话实说。尽管，有时为渲染气氛，可适当选用一些诙谐语词，但不宜扯得太高太远，语言应简练朴实。

3. 篇幅短小精悍

迎送仪式大多时间不长，程序不复杂，欢迎词和欢送词一般以简明扼要的语言表达迎送之意，篇幅上简短精悍。

二、欢迎词的结构与写法

欢迎词一般由标题、称谓、正文和结语四部分构成。

（一）标题

标题有三种写法：

1. 致词人＋致词场合＋文种

如：《×××在欢迎新生仪式上的欢迎词》

2. 致词场合＋文种

如：《在双边贸易促谈会上的欢迎词》

3. 只写文种，即《欢迎词》

（二）称谓

称谓应有尊敬之意和亲切之感，写在正文前一行顶格，有两种写法。

1. 尊称。在宾客个人姓名后加上其头衔（包括职务或职称）。如："×××州长先生"、"×××教授"等，有时也可以在称谓前加修饰语，如："尊敬的"或"亲爱的"等。

2. 泛称。在社交礼仪场合中经常使用的称呼，如："各位先生、各位女士"或"女士们、先生们"等。有时也可以在称谓前加修饰语，如："尊敬的"或"亲爱的"等。

（三）正文

欢迎词的正文一般由两部分构成。一是开头，写清事由，说明为何举行欢迎仪式或召开会议等；选择欢迎词语，对内宾和外宾的到来表示热烈的欢迎。二是主体，是欢迎词的主要内容，从具体场合出发，写出宾客到来的意义、作用。简述双方交往的友谊与合作的成就以及表示对双方交往的意见与期望。如果是在有关会议上的致词，还要点明会议的任务、内容、意义等。正文的语言要准确、概括，多选用亲切、赞美之词。

（四）结语

用简短的话语，再次表示欢迎，并致祝愿。

三、欢送词的结构与写法

欢送词一般由标题、称谓、正文和结语四部分构成。

（一）标题

标题的写法与欢迎词基本相同，只是"文种"换成"欢送词"即可。

（二）称谓

称谓的写法与欢迎词基本一致。

（三）正文

欢送词的正文一般由开头和主体两部分构成。开头一般是写一些表示欢送的客套语句，如表示"感谢来访"、"感谢指导"之类。主体要根据具体场合，简要回顾宾客来访的情况，阐述和评价来访的意义、作用。如果是一些会议上所致的欢送词，就应该简要回顾会议的基本情况，概述和评价会议取得的成就、意义和影响。

（四）结语

选用一些简短的话语，再次表示对宾客来访与指导表示感谢，同时，表达出祝愿和欢送的意思。

四、欢迎词、欢送词的写作原则

1. 感情须亲切、真挚、诚恳，要符合当时情况，能适当引导出席者的情绪，以创造一种友好的气氛，密切关系，推动双边合作。

2. 注意礼貌，又有分寸。既尊重对方，又不卑不亢。

3. 有分歧的问题、意见不一致的问题不在言辞中表露。

4. 语言，要便于交际场合朗读、演说，即上口、好读。

5. 动笔之前，要了解对象的基本情况，比如已取得的成就及影响、大会的宗旨、工程建设的目的等。这样，才能切合实际，有的放矢，言之有物。

【例文分析】

欢迎词范文一解析

要　领	范　文
标题：只写文种	欢迎词
称谓：泛称 第一段写欢迎的背景、原因。	女士们、先生们，朋友们： 值此×××厂30周年厂庆之际，请允许我代表×××厂，并以我个人的名义，向远道而来的朋友们表示热烈的欢迎！
第二段写对客人表示诚挚的谢意。	朋友们不顾路途遥远，专程前来贺喜并洽谈贸易合作事宜，为我厂30周年厂庆增添了一份热烈和祥和。我由衷地感到高兴，并对朋友们为增进双方友好关系所作出的努力，表示诚挚的谢意！
第三段是对老朋友们长期的合作和支持表示敬佩感谢，对新朋友的到来表示欢迎和期望。	今天在座的各位朋友中，有许多是我们的老朋友，我们之间有着良好的合作关系。我厂建厂30年能取得今天的成绩，离不开老朋友们的真诚合作和大力支持。对此，我们表示由衷的钦佩和感谢。同时，我们也为能有幸结识来自全国各地的新朋友感到十分高兴。在此，我谨再次向新朋友们表示热烈欢迎，并希望能与大家密切协作，发展相互间的友好合作关系。
最后一部分是切合场景提出美好的愿望。 通观全文，言辞情真意切，热烈友善，营造出了和谐友好的气氛。	“有朋自远方来，不亦乐乎”。在此新朋老友相会之际，我提议： 为今后我们之间的进一步合作， 为我们之间日益增进的友谊， 为朋友们的健康幸福， 干杯！

欢迎词范文二解析

要　领	范　文
标题：只写文种	欢迎词
称谓：前加修饰语的泛称 第一部分是写欢迎词的原因以及对客人表示热烈欢迎。 第二部分是写良好的预期、会后的安排和要求。 第三部分是写祝颂语和表示感谢。 通观全文，言辞情真意切，友善礼貌，从而营造出一种友好和谐的气氛。	尊敬的来宾、代表们、朋友们、同志们： 　　我荣幸地宣布，第一届×××国际服装节开幕了，我代表××市政府和人民并以我个人的名义，向这次服装节表示热烈的祝贺，衷心欢迎各位来宾和代表。 　　…… 　　…… 　　朋友们，同志们，在本次服装节期间，我们将充分展示中国服装业发展的盛况，进行十分广泛的服装贸易活动。我诚恳地希望，通过几年一次的大型服装节活动，将对中国服装生产和加工行业带来更大的促进。 　　我祝本次服装节圆满成功，并祝各位身体健康，心情愉快。 　　谢谢各位。

欢送词范文解析

要　领	范　文
标题：只写文种	欢送词
称谓：具体称谓 全文首先对宾客表示热烈的欢送之意，随之写明在与宾客历时一个月的时间内友好合作的情况和收获，并表达出了对今后进一步加强交往与合作的愿望。结尾处的祝颂语，切合欢送的场合。	松木先生： 　　当您即将启程回国的前夕，我代表×××公司全体工作人员，向你表示热烈的欢送。一个月来，您与我们朝夕相处，不但在技术指导方面给予我们很大帮助，而且使我们的产品质量也有了提高，对此，我代表全体人员向您表示诚挚的谢意。 　　在向松木先生告别之时，借此机会，我请您转达我们对您一家的问候与敬意，并请他们在适当的时候来××市参观、游览。 　　祝松木先生一路平安，身体健康。

【病文分析】

欢迎词

蓝天旅游团的各位小朋友们、先生们、女士们：

欢迎你们到我们这座具有悠久历史的历史文化名城来观光旅游！

今天我们这座城市天清气朗，身披彩装，迎来了我们尊贵的朋友。你们的到来必将为我们这座旅游名城增添光彩。各位莅临在我们鸿雁宾馆，是我们鸿雁宾馆的幸运，我代表鸿雁宾馆的全体员工向你们表示热烈的欢迎！

在旅游团停留的几天中，我们将殚精竭虑为你们提供优良的服务，使各位有一种乐不思蜀的感觉，欢迎各位给我们提出宝贵的意见，我们将不胜感激并努力改进服务质量。

再一次对你们的光临表示最最热烈的欢迎！

评析：这篇欢迎词的毛病主要有以下几个方面：

1. 称呼顺序不对，应调整为“蓝天旅游团的女士们、先生们、小朋友们”。

2. 将“各位朋友们”的“各位”删去。

3. 欢迎语句中“具有悠久历史的历史文化名城”重复啰唆，可删去“具有悠久历史的”。

4. 正文中“各位莅临在我们鸿雁宾馆”一句为病句，可删去“在”。“幸运”应改为“荣幸”。“殚精竭虑”应改为“竭尽全力”。“乐不思蜀”改为“宾至如归”。

5. 结尾处“最最”一词不妥，可删去。

欢送词

尊敬的朋友们、先生们、女士们：

首先，我代表×××，对你们访问的圆满成功表示热烈的祝贺。

两天来，我们本着平等互利的原则，经过讨价还价，签订了《××协议》，为双方今后的合作和发展打下了良好的基础。明天，你们就要离开××了，在即将分别的时刻，我们的心情跌宕起伏。大家相处的时间是短暂的，但我们之间的友好情谊是长久的。我们之间的合作才刚刚开始，中国有句古语：“来日方长，后会有期。”希望我们加强合作，不断往来，欢迎各位朋友们、女士、先生在方便的时候再次来××作客，相信我们的友好合作会结出丰硕果实。

祝大家财源广进，合家幸福！

评析：这篇欢迎词的毛病主要有以下几个方面：

1. 称呼顺序和内容不对，应调整为“尊敬的女士们、先生们”。

2. 正文中“讨价还价”应该为“认真协商”。“跌宕起伏”应改为“依依不舍”。“各位朋友们、女士、先生”应改为“各位女士、先生”。

3. 结尾处的结语不切合欢送的场合，应改为“一路顺风，万事如意”。

第四节　祝词、答谢词

一、祝词

（一）祝词的概念

祝词，也称“祝辞”、“致辞”，是指在有关重大节日、重大典礼、重要活动以及庄重场合对人或对事表示祝贺的言词或文章。它主要用于机关、团体、组织、企事业单位或个人对某个会议、某项事业、某种事物或个人的某个特定日子、事件等表示祝愿、希望。

（二）祝词的特点

1. 语言简短有力

祝词往往是一方当着另一方的面讲的，最大的特点是感情真挚、语言流畅，因此要求言简意赅，篇幅短小为佳。

2. 措辞喜庆热烈

祝词是在喜庆的场合对祝贺对象的一种真诚的祝福和美好心愿的表达，因此在措辞的语句上要体现出一种喜悦、热烈的美好之情。

3. 体裁的多样性

祝词由于用意突出，主要是向对方表达祝福之情，因此不必拘泥于某种文体，可以根据祝贺对象的具体情况采用如诗、词、对联等各种合适贴切于对方特点的文章体裁。

（三）祝词的种类

祝词大致可分为祝事、祝人两大类，几乎可以囊括当今社交公关活动中所需的全部祝词。

祝事主要用于重要会议开幕、工程和工厂开工、商店开业以及展览会、博览会、展销会贸易活动剪彩等场所。

祝人主要用于寿诞、爱情、婚姻、友谊和事业等方面，还有一个重要用途是祝酒。

（四）祝词与贺词的异同

祝词和贺词在某些场合可以互用，但二者所包含的意义并不完全相同：祝词通常是对事物的开始表示希冀，例如某合资企业开业典礼；贺词一般用于对事物有了结果表示庆贺，例如某项科研成果通过了国家鉴定等。

（五）祝词的结构与写法

祝词通常由标题、称谓、正文、结尾、落款几部分组成。

1. 标题

可以直接写文种“祝词”，也可以由“致词人姓名＋致词场合＋文种”构成。如《×××在×××酒会上的祝词》。

2. 称谓

一般用泛称，如“各位女士、各位先生”、“朋友们”、“同志们”等，在前面也可以加上“亲爱的”、“尊敬的”、“尊贵的”等修饰语。还要注意具体场合，尽可能在称谓中包括全部在场的人。

3. 正文

首先应根据具体情况，或对会议的召开、活动的举行、工厂的开工，或对对方的喜庆、事业有成，或对贵宾的来访等表示祝贺或欢迎。对重要会议或重大事件，还要用相当的篇幅介绍形势、背景及重要意义；对重要人物，还要概括其主要功绩，给予适当的评价；对某人的事业有成，也可以简要介绍一下其成就，分析一下取得成就的原因并给以鼓励。

4. 结尾

一般都有固定的语言。当然，也可以根据双方的特殊关系，根据不同的场合、不同的事件，另拟更为合适的祝词。

5. 落款

一般情况下，正式的、较为隆重的祝词，都要完整地在正文结尾后署上名字（是单位要写明全称）、日期，有的还注明具体地点，也有的把日期写在标题下。

（六）祝词的写作原则

写好祝词，最重要的一点是要有公关意识。具体来讲，必须注意以下几个方面：

1. 动笔之前，要尽可能完整地了解祝贺对象的基本情况，这样写来的祝词就会切人切事，言之有物。

2. 表达祝贺之意。祝贺是祝词的核心，虽然在阐述、评价中体现了祝贺之意，但是还必须有直接的祝贺语言。这种祝贺词，既要热情、诚恳，又要简洁、自然，要说到客体心坎上。

3. 要注意彼此的关系，切合双方的身份。

4. 祝词要有真挚的感情，写得热情洋溢。

（七）范文分析

祝词范文解析

要　领	范　文
标题：致词场合十文种	在中国共产党××市第×次党代会宴会上的祝酒词
称谓：泛称 第一部分（一、二自然段）写对党代会的召开表示祝贺； 第二部分（三、四、五自然段）写在党的领导下，×市经济社会发展取得了显著成绩，面对新的机遇，将迎难而上，争取发展取得新的成就，并对代表提出了希望，也对×市的发展给予了厚望； 第三部分为祝酒词令。全文既有针对性，又合乎欢迎场景，感情真挚诚恳。	各位代表，同志们、朋友们： 潮平两岸阔，风正一帆悬。 在这生机勃勃、激情迸发的五月，中国共产党××市第×次党代会胜利召开了。在此，我们表示热烈的祝贺！ 过去的三年，在中央领导的亲切关怀下，在省委、省政府的高度关注和大力支持下，在市委、市政府的坚强领导下，在全市广大党员干部群众的共同努力下，×市发生了日新月异的变化，走上了复兴崛起之路，谱写了我市经济社会发展的绚丽篇章。 今日的××大地，天时、地利、人和。这里孕育着科学发展的最好机遇，这里形成了心齐、气顺、劲足、实干的创业环境，这里是我们干事、干成事、干成大事的一方热土。今日的**人民有着更多的企盼、更高的追求。风劲潮涌，自当扬帆破浪；任重道远，更需策马加鞭。我们深信，与会代表一定会以高度的责任感、强烈的使命感，充分发扬民主、凝聚民智、反映民意、共谋民利，一定会从大局出发，不负全市人民重托，行使好权利，保证顺利完成大会预定议程，绘就我市更快更好发展的宏伟蓝图。 站在新的起点上，放眼未来，我们豪情满怀，信心倍增。让我们紧密地团结起来，在市委的正确领导下，励精图治，攻坚克难，与时俱进，锐意进取，创造×市更加美好灿烂的明天。我们的目标能够实现，我们的目标一定能够实现！ 我提议，为第×次党代会取得圆满成功，为实现我们的理想和目标，为百姓的福祉，干杯！

【病文分析】

祝酒词

各位女士们、先生们：

晚上好！中国国际××展览会今天在具有悠久历史和文化底蕴的我市隆重开幕了。今晚，我们有机会同各界朋友欢聚，感到很高兴。我谨代表中国国际贸易促进委员会××市分会和我个人，对各位朋友莅临我们的招待会，表示最为热烈的欢迎。

中国国际××展览会自上午开幕以来，已引起了我市及外地科技人员的浓烈兴趣。这次展览会在××市举行，为来自世界各国各地的科技人员提供了经济技术交流的好机会。我相信，展览会在推动这一领域的技术进步以及经济贸易的发展方面将起到积极作用。

今晚，各国朋友济济一堂，我希望中外同行广交朋友，寻求合作，共同度过一个愉快的夜晚。

最后，请大家端杯

为中国国际××展览会的圆满成功，

为朋友们的健康，

干杯！

评析：这篇祝酒词的毛病主要有以下几个方面：

1. 称呼的写法不对，应将“各位”删去，改为“女士们、先生们”。

2. 第一段中的“在具有悠久历史和文化底蕴的我市隆重”显得啰嗦，应删去。应将“和我个人”删去，自己不需代表自己。“莅临”应改为“光临”。“最为”一词不妥，应删去。

3. 第二段中的“浓烈”应改为“浓厚”较为妥当。

4. 结尾处“端杯”应改为“举杯”较为妥当。

二、答谢词

（一）答谢词的概念

答谢词是客人在欢迎或告别仪式上，对主人的盛情款待表示谢意的讲话稿。

（二）答谢词的结构与写法

答谢词一般由标题、称谓、正文、结尾、落款五部分组成。

1. 标题

有两种形式：一种是只写文种“答谢词”；另一种则是由“致词人姓名（有时还加其职务）＋致词场合＋文种”构成，这种标题使用较普遍，如：《×××诗人在诗歌研讨会上的答谢词》，其中致词人和致词场合有时只用一个，如《×××总经理的答谢词》、《在×××宴会上的答谢词》。和欢迎（送）词的标题一样，在致辞时不需念出，公开发表时则用标题。

2. 称谓

与欢迎（送）词的称谓相同。

3. 正文

开头部分一般要写出致词人以什么身份、代表何人或何单位、向谁表示感谢，用以表达致词人的感情。

主体部分，首先应感谢主人的盛情接待，回顾此期间内双方愉快的会议，成功的合作；其次赞扬主人为发展双方的友谊或合作做出的贡献；还要肯定这次来访或会议的成功及其意义、影响；提出自己的希望，并再次表示感谢之意等。

4. 结尾

通常是一两句表示祝愿的话。

5. 落款

如公开发表，则署上致词人的姓名及致词日期。

（三）答谢词的写作原则

1. 要热情而有礼貌，体现出真情实感；

2. 要善于巧妙地表达自己的原则立场；

3. 要尊重对方的风俗习惯、宗教信仰等，不讲对方忌讳的内容；

4. 语言要精练、明快，语气要热情、友好，篇幅要简短适当。

【例文分析】

要　领	范　文
标题：致词人姓名（加职务）＋致词场合＋文种	中国国民党主席连战会见胡锦涛时的答谢词
称谓：具体称谓加泛称	胡总书记、各位女士、先生：
正文部分的前两个自然段首先是对大陆方面的热情接待表示感谢；紧接着对这次国共两党主要领导人的会见加以定性，与胡锦涛同志相回应，随后对来访的背景、目的等作出交代；在此基础上，追忆两岸关系发展的历史进程，并表明了看法和态度，进而提出了三点想法，对两岸关系发展的美好前景进行展望。	今天本人跟内人以及中国国民党三位副主席，率同很多的朋友，大家一起应胡总书记的邀请能够来访问大陆，访问北京、南京、西安、上海，我要在这里首先表示最由衷的感谢。 过去这几天，所有工作的同仁们，大家都尽心尽力，让我们旅程非常顺利，非常的愉快，也特别地感谢他们。 诚如总书记刚才所讲，今天的聚会是国民党和共产党六十年来的头一次，也是在两岸的情况之下 56 年来党和党见面交换意见最高层次的一次，难能可贵。 我也很坦诚地来跟各位提到，那就是这一趟来的并不容易。我一再讲台北、北京，台北、南京距离不远，但是因为历史的辛酸，让我们曲曲折折，一直到今天才能够见面。所以我说，有点相见恨晚的感觉。 当然，中国国民党、中国共产党，我们过去曾经有过冲突，我们都知道这些历史的过程。但是历史毕竟已经是过去的事情，我们没有办法在此时此刻再来改变历史，但是未来却是掌握在我们的手里。 当然，历史的进程不会是很平坦的，但是这个不确定的时代，不确定的未来，尤其给我们提供了很多很多的机会。假如我们都能够以正面的态度勇敢地来面对，以迎接未来这种主导的理念，来追求未来，我相信“逝者已矣，来者可追”。

（续表）

	这是今天我们怀抱着非常殷切的期望，能够来到这个地方，亲自跟总书记，跟各位女士、先生交换意见。（以下略） 今天，我个人虽然是国民党的主席，也是带着一份人文的情怀，一种和平的期盼，同时也是身为民族的一分子，来到这个地方。我觉得我们来到这里，有几项意义，可以跟各位做一个报告： 第一，……。 第二，……。 第三，……。 所以，在这样的一个理念之下，我非常盼望，过去那种恶性的循环不要让它再出现，我们尽我们的力量能够建立一个良性的循环，从点到面，累积善意，累积互信，我相信这种面的扩充会建立一个非常坚实的基础，而不是像这种恶性的循环，冤冤相报，由点而线而面，其结果互信完全崩盘，善意不在，结果是我们大家都受到损害。 所以，今天我以这些心情很坦诚地跟总书记和各位女士先生提到我个人亲历的一个历程。 这次56年以来头一次国民党主席和副主席，党的干部能够到南京紫金山中山陵向中山先生致敬，心情感伤、复杂，但是我们也非常地感谢。
最后再次表示谢意。这篇答谢词是连战先生的即席之作，尽管如此，我们从中仍能看出连战先生超人的智慧、敏捷的思维和高超的语言表达艺术，值得我们认真地加以研究和借鉴。	中山先生弥留的时候一再要大家和平奋斗来救中国，和平奋斗事实上不是那个时候的一个专利，而是大家要共同努力，一直到今天，我都信奉不渝。 秉持这样的精神，我都相信双方假如继续加强我们相互的理解和信任，我相信一定会给我们两岸所有的人民带来更好的、更多的安定，更好的、更多的繁荣，同时更重要的是给两岸带来亮丽光明的希望和未来，这是我今天在这里首先跟总书记和各位表达的一些意见。 谢谢。

【病文分析】

答谢词

敬爱的朋友们：

我们对你公司的访问即将收尾。首先，请允许我代表我们考察团一共20人对贵市政府对我们的盛情款待表示由衷的感谢。

访问期间，我们十分有幸结识了许多知名人士，参观了贵公司及所属分公司的生产线，与有关人员进行了兴致勃勃的谈话，这些都给我们留下了很深的印象。

我相信，我们这次参观访问将有利于促进两市人民之间的友谊向更深的方向发展。我们用文字和照片记录下了这次访问中一幕幕的动人景象。回去后，我们将让我市人民得知这一切，我深信，这将给他们以巨大的鼓舞。

借此机会，再次衷心地感谢大家！

祝兄弟的×××市人民幸福、安康、快乐！

祝两市人民之间的友谊细水长流！

再见了，亲爱的朋友们！

评析：这篇答谢词的毛病主要有以下几个方面：

1. 称呼应顶格书写，将“敬爱”改为“亲爱”较为妥当。

2. 第一段中“收尾”应改为“结束”，“一共”应改为“一行”。

3. 第二段中“兴致勃勃”应改为“饶有兴趣”。

4. 第四段中“向更深的方向发展”显得啰嗦，应删去。

5. 结尾处，“安康、快乐”显得啰嗦，应删去。“细水长流”应改为“万古长青”较好。

本章小结

演讲文书是事务文书的重要类别。撰写讲话稿、开幕词、闭幕词、欢迎词、欢送词、祝词、答谢词等演讲文书，首先要了解它们的概念、特点、结构与写法要求。二是要了解对象及相关事情的基本情况。演讲文书的针对性很强，在写作前要尽量做到对读者和听众的情况有所了解，并根据具体的事情行文，避免千篇一律。三是语言要朴实、简明、准确，庄重恳切。表达方式多用概括的叙说、简要的说明、恰到好处的议论和抒情，一般不用细致的刻画和描写，更不能脱离事实地议论抒情。仔细体会不同文种在写法上的异同，从总体上把握演讲文书的基本结构。

思考与练习

一、问答题

1. 试述讲话稿、开幕词、闭幕词、欢迎词、欢送词、祝词正文的结构和写法。

2. 欢迎词、欢送词、祝词写作有何原则？为什么？

3. 试述答谢词的正文结构和写法。

4. 答谢词的写作有何原则？

5. 欢迎词、欢送词、祝词的使用场合是否相同？

6. 本章内容未编写演讲文书的特点。通过本章的学习，试概括演讲文书的主要特点。

二、模拟训练

1. 你作为校党办的秘书，请你为校党委书记拟写一篇在庆祝建党八十七周年大会上的讲话稿，要求符合讲话稿的写作要点及大会的情景。有关情况、材料允许虚拟。

2. 学校第六次党代会将于×年×月×日开幕，你作为党代会筹备领导小组成员，请你撰写此次党代会的开幕词和闭幕词，要求符合开幕词和闭幕词的写作要点及党代会的场合情景。有关情况、材料允许虚拟。

3. 请你代表全校学生写一份欢迎新生入校的欢迎词，要求符合欢迎词的写作要点及欢迎场景。有关内容可以合理扩充。

4. 请你代表某大学校长写一份欢送在本校即将学成归国的外国留学生的欢送词，要求符合欢送词的写作要点及欢送场景。有关内容可以合理扩充。

5. 你作为某展览会的主办方代表，请你写一份展览会晚宴的祝酒词，要求符合祝词的写作要点及晚宴的情景。有关情况、材料允许虚拟。

6. 你作为某高校的国内访问学者，在访问即将结束时，对校方给予的多方关照表示感谢，请撰写一份答谢词，要求符合答谢词的写作要点。有关情况、材料允许虚拟。

第二编　行政文书

第六章　知照性公文

【知识点】掌握知照性公文的概念，理解知照性公文的特点，掌握公文格式。
【能力点】熟悉知照性公文的结构和写法，体味知照性公文的例文，模拟写作。

第一节　通　知

一、通知的概念

通知是“适用于批转下级机关的公文，转发上级机关和不相隶属机关的公文，传达要求下级机关办理和需要有关单位周知或者执行的事项，任免人员”的公文。

在行政机关中，通知是使用最广的一种公文文种，它兼有传达领导意图，知照联系的作用，所以通知可以向下级机关发文，也可以向平行机关发文。

二、通知的特点

（一）使用的广泛性

通知的使用范围很广，上至国务院，下至一般企事业单位，无论哪一级机关单位都可以使用，不受级别限制。通知的内容广泛，可涉及国家生活和社会生活的各个方面，比如发布法规、规章、政策，下达指标、任务，部署工作，告知事项，转发上级、同级或不相隶属机关的公文，批转下级机关的公文，召集会议等等，都可以使用通知。

（二）行文的灵活性

通知既可作下行文，也可作平行文，其行文方向灵活，既可在上下之间行文，也可在平行机关或不相隶属的单文之间行文。

（三）功用的指导性

通知在用于下行文时，都是部署和布置工作、批转文件、阐明处理某些问题的原则和方法等，对下级机关具有明显的指导性。

（四）时间的有效性

有些通知要求受文单位马上办理、执行，不能拖延，有些通知只能在一段时间里有效，一旦过了这一段时间，通知就会失去效力。

三、通知的分类

按照通知的性质和功能，可以分为以下几类：

（一）指示性通知

传达上级机关的决定和指示，布置需要执行或办理的工作事项，但仅限于发文机关的权限，或因其内容不宜用命令（令）或决定的，用指示性通知。如《国务院办公厅关于做好强降雨防范工作的通知》。

（二）批转性通知

这类通知包括两种情况：批转下级机关的公文和转发上级、不相隶属机关的公文。区分的关键在于分清现发文机关与被批转或转发的公文机关的关系。如果把下级机关的公文加上批示性意见，要求其他的下级执行或参照执行，用批转，其特点在一个“批”字。这种通知的主要精神不在通知的正文本身，而在被批转的公文中。如《国务院批转发展改革委电监会关于加强电力系统抗灾能力建设若干意见的通知》。如果把上级机关或不相隶属机关的公文发给下级单位，用转发，其特点在一个“转”字。因为对上级机关或不相隶属机关的公文不能写“同意”或“原则同意”等批语。如《安徽省人民政府转发国务院关于调整机关、事业单位工作人员工龄津贴标准的通知》。

（三）发布性通知

又称“发文通知”，以发布附件作为主要发文目的，是把发文单位本身制订的文件下发，要求下级知晓或遵照执行的通知。重要的规章用“发布”，一般的用“印发”。如《国务院关于发布＜国家行政机关公文处理办法＞的通知》、《国务院办公厅关于印发国务院办公厅主要职责内设机构和人员编制规定的通知》。

（四）告知性通知

告知有关单位需要知晓而不需要直接执行或办理的事项，用告知性通知。如设立或撤销机构、迁移办公地点、启用或更换印章、修改行政规章、修正或补充文件内容、调整办公时间等各种事项。如《国务院关于成立国务院三峡工程建设委员会的通知》。

（五）会议通知

指组织召开会议的机关向参加会议的机关、单位行文，将会议召开的目的、意义、会议名称、时间、地点、会议内容等项告诉与会单位或人员的一种通知。如《关于召开全省社会主义精神文明建设工作会议的通知》。

（六）任免通知

除国家高级人事变动是用任免令行文之外，任免和聘用下级机关干部都用通知行文。这种通知的行文很简单，只需写明任（聘用）和免的内容即可。如《关于冯××等同志职务任免的通知》。

四、通知的写法

（一）标题

1. 批转性和发布性通知

一般有两种写法：（1）完全式。由发文机关＋发布（批转或转发）＋被发布或批转的文件标题＋文种构成。被发布、批转、转发的公文为法规、规章时，一般应加上书名号，有时由于被发布、批转、转发的公文标题比较长，这时，通知的标题一般保留末次发布（批转、转发）文件机关和始发文件机关，省略多余的“关于”和“通知”字样。如：“××县人民政府关于转发《××市人民政府关于转发＜××省人民政府关于转发人事部关于×××同志恢复名誉后享受××级待遇的通知＞的通知》”，很不顺口。可把标题简化为“《××县人民政府关于转发人事部关于×××同志恢复名誉后享受××级待遇的通知》”，至于被省、地区等转发过的内容，可在转发意见中交代清楚。（2）省略发文机关。如《关于印发＜中华人民共和国大气污染防治法＞的通知》。

2. 其他种类的通知

（1）完全式。如《国务院办公厅关于国家信息化工作领导小组的通知》。（2）省略发文机关。如《关于举办第三届校园文化艺术节的通知》。（3）省略发文机关和事由，只写文种“通知”。这种写法一般只在范围比较小，内容比较简单时运用。

（二）主送机关

主送机关即受文对象，可以是一个或几个甚至所有的有关单位。根据实际情况，可单一称、泛称、递降称。普发性通知可以省去主送机关单位名称。

（三）正文

1. 批转、发布性的通知。正文包括两个部分：第一是批语或印发语；第二是批转或印发的规章或文件。批语一般比较简单，只要说明批转或印发的文件和贯彻要求就可以了。如：“现将《关于……的规定》印发（或批转、转发）给你们，请认真贯彻执行。”有些比较复杂的还要对有关规章的实施进行具体说明，或者阐述该文件的意义和重要性，以及领导机关的意见和工作指示等。批转通知和转发通知相比而言，前者更具有权威性，文件的基本精神，要求下级机关必须执行，而后者只要求参照执行。

2. 指示性通知。一般由三部分组成：缘由、事项和结尾。开头是发文的目的和根据。事项部分是主体，要把具体内容分条列项地阐述清楚，不能含糊。写作时，要分清主次，根据事项的重要程度来排列叙述顺序。结尾提出执行要求，如“请遵照执行”、“请研究执行”等。结尾也可以不写，言尽即止。

3. 告知性通知。正文由缘由和告知事项两部分组成。缘由直陈根据或原委，不必如指示性通知那样进行说理分析，因此更为简约；通知事项，只讲决定怎么办，直截了当，充分显示其关照、告知的作用，不提出执行要求，常以“特此通知”结束全文。

4. 会议通知。会议通知与其他通知的写法稍有不同。他的内容较为固定，一般包括会议目的、会议名称、会议内容（或主题）以及时间、地点、参加对象和报到的时间、地点、需要准备的材料等具体事项。写什么内容要视情况而定。譬如有的还要写上银行账号、到会的交通路线、交通工具等。会议通知的内容主要是写清楚明白，写作时要考虑周全，让有关人员知道该做什么、要怎么做。

5. 任免通知。此类通知用于上级机关需要向下级机关宣布有关人员职务任免决定时，其正文写法比较简单，主要写明：任免人员机关或会议名称、日期，被任免人员的姓名与职务。如果同时有任职和免职，就要先写免职的人，再写任职者。

（四）结尾

通知常用的结尾用语是：（以上各项）“希遵照办理”；“希参照执行”；“希依照执行”；“希贯彻执行”；“希认真贯彻执行”；“希即研究试行”。结尾用语是发出通知的上级机关对下级机关的总的要求。它必须与通知的具体要求和重要程度相适应。

（五）落款

在正文之后的右下角，标明发文机关名称和发文日期，如果发文机关已在标题中标明，落款时可以省略。

五、通知的写作原则

（一）内容单一集中。每份通知只明确说明一件事情，布置一项工作，不宜在一份通知中表述多项事情。

（二）目的明确突出。通知主要的任务是将事项交代清楚，并要突出重点，使受文机关能够正确理解，从而认真办理。

（三）措施具体明确。通知的目的是有效地指导开展工作，所提措施要具体明确，具有可行性，便于受文机关正确领会并贯彻执行。

【例文分析】

通知范文一解析

发文机关名称 发文字号：机关代字十年份十序号 标题：发文机关十事由十文种 主送机关：直接下级 正文：包含了两个层次：一是表明该规定已经国务院批准；二是现将它印发下去。 附件：是通知的重要内容，与正文具有同等效力。 发文机关： 发文时间：	国务院办公厅文件 国办发〔2008〕60号 国务院办公厅关于印发国务院办公厅主要职责内设机构和人员编制规定的通知 各省、自治区、直辖市人民政府，国务院各部委、各直属机构： 《国务院办公厅主要职责内设机构和人员编制规定》已经国务院批准，现予印发。 附件：《国务院办公厅主要职责内设机构和人员编制规定》。(略) 国务院办公厅 二○○八年七月十日

通知范文二解析

标题：发文机关十批转十被转发文件十文种 发文字号：机关代字十年份十序号 主送机关：直接下级 正文：第一段包含了两个层次：一是表明该规定已经国务院批准；二是现将它印发下去。 第二段是以电力工业是国民经济的重要基础产业来说明文件印发的缘由和重要性，就文件的贯彻执行提出了要求。 发文机关： 发文时间：	国务院批转发展改革委电监会关于加强电力系统抗灾能力建设若干意见的通知 国发〔2008〕20号 各省、自治区、直辖市人民政府，国务院各部委、各直属机构： 国务院同意发展改革委、电监会《关于加强电力系统抗灾能力建设的若干意见》，现转发给你们，请认真贯彻执行。 电力工业是国民经济的重要基础产业。在今年我国南方地区大范围低温雨雪冰冻和汶川特大地震灾害中，电力设施大面积损毁，给经济社会发展和人民群众生活造成严重影响。为保障国家能源安全和国民经济正常运行，必须采取有效措施，加强电力系统抗灾能力建设。国家电力主管部门要会同有关部门抓紧研究制订配套措施，协调推动电力系统抗灾能力建设工作。电力监管机构要严格执法，加大电力安全监管力度，督促电力企业加强安全管理，确保电力正常供应。地方各级人民政府和电力企业要高度重视这项工作，科学制订工作计划和方案，认真抓好组织实施。 国务院 二○○八年六月二十五日

通知范文三解析

标题：发文机关＋事由＋文种	**国务院办公厅关于做好强降雨防范工作的通知**
发文字号：机关代字＋年份＋序号	国办发明电〔2008〕32号
主送机关：相关直接下级	上海、江苏、浙江、安徽、福建、江西、湖北、湖南、广东、广西、重庆、四川、贵州、云南省（区、市）人民政府，国务院各部委、各直属机构：
正文：这是一篇指示性通知，第一自然段是通知的缘由，指明了问题的严重性和解决问题的紧迫性。	5月下旬以来，南方部分地区多次出现大范围强降雨天气，洪涝、崩塌、滑坡、泥石流等灾害频发，造成了严重人员伤亡和财产损失。据气象部门预报，江淮、江南、华南等地今年汛期降雨将明显多于历年水平。近日，部分地区将有暴雨和大暴雨，并伴有短时雷电大风等强对流天气。为切实做好强降雨和汛期灾害防范工作，保障人民群众生命财产安全，经国务院同意，现就有关事项通知如下：
第二、三、四、五、六自然段是通知事项，采用了常用的分条列项叙述方式，显得层次清楚，要求明确。	一、高度重视防汛工作（略） 二、切实加强预测预报（略） 三、确保水库、江河防洪安全（略） 四、严密防范山洪、滑坡、泥石流等灾害（略） 五、全面落实各项防汛避险措施（略） 六、全力以赴做好各项救灾工作（略）
发文机关： 发文时间：	国务院办公厅 二〇〇八年六月十一日

写作模板

NO ××××××　　　　　　　　　　　　　××★×年

××

□□□□□□□文件

×发〔××××〕××号

关于________________的通知

________________：

____。

____。

____。

附件：1. __________

2. __________

__________（盖印）

二〇〇×年×月×日

主题词：×× ×× ××

抄　送：__________，__________，__________。

200×年×月×日印发

No××××××　　　　　　　　　　机密★×年
特　急

国务院办公厅文件

国办发〔2008〕60号

（发文字号：3号仿宋体，下行、平行文居中，上行文居左；年份：应标全称，用六角括号“〔〕”不用圆括号；序号不编虚位，不加“第”字）

（若是上行文应注明签发人，3号楷体，居右）

（标题：与文号空两行；标题＝（发文机关）＋介词＋事由＋文种；除法规、规章名称加书名号外，一般不用标点符号；2号小标宋体）

国务院办公厅关于印发国务院办公厅主要职责内设机构和人员编制规定的通知

（正文与标题空一行）

各省、自治区、直辖市人民政府，国务院各部委、各直属机构：

（主送机关全称或规范化简称、统称）

（正文：3号方正仿宋体，一般22行×28字＝616字；层次结构序数：“一、”、“（一）”、“1.”、“（1）”）

《国务院办公厅主要职责内设机构和人员编制规定》已经国务院批准，现予印发。

附件：《国务院办公厅主要职责内设机构和人员编制规定》（略）（附件序号用阿拉伯数字，用下圆点符号；附件名称后面不加标点符号）

国务院办公厅

二〇〇八年七月十日

（单一机关制发的公文不署发文机关名称；必须加章印章；用小写汉字标识成文时间；联合行文每排最多盖3个印章，并在最后一排印章之下右空2字标

识成文日期）

（如果是上行文，需要留联系人姓名和电话）

（不能为空页，不能标注“此页无正文”，通过调整行间距或者字距解决空页问题）

（主题词＝类别词＋类属词＋文种；词目一般 3—5 个，新编词目加“△”；主题词和发送范围居底；“主题词”三个字用 3 号黑体，居左顶格标识；词目用 3 号小标仿宋体；词目之间空 1 字）

主题词：职责 机构 编制 通知

抄送：××××××

（左空 1 字，用 3 号仿宋体标识“抄送”；抄送机关用逗号隔开，回行时与冒号后的抄送机关对齐；只有抄送和分送，没有抄报）

国务院办公厅办公室　　　　2008 年 7 月 10 日印发

【病文分析】

××市公共汽车总公司关于进行职业道德教育的通知

各部门：

今年一月以来，公司开展了一系列以职业道德为主要标志的活动，各部门纷纷行动起来，采取各种各样的形式开展这一活动，在公司上下掀起了“爱我岗位，全心全意为乘客服务”的热潮。通过学习，许多干部职工明确了职责，服务质量不断提高，受到了乘客的普遍好评，收到了良好的社会效益。但是仍然存在不少问题，有的乘务员对顾客态度冷漠，对他们的询问不理不睬；有的不按规定线路行车，给乘客带来很多不便，最近还发生了 111 号车乘务员王某殴打乘客的恶性事件，造成了极其恶劣的影响。这说明，在当前进一步深入开展职业道德教育十分必要。现将有关材料发给你们，望组织职工认真学习，不断提高干部职工的职业道德水平。

××市公共汽车总公司

二〇〇八年八月十四日

评析：这是一个事务性通知，其主要毛病是本末倒置，没有抓住重点，致使下级不知如何贯彻执行。

作为事务性的通知，要让人知道为什么做、做什么，更重要的是怎样做。

但该文对于通知的中心，即“怎样做”基本上没有涉及，而将大量篇幅用在了分析情况上。这虽然能在一定程度上说明“为什么做”的道理，但没法使受文者把工作真正落实。因此，要将重点放在“怎样做”上，即在“现将有关材料发给你们，望组织职工认真学习，不断提高干部职工的职业道德水平”这一事项部分。要对职业道德教育的具体要求、安排等事项做出充分的说明（如学习方式、时间安排、保证措施、检查学习效果的方法等），使人有章可循，方便贯彻执行。此外，由于内容复杂，采用篇段合一结构不利于内容的条理化，可将通知内容进行轻重缓急处理，然后将有关事项分条列项，逐一说明。

第二节　通　报

一、通报的概念

通报是“适用于表彰先进，批评错误，传达重要精神或者情况”的公文。通报的主要目的在于传播信息，沟通情况，交流经验，是一种具有较强教育作用和指导作用的下行文。

二、通报的特点

（一）教育性

通报的目的或是表彰先进以号召学习，或是批评错误使人引以为戒，或是传达情况以了解上级精神，都是为了宣传上级方针政策，教育广大群众。

（二）真实性

通报在使用过程中，不管传播信息，还是沟通情况，真实性是其生命。所以在写通报时，对正反面的事实都应核实，做到准确无误，没有水分。内容上侧重通过事实与数据来表达作者的观点。

（三）典型性

通报通过对典型人物、事例的表扬、批评、倡导、宣传，来发扬通报的教育意义。

（四）政策性

不管是表扬性通报还是批评性通报，都要以党和国家的方针、政策、路线为依据，必须符合国家的相关政策。

三、通报的分类

根据通报的内容和用途，可分三种：

1. 表彰性通报

用于表彰先进集体、先进个人、先进事迹等，目的是为了树立榜样，号召下级学习先进，推广典型经验。例如《北京市人民政府关于表彰2008年度政绩突出单位的通报》。

2. 批评性通报

用于批评坏人坏事，对反面事例进行披露，目的是惩罚坏人和告诫其他人，以吸取教训，引以为戒。例如《教育部办公厅关于近期几起中小学安全事故的紧急通报》。

3. 情况通报

用于传达重要精神或者情况，以引起人们的警觉和注意，对当前的工作起指导作用。例如《关于210国道文明样板路建设检查验收情况的通报》。

四、通报的写法

（一）标题

1. 完全式。即规范式写法，标题的三要素俱全。例如《国家统计局、国家计委、国家经贸委关于上半年全国工业经济效益情况的通报》。

2. 省略发文机关。例如《关于严肃处理×××违法乱纪案件的通报》。

（二）正文

通报的正文因类别的不同，写法也不一样。

1. 表彰性通报

这类通报正文一般由介绍先进事迹、分析评价事迹的意义、作出表彰决定、提出希望要求四部分组成。首先，介绍被表彰对象的先进事迹，用概括性的语言写明事情的经过、结果，写作时注意突出中心内容和感人之处；其次，分析评价所表彰人物的品德或事件的意义；第三，作出表彰奖励决定；最后，提出希望和要求，发出向先进典型学习的号召。

2. 批评性通报

这类通报正文一般由错误事实、根源和教训、处理决定、希望和要求四部分组成。首先，简明扼要地写清楚被通报单位或个人的主要问题、情节及错误的性质、原因等；其次，全面中肯剖析错误事实的性质和危害，挖掘错误的思想动机及根源，提出应吸取的教训；第三，陈述所通报错误、问题或事故的处理意见和决定；最后，在此基础上提出告诫性要求，希望大家吸取教训，引以为戒。

3. 情况通报

一般由缘由、概述情况和提出要求三部分组成。根据实际情况对具体情况作出概括介绍和分析，肯定好的方面，找出存在的问题。同时对工作提出指导性意见，并对下级提出希望和要求。

（三）落款

在正文之后的右下角，标明发文机关名称和发文日期，如果发文机关已在标题中标明，落款时可以省略。

五、通报的写作原则

（一）及时、快速。通报具有较强的时效性。因为通报的内容都是新发生的事件和情况，与推动当前中心工作密切相关，因此，必须不误时机，否则，时过境迁，就失去通报的价值。

（二）材料必须新颖、典型、具有代表性。通报必须选择新颖、典型、具有代表性的人与事，选择与中心人物有关的重大情况和事项，使人周知，引起重视和警惕，从而对工作有所启示和推动。

（三）采取叙述和议论相结合的手法。事实叙述要概括，真实感人；分析要精辟，入情入理，从而达到通报的倡导和鉴戒作用。事实的介绍与评析，可以先叙后议，亦可叙议相结合。只叙述不议论，通报就没有深度；而只议论不叙述，通报就流于空乏、平淡。只有把叙述与议论有机地结合起来，才能使通报有血有肉，有说服力。

六、通知与通报的区别

（一）内容范围不同。通知的内容是印发、转发和批转文件，安排部署工作的；而通报的内容则是现实生活中具体的正反事例和客观实际情况。

（二）目的要求不同。通知是要求办理、执行的，有严格的约束力；而通报则是要求了解情况和精神的。

（三）制作时间不同。通知是事前发文，通报则是事后发文，即事前通知，事后通报。

（四）表述方法不同。通知的写作手法是直叙式，告知人们做什么，怎么做，具体明白，语言朴实；而通报的表现方法则常常用叙述、说明和议论。

【例文分析】

通报范文一解析

发文机关标识 发文字号：机关代字＋年份＋序号	**中国民用航空局文件** 民航局发〔2008〕1825号
标题：发文机关＋事由＋文种	**民航局对在前一阶段抗震救灾工作中表现突出的通用航空单位的表彰通报**
主送机关：直接下级	各地区管理局、监管办、各航空公司、各机场公司、学院、局属各企事业单位、中国航空运输协会通用航空委员会：
正文：第一段总体评价各通用航空企业的抗震救灾工作	自5月12日四川省汶川地区发生8.0级特大地震灾害以来，各通用航空企业坚决贯彻落实党中央、国务院的指示精神，按照民航局的统一部署，积极投入到抗震救灾工作中。
第二段介绍受到表彰的东方通用航空公司等6家通用航空企业和民航各地区管理局、空管局等单位在空投物资和运送伤员抗震救灾工作中的先进事迹，并用了大量的数字对先进事迹加以说明佐证，更具有说服力。	5月14日晚，东方通用航空公司、中信海洋直升机股份有限公司、南航珠海直升机分公司、中国飞龙专业航空公司、江苏华宇通用航空公司、新疆开元通用航空公司6家通用航空企业接到民航局关于调集直升机执行空投物资和运送伤员等救灾任务的紧急通知后，公司领导高度重视、行动迅速，不计损失、不讲代价，把抗震救灾急需的、正在履行作业合同的大、中型直升机连夜调往四川广汉，参加抗震救灾工作。在此过程中，民航各地区管理局、空管局、民用直升机抗震救灾指挥部以及相关保障单位加班加点，充分发挥组织、指挥及保障作用，为参与救灾直升机的及时到位做出了积极的贡献。到目前为止，民航执行空投物资和伤员运送任务的32架直升机共飞行143架次，运送伤员1157人，运送救灾物资66.8吨。此外，中国民航飞行学院、东方通用航空公司、四川奥林通用航空有限公司、北京泛亚通用航空有限公司还先后出动了5架飞机、直升机，执行灾区的空中指挥勘查、航空摄影、航空拍摄任务，共飞行58小时、47架次，为抗震救灾提供了珍贵的影像资料和指挥决策依据。
第三段介绍了受到表彰的新疆通用航空有限公司、四川三星通用航空有限公司等通用航空企业在灾后疫情防治方面的先进事迹。	为充分发挥通用航空在灾后疫情防治方面的优势与作用，按照中国民用航空局（简称“民航局”）的部署安排，新疆通用航空有限公司、四川三星通用航空有限公司、贵州双阳通用航空公司、武汉直升机有限公司、海南亚太通用航空公司、河南蓝翔通用航空有限公司、湖北楚天通用航空有限公司、荆门通用航空有限公司、荆州同诚通用航空有限公司、上海和利通用航空有限公司等通用航空企业积极备战，已做好了专业人员、飞机及相关设备的准备工作，随时投入疫情防治工作。应四川省人民政府的要求，荆州同诚通用航空有限公司、上海和利通用航空有限公司已有2架直升机赶赴灾区，参加疫情防治工作。

（续表）

第四段介绍了中国航空运输协会通用航空委员会在参加抗震救灾的先进事迹。 第五段是对受到表彰的各通用航空单位先进事迹意义的分析评价，作出表彰决定，并表达了敬意和感谢。	中国航空运输协会通用航空委员会作为通用航空行业民间组织，在灾害发生后积极发出倡议，动员会员单位踊跃参加抗震救灾，充分发挥了行业协会的组织、协调和联系作用。 在地震灾害面前，各通用航空单位充分发扬特别能吃苦、特别能战斗的光荣传统，顾全大局、勇于奉献，充分展现了通用航空队伍过硬的政治素质、高度的社会责任感和坚强的战斗力，为抗震救灾工作做出了积极的贡献，得到了党中央、国务院的充分肯定。在此，民航局对以上通用航空单位提出表彰！向奋战在抗震救灾第一线的通用航空全体干部职工表示崇高的敬意！向给予通用航空单位有力保障的民航干部职工表示衷心的感谢！
第六段对各通用航空单位及全体职工提出希望和要求。	目前，抗震救灾仍处在关键阶段，通用航空在紧急救援、物资运送、疫情防治、空中指挥勘查等方面还将发挥重大作用，还将有大量艰苦的工作。希望各通用航空单位及全体职工加倍努力，再接再厉，坚决服从统一指挥和调度，全力以赴，安全、高效地做好各项工作，为夺取抗震救灾的最后胜利做出应有的贡献！
发文机关： 发文日期：	中国民用航空局 二〇〇八年五月二十二日

通报范文二解析

发文机关标识 发文字号：机关代字+年份+序号	**国务院国有资产监督管理委员会办公厅文件** 国资厅发研究〔2007〕53号
标题：事由+文种 主送机关：直接下级	关于对商业技能鉴定和饮食服务中心的通报 各直管协会、事业单位：
正文：第一段总体评价国资委联系的行业协会和事业单位所作出的积极贡献。	国务院国资委成立以来，按照党中央、国务院关于建立社会主义市场经济原则和要求，支持所联系的行业协会和事业单位自主开展活动。我委联系的行业协会和事业单位能够适应改革形势，解放思想，开拓进取，在行业中逐步树立了自己的地位和形象，为完善我国社会主义市场经济体制、搞好行业自律、规范市场秩序作出了贡献。

（续表）

第二段介绍了商业技能鉴定和饮食服务中心违规冠名和刻制印章的错误事实，并进行了评价，给予了通报批评。	在大多数行业协会和事业单位锐意改革创新、加强自律、规范运作的形势下，仍有个别单位只顾局部利益，不顾大局，无视规定，影响了国资委的声誉和形象。中国商业联合会代管的商业技能鉴定和饮食服务中心，从2005年6月始，在印发的文件、通知、证书、培训业务使用的公文纸和本单位网站相关栏目上，将“国务院国资委”字样冠名在该中心名称前，违反了我委多次重申的关于行业协会、事业单位不得在本单位名称前标注“国务院国资委”字样的规定。经查实，该中心未经批准，于2005年擅自刻制了不符合该中心全称的“商业技能鉴定中心”印章，在文件和商务职业资格证书上使用。由于受到外界置疑，于2006年3月销毁了该印章。该中心的两项错误，在一定程度上损坏了我委对所属社团和事业单位严格管理的形象，也造成了行业培训的混乱局面，在社会上造成了不良影响，特通报批评。
最后，在此基础上提出告诫性要求，希望大家吸取教训，引以为戒，应作出积极的贡献。	请各委管协会、事业单位以此为戒，在开展业务活动时，认真执行国务院和主管部门的有关规定，注意加强内部管理和制度建设，为行业发展、净化市场和建设和谐社会作出更大贡献。
发文机关：	国务院国有资产监督管理委员会办公厅
发文日期：	二〇〇七年六月四日

写作模板

NO ××××××　　　　　　　　　　　　　　　　　　　　××★×年

××

□□□□□□□文件

×发〔××××〕××号

关于____________________的通知

____________________：

____。

____。

____。

附件：1. __________

2. __________

__________（盖印）

二〇〇×年×月×日

主题词：×× ×× ××

抄　送：__________，__________，__________。

____________________　　200×年×月×日印发

【病文分析】

关于王××的通报

各系、处、室，各班级：

我院2006级计算机班学生王××，2007年12月20日中午到学院食堂吃饭的时候，看到排队打饭的人多，就要强行插队打饭，有同学劝他要遵守纪律时，他还大声说："关你屁事！"一位纠察队员走过来阻止他，他不管三七二十一，拿起搪瓷饭碗打在纠察队员头上，致使那位纠察队员头部受伤。王××的行为引起了在场其他同学的公愤，有人甚至叫嚷要把他拉到派出所去关押起来。

据查，王××平时学习也不够刻苦，上学期期末考试有一科仅得60分。

经院领导研究决定，给予王××记大过一次处分。

希望广大同学以此为戒，努力学习，争取在学年考试中取得好成绩。

××职业技术学院

二〇〇八年五月十日

评析：这篇通报的毛病有：

1. 标题不够具体明晰。应该把事由写完整、写清楚。改为"关于王××违纪打人的处分通报"较好。

2. 语言欠提炼修饰。如："他还大声说：'关你屁事！'"、"他不管三七二十一"等，都比较粗俗，不符合公文语言的简练、庄重的要求。

3. 对王××错误的性质没有给予明确的评价。

4. 有些材料不是主旨需要的。通报的主旨是想通过对王××的严重违纪伤人的事例的处分，教育学生增强纪律性和道德修养。但其中却写入了"王××平时学习不刻苦"、"上学期期末考试有一科仅得60分"的事实，这显然是不合适的。如果王××在平时也有违反纪律的事实，则可以作为背景资料写上，因为这有利于突出主旨，增强通报的教育意义。

5. 制发不适时。王××打人的事情发生在2007年12月20日，但到了2008年5月10日才通报处分，显然是太迟了。

这些毛病的存在有损于通报教育意义的发挥。

第三节　公　告

一、公告的概念

公告是“适用于向国内外宣布重要事项或法定事项”的公文。公告是公布性公文，旨在使国内外公众周知，内容一般比较简单，多需要广泛迅速宣传，属下行文种。

公告一般由较高级别的领导机关，如全国人民代表大会、国务院、各省、市人民政府及人大发布，或者授权新华社制发，基层单位不能滥用。

二、公告的特点

（一）发布范围的广泛性

公告可以向国内外发布，其他文种只向国内一定范围内发布。

（二）发布内容的重要性

公告多用于宣布重大消息或法定事项，一般的消息或事项不用公告。

（三）发布内容的新闻性

公告所宣传的都是国内外的重大事件，其本身就具有很强的新闻价值，传递出去就是重大的消息。

三、公告的分类

根据内容的不同，公告可以分为两类：

（一）发布性公告

依法颁布重要法律，宣布重大决定。如实施重要决策、举行重要会议、形成重要决议或决定等。

（二）告知性公告

告知出现重大人事变动，发生为世人瞩目的重要事件等。如告知领导人出访、重要领导人病危逝世、涉及国内外有关方面的重要规定或重大行动。

四、公告的写法

（一）标题

1. 完全式。即由发文机关、事由和文种组成。如《中国人民银行关于国家货币出入境限额的公告》。

2. 省略事由。即由发文机关和文种组成。如《中华人民共和国国土资源部公告》。

3. 省略发文机关和事由。即只写“公告”两字作为标题，但是一定要在落款处注明发文机关。

（二）发文字号

公告的发文字号有的使用流水号，如“第一号”、“第 21 号”，即表示该届人大或政府所发公告的顺序号。有的公告则没有发文字号。

（三）主送机关

公告是公开发布的，一般不必写主送机关。

（四）正文

正文一般包括依据、事项、结语三个部分。

1. 公告的依据。写明发布公告事项的依据、缘由或目的，说明为什么要制发这个公告。

2. 公告的事项。写明发布公告事项的内容，包括时间、地点、人物、主要情节、结果、立场、态度等等，要具体明确，使人一目了然。

3. 公告的结语。常用“特此公告”、“现予公告”做结语。

（五）落款

在正文之后的右下角，标明发文机关名称和发文日期，如果发文机关已在标题中标明，落款时可以省略。

五、公告的写作原则

（一）公告的作者通常是国家领导机关，地方机关、基层单位、群众团体不制发公告。

（二）公告的内容要求是庄重、严肃的重大的事项。公告是用以向国内外宣布重大事项或者法定事项的严肃性文件，不能随意滥用。

（三）一份公告只公布一项专门事件或事项。

（四）公告的语言要求准确、通俗和简明。

【例文分析】

公告范文一解析

标题：发文机关＋文种	**中华人民共和国全国人民代表大会公告**
发文字号：流水号。	（第六号）
正文直陈其事，宣布会议选举结果。	第十一届全国人民代表大会第一次会议于 2008 年 3 月 16 日选举曹建明为中华人民共和国最高人民检察院检察长。
公告常用结束语	现予公告。
发文机关：	中华人民共和国第十一届全国人民代表大会第一次会议主席团
发文日期：	二〇〇八年三月十六日于北京

公告范文二解析

<table>
<tr><td>标题：发文机关＋事由＋文种</td><td>四川省利用世界银行贷款西部地区基础教育发展项目招标公告
信贷编号：7194－CHA
招标编号：WHGN2007－058</td></tr>
<tr><td>正文：开头部分重点介绍发布公告的合法性、招标项目及投标的条件。主体部分对投标相关事宜，分条开列，周密详尽。</td><td>1. 湖北设备工程招标有限公司受权利用世界银行贷款/英国政府赠款，就下列中小学仪器设备的采购进行国内竞争性招标。所有符合《世界银行贷款项目国内竞争性招标采购指南》规定的投标人均可参加投标。本次招标以整包为单位进行投标。
2. 招标内容：
IFB1 信息设备（5 包）、IFB2 物理电教设备（6 包）、IFB3 科学生化器材（4 包）、IFB4 药品玻璃数学地理器材（3 包）、IFB5 音体美器材（3 包）。
3. 标书发售时间从 2008 年 7 月 18 日起（节假日除外），在湖北设备工程招标有限公司公开出售。标书售价每包 300 元人民币，售后不退。如欲邮购，另加邮费 50 元人民币。
4. 所有投标书都应附有投标总金额 2%的投标保证金；投标书应于 2008 年 8 月 18 日上午 9：30（北京时间）前递交到四川省成都市新南路成空第一招待所。
5. 兹定于 2008 年 8 月 18 日上午 9：30（北京时间），在四川省成都市新南路成空第一招待所公开开标。届时请参加投标的代表出席开标仪式。</td></tr>
<tr><td>结尾告知联系方式、联系人、地址、电话和银行账号等。行文规范，符合文种要求</td><td>招标机构：湖北设备工程招标有限公司
地址：湖北省武汉市水果湖东一路 7 号
邮编：430071　开户银行：市商行洪山路支行 890015
电话：(027) 87273562　87899029
银行账号：0120108006581
传真：(027) 87273536　87273507
联系人：余新民　朱其重</td></tr>
</table>

写作模板

关于______________________的公告

（第×号）

为____________，____________，____________。现就有关事项公告如下：

一、____
______________________。

二、____
______________________。

特此公告。

________（盖印）

二〇××年×月×日

中华人民共和国全国人民代表大会公告

（第六号）

第十一届全国人民代表大会第一次会议于2008年3月16日选举曹建明为中华人民共和国最高人民检察院检察长。

现予公告。

中华人民共和国第十一届全国人民代表大会第一次会议主席团

二〇〇八年三月十六日于北京

【病文分析】

关于实行交通管制的公告

首届“桃李杯”马拉松赛将于2008年9月15日上午8时至下午1时在本市举行。为保证赛事的顺利进行，届时将对环市路、江滨路、诗书南路、教育北路、桃园中路实行交通管制，除警备车、救护车、消防车、工程保险车外，禁止其他车辆通行。

××市公安局（公章）

评析：

1. 公告的标题未能概括正文公告事项，应改为“关于对环市路等路段实行交通管制的公告”。

2. 作为公安局发布的公告应有发文字号，应添加上去，如“第×号”，使公文更加规范。

3. 此公告缺少发布的依据，应将经何部门批准的情况写上去，如“经市政府批准”。

4. 对每一路段实行交通管制的时间没有明确说明，市民将无法遵守。

5. 公告中交通管制的内容只涉及交通车辆，至于行人以及其他非机动车辆等是否在管制范围之内没有说明。

6. 管制期间，需要经过该路段的车辆应改道哪些路段行驶没有说明。

7. 在公告正文末应加上一句对市民群众的希望和要求，如“请广大群众给予理解和配合”。

8. 公告结尾应另起一行空两格加上“特此公告”。

9. 公告缺少发文时间，应加上去。

第四节 通 告

一、通告的概念

通告是“适用于公布社会各有关方面应当遵守或者周知的事项”的公文。通告是机关单位广泛使用的公文，属于下行文。

二、通告的特点

（一）内容的专业性

通告所公布的内容往往是社会某一部门就相关问题在一定范围内让人民群众指导或遵守的事项，它涉及公安、金融、交通、房产等社会各部门。

（二）发布的独特性

一般来说，公文是通过文本形式印发的，而通告具有告知性，常公开张贴或登于报刊，可以不用红头文件印发。

（三）事项的法规性

通告所公布的事项往往由各级权力机关、行政机关以及司法机关发布的，其相关事项多是应当遵守的，带有明显的约束力。有些通告具有强制执行的效用，在某种情况下具有法律效力，各单位和个人都必须严格遵照执行。

三、通告的分类

（一）制约性通告

此类通告，主要是在一定范围内，为保证某一事项或某一活动的正常进行或开展，发布规范性措施，要求有关单位或个人遵照执行。

（二）知照性通告

此类通告主要是需要有关单位和个人遵守或知晓某件事情。它的约束力较小，不具有法规性作用。

四、通告的写法

（一）标题

1. 完全式。即由发文机关、事由和文种组成。如《合肥市人民政府关于加强城市交通管理的通告》。

2. 省略事由。即由发文机关和文种组成。如《合肥市人民政府通告》。

3. 省略发文机关。即由事由和文种组成。如《关于节约用水的紧急通告》。

4. 省略发文机关和事由。即只写“通告”两字作为标题。

（二）发文字号

通告的发文字号由发文机关代字、年份和发文顺序组成。由于通告的发布形式较为灵活，既可以文本的形式发文，又可用张贴的形式发布于众，还可在电视、报纸上发布，如以张贴的形式或在报纸、电视上发布的通告往往不需要发文字号。

（三）主送机关

像公告一样，通告一般也不写主送机关。

（四）正文

正文一般由缘由、事项和结尾组成。

1. 缘由。简明扼要地写明发布通告的原因、意义或依据，后面有明显的过渡，如“特此通告如下”，引起下文。

2. 事项。即通告的具体事项或规定，是通告的主要部分，具体写明遵守或周知的事项，一般分条款来写。

3. 结尾。一般用“特此通告”、“此告”、“以上通告望遵照执行”等习惯用语结尾，也可以说明执行期限和有效范围，联系电话、咨询电话等。

（五）落款

在正文之后的右下角，标明发文机关名称和发文日期。

五、通告的写作原则

（一）要有政策观念。通告事项要符合政策规定，确保不与现行政策矛盾。

（二）要一事一文。通告的要求要具体，突出中心，要明确规定“允许做什么、不允许做什么”，“不能做什么”。

（三）语言要通俗易懂。带有专业性的通告，使用专门术语时要尽量选择大多数人熟悉的行业术语。

六、公告与通告的异同

公告与通告都是告知性的文书，写法上有相似之处，但两者有明显的不同：

（一）内容属性不同

公告用于“向国内外宣布重要事项或者法定事项”，兼有消息性和知照性的特点；与公告相比，通告的内容是“在一定范围内应当遵守或周知的事项”，具有鲜明的执行性、知照性。

（二）告知的范围不同

公告面向国内外的广大读者、听众，告知面广；通告的告知面则相对较窄，只是面向“一定范围内的”有关单位和人员。

（三）使用权限不同

公告通常是党和国家高级领导机关宣布某些重大事项时才用，新华社、司法机关以及其他一些政府部门也可以根据授权使用公告；而通告则适用于各级行政机关和企事业单位。

（四）发布方式不同

公告主要通过报纸、电台、电视台向国内外发布，一般不予张贴；而通告既可以用张贴形式，也可以通过报纸、电台、电视台发布。

【例文分析】

通告范文一解析

标题：事由十文种 发文字号：流水号	关于授予税控收款机产品生产资质的通告 （第26号）
主送机关：直接下级。	各省、自治区、直辖市和计划单列市信息产业主管部门，新疆生产建设兵团信息化工作办公室：
正文：说明发布通告的原因、依据，过渡到通告事项部分。并以专用语“现予以公布”结束。	依据《税控收款机生产企业资质管理办法》（信息产业部令第29号），我部对近期受理的申报税控收款机产品生产资质的企业进行了认真审查。经专家评审、现场核查和网上公示，认定西南计算机有限责任公司具备金融税控收款机生产资质。现予以公布（企业名单详见附件）。
附件：	附件：授予税控收款机产品生产资质的企业名单
发文机关：	工业和信息化部
发文日期：	二〇〇八年五月十五日

通告范文二解析

标题：事由十文种	关于进一步加强寄递物品安全监管工作的通告
正文：开篇简要说明发布通告的原因、目的，继而用“现就加强寄递物品安全监管工作的有关事项通告如下”引出通告的主体内容。	为切实维护奥运会和残奥会期间的寄递物品安全，规范寄递市场经营秩序，保障国家利益和人民生命财产安全，现就加强寄递物品安全监管工作的有关事项通告如下：
主体部分分八条明确规定了“严禁做什么”和“应该如何做”。条理清楚，主旨突出，规定具体，预期严肃，较好体现了制约性通告的强制性特点。	一、确保寄递物品安全是邮政企业、其他寄递服务企业与全体社会公众的共同责任和义务。 二、邮政企业和其他寄递服务企业对寄件人交寄的信件以外的物品必须当面开启验视内件，确认安全后方可收寄。…… 三、邮政企业和其他寄递服务企业在收寄物品时，应要求寄件人出示有效身份证件，并认真登记寄递物品和收寄件人信息，主动配合国家有关部门的安全查验。…… 四、邮政企业和其他寄递服务企业应按照“谁经营，谁负责”的原则，向当地邮政管理部门提交安全运营承诺书，并在企业内部逐级签订安全生产责任书，切实将安全生产责任落实到人。…… 五、邮政企业和其他寄递服务企业应进一步明确收寄、分拣、运输、投递等环节的交接手续，建立健全收寄物品安全查验等制度，并报邮政管理部门备案。…… 六、邮政企业和其他寄递服务企业应设立必要的安全生产检查设施，完善相应的安全运营规章制度，认真组织开展安全自查。…… 七、邮政管理、国家安全、公安、交通运输、商务等部门将加大对寄递服务市场和各寄递服务企业的监管力度，保护合法、纠正违规、打击违法、取缔非法。…… 八、任何公民、法人和其他组织不得交寄国家法律法规及有关部门禁止寄递的各类物品。……
专用语“特此通告”结束。	特此通告。
发文机关：六个部门联合发文。	国家邮政局 国家安全部 公　安　部 交通运输部 铁　道　部 商　务　部
发文日期：	二〇〇八年七月十日

写作模板

关于________________________的通告

（第×号）

为____________________，____________________，特通告如下：

一、____
____________________________。

二、____
____________________________。

特此通告。

________（盖印）

二〇〇×年×月×日

主题词：×× ×× ××

____

抄　送：________，________，________。

____

____________________　　　　20××年×月×日印发

【病文分析】

关于加强交通管理的通告

为整顿治安秩序，加强交通管理，经市政府批准，对市区车辆行驶实行统一管理，特通告如下：

1. 除公交车及小轿车外，其他机动车辆白天一律不得驶入市区。

2. 轻骑、摩托车行使一律要有安全措施，严禁自行车带人。

3. 非残疾人不得骑乘残疾车。

4. 凡在市区行驶的车辆一定按交通部门规定的时速行驶；严禁酒后驾车或无证驾驶。

5. 严禁在道路两侧摆摊设点，不得在道路上晒谷扬场，不准设置路障。

6. 车辆停放一定要在指定地点，途中临时停车不得超过5分钟。

7. 服从交通值勤人员管理。

上述通告望遵照执行，对违反上述通告者由公安、交通部门依照有关规定进行处理。

××市公安局（公章）
××市交通局（公章）
××××年×月×日

评析：

1. 标题事由未能概括正文通告事项内容。正文内容是针对市区交通管理而制订的，相应标题应改为“关于加强市区交通管理的通告”，正文也须是“为加强市区交通秩序”。

2. 规定事项不具体明确。第1项中的“白天”时间不具体，要明确具体的起、止时间。第2项中的“安全措施”较笼统，应突出强调要“戴安全帽”。第5项中的“道路两侧”范围不确定，应是“道路两侧人行道上”。

3. 语言不准确。第3项可并入第2项。第4项“按交通部门规定的时速行驶”可删“交通部门”。第5项中“不得在道路上晒谷扬场，不准设置路障”改为“不得在公路上设置路障、晒谷扬场”。第6项中“途中临时停车不得超过5分钟”一句删去。

4. 语言不精炼。如最后一句可删去“对”、“上述通告”、“进行”。

5. 各事项前的阿拉伯数字应改写为汉字。

本章小结

通知、通报、公告和通告都属于《国家行政机关公文处理办法》（国办发〔2000〕23号文件）中所规定的行政公文文种，属于知照性公文。知照性公文是向有关方面告知情况、关照事项的公文。撰写通知、通报、公告和通告，首先要正确理解他们的不同功能，熟悉通知、通报、公告和通告的写作格式和写作注意事项，熟记它们格式的数据在载体上的排列顺序，必须做到格式符合标准。根据所撰写的内容、行文关系，恰当地选择文种，拟好标题，确定发文字号。准确选择主送单位和抄送单位。撰写通知、通报、公告和通告的正文时，开头要根据需要写导语，正文事项要条理清楚，不能交叉。语言要准确、简明、得体。

思考与练习

一、问答题

1. 通知的概念及特点是什么？

2. 通报有哪几种？主体部分应涉及哪些内容？

3. 通知与通报的区别是什么？

4. 什么叫公告？公告有哪些特点？

5. 通知与公告的区别是什么？

6. 写公告要注意哪些问题？

7. 通告的概念和特点是什么？

8. 通告和公告的联系与区别是什么？

二、模拟练习

1. 根据下面材料，请按"通知"格式和要求，代某省政府办公厅起草一份"会议通知"。

省政府决定，于今年8月15日在省政府会议中心召开全省环境保护工作会议。会期三天，参加人员为各市、县人民政府分管环境卫生保护工作的领导、环卫局长、省直有关单位负责人。

2. 根据下面的内容写一则通报。

2008年×月×日上午9时左右，合肥市××鞋厂的青年工人刘建国在骑自行车上班途径合肥市宁国北路时，看见一个歹徒抢了一位女青年的皮包后逃走。小刘跳下车截住歹徒并把他抓住，但却被另一个随后接应的歹徒从背后扎了一刀，小刘手臂受伤，仍紧紧抓住歹徒不放。最后，闻讯而来的几位民警和保安人员把两个歹徒都抓获了。

合肥市××鞋厂决定给予刘建国通报表扬，并发给奖金8000元。

4. 根据以下材料拟写一份通告。

××省教育厅、公安厅为了维护学校的正常秩序，保障广大师生员工的人身安全，保证学校教学工作的顺利进行，发了一份通告。通告的具体内容为：没有经过学校允许，无关人员不可以随便进入学校。对那些寻衅滋事，殴打、侮辱师生员工，抢劫师生员工财物，严重破坏学校秩序的犯罪分子，要坚决打击，依法惩处。任何单位和个人不准随便侵占学校的土地、校舍、操场以及学校的附属设施，不准到学校里面放牧、取土、采石、种植或占用学校场所搞其他活动。不准破坏学校校舍、教学设备和环境卫生。不准堵塞学校的道路，污染学校的水源，卡断学校的电路，强行从学校通过。禁止各种商贩到学校里或者在学校门口摆摊叫卖。严禁翻印、出售、传抄、传阅反动淫秽书刊和播放反动、黄色歌曲。这份通告要求在公布之日起正式施行，对违反本通告的人，经教育又不听者，根据其情节轻重，将依法给予处理。通告发布的日期为2008年×月×日。

第七章　指挥性公文

【知识点】掌握指挥性公文的概念，理解指挥性公文的特点，掌握公文格式。
【能力点】熟悉指挥性公文的结构和写法，体味指挥性公文的例文，模拟写作。

第一节　命　令

一、命令的概念

命令和令同属于一个文种，令是命令的简称。《办法》规定：命令（令）“适用于依照有关法律公布行政法规和规章；宣布施行重大强制性行政措施；嘉奖有关单位及人员”。

命令（令）的发布，一定要根据《中华人民共和国宪法》和《地方各级人民代表大会组织法》的规定：只有全国人民代表大会常务委员会委员长、中华人民共和国国家主席、国务院总理、各部部长、各委员会主任可以发布命令。其他任何机关（包括党的组织）不得使用。当然在处理重大紧急事务的时候，如救灾抢险等，地方县以上领导机关，偶尔也可以使用这一文种。

实际工作中，命令多由文件明文规定的市地级以上政府及其首脑使用。

二、命令的特点

（一）强制性

这是命令（令）的主要特点。因为命令（令）的内容涉及的一般都是重大事件，它们的发布是以有关法律和法令为依据的，带有明显的强制性。命令（令）集中而强烈地体现了国家权力机关及其执行机关的指挥意图，下级机关和所属人员必须无条件地服从和执行，不能随便对待，更无权随意改动、删改和扣压。违抗命令（令）或延误执行都将受到严肃处理，甚至惩罚。这就是所谓的“令行禁止”。例如，2008 年 10 月 31 日《国务院中央军委关于 2008 年冬季征兵命令》，地方各级政府和各级军事机关必须严格执行。

（二）法规性

当命令（令）作为颁布法律、法规、规定等重大措施的文种时，虽然它本身不是法律或法规，但它可以确定法律、法规的生效日期和施行范围，因此它也具有法律的效力，具有法规的约束作用，可以说命令（令）具有法规性。

（三）严肃性

命令（令）涉及的一般都是重大、重要事项。它们的发布是以有关法律和法令为依据的，有相当的尊严。一旦下达就必须遵守，不能随意更改。

三、命令的种类

根据《办法》规定，命令（令）可分为发布令、行政令和嘉奖令三种。各种命令的内容和使用范围都有所不同。

（一）发布令

发布令用来发布依照有关法律制定的法律和规章。省市（包括全国人民代表大会授权的市）以上人民代表大会及其常务委员会所通过的法律，市以上政府机关制定的行政法规如细则、条例、办法等，都可以用命令（令）来发布。

命令范文一解析

标题：事由十文种 发文字号：流水号 主送机关：直接下级。 正文：说明发布命令的原因、依据。 发文机关： 发文日期：	广州市人民政府令 第1号 《广州市区分所有建筑物消防安全管理规定》已经2002年10月21日市政府第11届109次常务会议讨论通过，现予发布，自2003年3月1日起施行。 市长　林树森 二〇〇三年一月十日

注意：法律和规章以行政公文如命令等为载体发布时，发布者和被发布者合二为一；既不能把被发布者当作附件，也不应把二者当作两份公文。

（二）行政令

行政令用于公布重大强制性行政措施。

（三）嘉奖令

嘉奖令对于工作中取得突出成绩、作出重大贡献的人员进行表彰奖励。

命令范文二解析

解析	范文
标题：事由十文种 发文字号：流水号	×××××人民政府嘉奖令 第×号
主送机关：直接下级。 正文：首先说明受嘉奖的原因和依据，简明地叙述了被嘉奖事件的经过，充分摆出被嘉奖的根据。其次分层次逐一说明授奖单位奖励方式，不分条目，写成一段，并提出希望。	×××烟草局： 2008 年，×××烟草全体干部职工紧紧围绕“强化制度落实，深化企业改革，完善运行机制，构建和谐烟草”的主要任务，狠抓目标责任，真抓实干，开拓创新，在烟草生产经营管理和精神文明建设等方面都取得了显著成绩，经济运行质量和效益明显提高。截止 2008 年 12 月底，实现销售卷烟×箱，比去年同期增长×%；实现利润×万元，增长×%；上交税金×万元，增长×%，为我区经济社会发展做出了突出贡献。 为激励先进，区政府决定给予×××烟草局通令嘉奖。希望×××烟草局在新的一年里，继续发扬成绩，再接再厉，求真务实，奋勇拼搏，努力做好各项工作，为促进我区经济和社会科学发展、和谐发展作出新的贡献。
发文机关： 发文日期：	×××××人民政府 二〇〇八年×月×日

四、命令（令）写作

命令（令）结构包括标题、发文字号、正文和落款四个部分。下面分别介绍这四个部分的写作方法及要求。

命令的写作突出在“简”和“实”两个字上，行文严肃庄重，措词凝练确切，语气坚决果断，篇幅简短。

（一）标题

命令（令）的标题通常有两种写法。第一种是规范式标题，由“发文机关＋事由＋文种”三部分构成。这类标题，在事由部分准确简要地概括发布事项，如《国务院对胜利粉碎劫机事件的民航杨继海机组的嘉奖令》，概括事由简明准确，嘉奖的对象是“杨继海机组”，嘉奖的缘由是该机组“胜利粉碎劫机事件”。行政令、嘉奖令一般用这种写法。第二种是省略式标题，即有“发文机关＋文种”两部分，省略事由。如《中华人民共和国财政部令》、《北京市人民政府令》。发布令较多使用省略式标题。

（二）发文字号

行政令和嘉奖令的发文字号与其他行政公文的发文字号相同。如《广东省人民政府关于清理道路检查站的命令》的发文字号是“粤府〔1992〕72 号”。

发布令的发文字号有其不同于其他行政公文发文字号的特点，只标注序号“第××号”，省略了机关代字和年份。“第××号”这种发文字号表示发令机关或发令人从任职开始编列的顺序号，到任职期满为止，下任再从头编号。如杨尚昆任国家主席期间，于 1988 年发布的“第 1 号”令是任命李鹏为国务院总理，到1993年发布《中华人民共和国质量法》，是“第71号令”。

（三）正文

正文是命令（令）的核心部分。正文包括“原由＋事项”两部分。因为上述3类命令内容有别，所以写作要求上也不尽相同。有的命令正文较为简单，内容单一，有的命令内容要求翔实具体。但不管内容单一还是复杂，语言表达都必须精练准确，语气坚决，充分体现命令（令）强制性的特点。下面分别介绍3种命令（令）正文部分的结构及特点。

发布令写法：正文比较简短，只有一句话，但是可以分为发布对象、发布依据、发布决定三部分。发布对象，说明所发布的重要法规的全称，一般写于令首。发布依据，即说明发布对象通过、批准的机关或会议，写在发布对象之后，用“已由”衔接。发布决定，即发布令的实施日期。

行政令写法：正文部分一般包括“原由＋事项＋执行要求”三个部分。命令原由主要写出命令的根据和目的。这一部分不宜过长，要简洁、肯定、有力。如《中华人民共和国关于发行新版人民币的命令》的缘由部分就用“为了适应国民经济发展的需要，进一步健全我国货币制度，方便流通使用和交易核算”，高度概括发令原因。命令事项主要写出命令内容、措施，即发布机关作出的规定、提出的要求。这是行政令的主体部分，要求一目了然，便于执行，因而拟写时要行文简明，直陈直叙，条理分明。执行要求是命令措施的补充和对受令方的嘱咐，属于正文的结尾部分。对于命令而言，执行要求不是可有可无的，要与前两部分密切相关，互相呼应。

嘉奖令写法：嘉奖令正文要求较为详实。主要包括“原因（对象简介及事迹叙述）＋意义评价＋嘉奖事项＋希望号召”4个部分。其中重点部分是原因和评价。原因即嘉奖内容，要写出嘉奖对象的主要事迹、贡献及所体现的精神，写出积极而深刻的影响。这部分要写得全面、生动，如《国务院对胜利粉碎劫机事件的民航杨继海机组的嘉奖令》一文就对杨继海机组光荣事迹进行了全面的叙述。紧接着，写出了对事迹的评价：“杨继海机组的英雄事迹，体现了他们热爱党热爱社会主义祖国的坚定立场，体现了他们为确保旅客安全，为维护祖国声誉而英勇顽不怕牺牲的革命英雄主义和高尚品德，他们为国家和人民争了光。”然后，写出嘉奖事项。最后，向全体空勤人员发出号召：“号召民航全体空勤人员和广大职工向英雄的杨继海机组学习，兢兢业业，戒骄戒躁，提高警惕，做好工作，确保飞行安全，全心全意为人民服务，为我国的社会主义现代化建设作出贡献。”结束语极具号召力，使阅读者受到教育和鼓舞。

有时为了简便，命令（令）也可以省略原由部分，直截了当发出命令事项。

（四）落款

命令的落款，一般是署发令机关名称，或发令人职务和姓名，其中发布令多数署发令人姓名。落款下方注明发令的年、月、日。

第二节 决 定

一、决定的概念

《国家行政机关公文处理办法》对决定的功能作如下阐述：适用于对重要事项或者重大行动做出安排，奖惩有关单位及人员，变更或者撤销下级机关不适当的决定事项。《中国共产党机关公文处理条例》对决定功能的阐述是：用于对重要事项做出决策和安排。

二、决定的特点

（一）权威性

决定虽然没有命令那样浓的强制色彩，但也是一种权威性很强的下行文。决定是上级机关针对重要事项和重大行动，经重要会议或领导班子研究通过后，对所辖范围内的工作所做的安排。决定一经发布，就对受文单位具有很强的约束力，必须遵照执行。

（二）指挥性

决定在对重要事项进行决策时，同时也提出工作任务、具体措施和实施方案，要求受文单位依照执行。决定通过原则、任务、措施、方案的确定和安排，指挥下属单位统一思想、统一行动，从而保证工作的顺利开展，并取得预期效果。

（三）全局性

决定一般不是向某一个具体单位发出的，行文对象有一定的普遍性。这是由于决定所涉及的事项和解决的问题，都有全局性的意义。类似依法行政、西部开发，都是事关全局的重要问题。即使有时涉及的事件比较具体，其意义也必然是全局性的。

三、决定的分类

（一）法规政策性决定

关于建立、修改某项法规的决定，关于贯彻、落实某一法律的决定，关于对某一领域犯罪行为进行专项打击的决定，都属于法规政策性决定。如《全国人民代表大会常务委员会关于修改〈中华人民共和国大气污染防治法〉的决定》、《全国人大常委会关于惩治侵犯著作权的犯罪的决定》、《关于惩治虚开、伪造和非法出售增值税专用发票犯罪的决定》等。

（二）重要事项和重大行动的决定

对重要事项或事关全局的重大行动做出的决定，具有决策的性质。一般要阐述基本原则，提出工作任务、方案、措施、要求。如《国务院关于全面推进依法行政的决定》、《国务院关于成立国务院西部开发领导小组的决定》、《中共中央关于加强党同人民群众联系的决定》等。

（三）奖惩性决定

决定也可以对一些事迹突出、有典型意义的先进个人或集体进行表彰，或者对一些影响较大、群众关心的事故、错误进行处理。前者如《国务院关于授予赵春娥、罗健夫、蒋筑英全国劳动模范称号的决定》、《中共沈阳市委、沈阳市人民政府关于表彰沈阳黎明服装集团公司的决定》等。后者如《国务院关于处理"渤海二号"事故的决定》、《国务院关于大兴安岭特大森林火灾事故的处理决定》等。

奖惩性决定跟用于奖惩的命令和通报作用接近，但层次规格不同。决定从规格上看低于命令，但高于通报。一般性的奖惩或者基层单位的奖惩活动，用通报即可。

四、决定的写法

（一）标题

决定的标题一般采取公文标题的常规模式，即"发文机关＋主要内容＋文种"的写法，如《国务院关于进一步加强产品质量工作若干问题的决定》。标题中有时可在主要内容部分加书名号，如《全国人民代表大会常务委员会关于批准〈中华人民共和国、俄罗斯联邦和哈萨克斯坦共和国关于确定三国国界交界点的协定〉的决定》，但标题中不得使用其他标点符号。

（二）正文

正文采用公文常用的结构基本型，由开头、主体、结尾三部分组成。

开头一般是写发布决定的背景、根据、目的、意义。如《国务院关于进一步加强产品质量工作若干问题的决定》的开头：

"为认真贯彻落实党的十五大精神和十五届四中全会通过的《中共中央关于国有企业改革和发展若干重大问题的决定》，全面实施《中华人民共和国产品质量法》和《质量振兴纲要（1996年—2010年）》，提高我国产品质量总体水平，促进国民经济持续快速健康发展，现就进一步加强产品质量工作若干问题作如下决定："

如果是批准某一文件的决定，则写明批准对象的名称。

如果是表彰、惩戒性的决定，开头部分则要叙述基本事实，也就是先进事迹或事故情况，篇幅要比一般决定长一些。这实际上也属于行文的根据，跟公文结构的基本型仍是一致的。

主体写决定事项。

用于指挥工作的决定，这部分要提出工作任务、措施、方案、要求等，内容复杂时要用小标题或条款显示出层次来。

用于批准事项的决定，这部分要表达批准意见，如有必要，还可对批准此事项的根据和意义予以阐述。

用于表彰或惩戒的决定，这部分要写明表彰决定和项目，或处分决定、处罚方法。

结尾比较简单，主要用来写执行要求或希望号召。

决定范文一解析

标题：发文机关＋事由＋文种 主送机关：	××市政府关于加快全市工业发展的决定 ××××，××××： 建市以来，我市工业取得了来之不易的成绩，但我市工业面临的形势仍然十分严峻。加快工业发展是“五年上台阶”的关键。现就此作出如下决定。
正文：包含了两个层次：一是表明加快发展全市工业的原因和目的； 二是决定的内容。	一、工业发展目标和指导方针 按照“快上工业”和“五年上台阶”的要求，××××—××××年我市工业发展的目标是“加快发展，富民裕区”。 加快发展，就是要使工业增加值的年均增长速度由目前的×％提高到×％以上，使工业增加值占国内生产总值比重由目前的×％提高到×％左右，使工业从业人员占就业人口的比重由目前的×％提高到×％左右，进一步加快工业化进程。富民裕市，就是要坚持以效益为中心，使全市工业尽快从总体上扭转净亏损并力争多增盈，资金利税率达到×％（其中资金利润率不低于×％）以上，使财政收入和城乡居民人均纯收入都有一个明显的提高。要实现上述发展目标，必须坚持“市场导向，全面开放，集约经营，滚动发展”的指导方针。 市场导向，即按照市场经济的要求，深化企业改革，建立现代企业制度，在国家宏观调控下，充分发挥市场在资金、技术、劳动力、经营者等要素资源配置中的基础性作用；大力调整产业和产品结构，提高工业企业的市场应变能力。全面开放，即面向国外、市外开放，大力引进资金、人才和管理，鼓励市内各县（市）相互开放，联合上项目办企业，实现优势互补和共同发展。集约经营，即在坚持市场导向的前提下，引导我市具有比较优势的自然资源和各种要素资源在行业间实现集约配置。引导资源在企业间、项目间、地区间实现集约配置，以形成规模经济和各具特色的工业中心，避免重复建设和盲目建设。滚动发展，即把存量调整和增量调整有机地结合起来，以较少的增量投入盘活较多的存量资产；坚持小步快走搞技改和依托老企业上新项目。 二、加快工业发展的主要政策措施 按照发展目标和指导方针，加速我市工业发展必须采取以下政策措施： （一）大力推进产权改革（略） （二）加快培养合格的企业家队伍（略） （三）强化企业财务监督（略） （四）努力改善银企关系（略） （五）加大招商引资力度（略） （六）培育支柱产业和拳头产品（略） （七）调整企业组织结构（略） （八）切实减轻企业负担（略） 本决定自××××年×月×日起执行。
发文机关： 发文时间：	××市政府 ××××年×月×日

写作模板

NO ××××××　　　　　　　　　　　　　　　　　××★×年

××

□□□□□□文件

×发〔××××〕××号

____

关于________________________的决定

______________________________：

____

__________。

____

__________。

____

__________。

附件：1. __________

2. __________

__________（盖印）

二〇××年×月×日

主题词：×× ×× ××

抄　送：__________，__________，__________。

20××年×月×日印发

No××××××　　　　　　　　　　　　　　　机密★×年
特　急

国务院办公厅文件

国办发〔2008〕60号

（发文字号：3号仿宋体，下行、平行文居中，上行文居左；年份：应标全称，用六角括号“〔〕”不用圆括号；序号不编虚位，不加“第”字）

（若是上行文应注明签发人，3号楷体，居右）

（标题：与文号空两行；标题＝（发文机关）＋介词＋事由＋文种；除法规、规章名称加书名号外，一般不用标点符号；2号小标宋体）

××市政府关于加快全市工业发展的决定

（正文与标题空一行）

各××××，××××：　　（主送机关全称或规范化简称、统称）

（正文：3号方正仿宋体，一般22行×28字＝616字；层次结构序数：“一、”、“（一）”、“1.”、“（1）”）

建市以来，我市工业取得了来之不易的成绩，但我市工业面临的形势仍然十分严峻。加快工业发展是“五年上台阶”的关键。现就此作出如下决定。

一、工业发展目标和指导方针

按照“快上工业”和“五年上台阶”的要求，××××—××××年我市工业发展的目标是“加快发展，富民裕区”。

加快发展，就是要使工业增加值的年均增长速度由目前的×％提高到×％以上，使工业增加值占国内生产总值比重由目前的×％提高到×％左右，使工业从业人员占就业人口的比重由目前的×％提高到×％左右，进一步加快工业化进程。富民裕市，就是要坚持以效益为中心，使全市工业尽快从总体上扭转净亏损并力争多增盈，资金利税率达到×％（其中资金利润率不低于×％）以上，使财政收入和城乡居民人均纯收入都有一个明显的提高。要实现上述发展目标，必须坚持“市场导向，全面开放，集约经营，滚动发展”的指导方针。

市场导向，即按照市场经济的要求，深化企业改革，建立现代企业制度，在国家宏观调控下，充分发挥市场在资金、技术、劳动力、经营者等要素资源配置中的基础性作用；大力调整产业和产品结构，提高工业企业的市场应变能力。全面开放，即面向国外、市外开放，大力引进资金、人才和管理，鼓励市内各县（市）相互开放，联合上项目办企业，实现优势互补和共同发展。集约经营，即在坚持市场导向的前提下，引导我市具有比较优势的自然资源和各种要素资源在行业间实现集约配置。引导资源在企业间、项目间、地区间实现集约配置，以形成规模经济和各具特色的工业中心，避免重复建设和盲目建设。滚动发展，即把存量调整和增量调整有机地结合起来，以较少的增量投入盘活较多的存量资产；坚持小步快走搞技改和依托老企业上新项目。

二、加快工业发展的主要政策措施

按照发展目标和指导方针，加速我市工业发展必须采取以下政策措施：

（一）大力推进产权改革（略）

（二）加快培养合格的企业家队伍（略）

（三）强化企业财务监督（略）

（四）努力改善银企关系（略）

（五）加大招商引资力度（略）

（六）培育支柱产业和拳头产品（略）

（七）调整企业组织结构（略）

（八）切实减轻企业负担（略）

本决定自××××年×月×日起执行。

××市政府

××××年×月×日

（单一机关制发的公文不署发文机关名称；必须加章印章；用小写汉字标识成文时间；联合行文每排最多盖3个印章，并在最后一排印章之下右空2字标识成文日期）

（主题词＝类别词＋类属词＋文种；词目一般3—5个，新编词目加“△”；主题词和发送范围居底；“主题词”三个字用3号黑体，居左顶格标识；词目用3号小标仿宋体；词目之间空1字）

主题词：发展　工业　决定

抄送：××××××

（左空1字，用3号仿宋体标识“抄送”；抄送机关用逗号隔开，回行时与冒号后的抄送机关对齐；只有抄送和分送，没有抄报）

××市政府办公室　　　　××××年×月×日印发

【病文分析】

关于向张大良同志学习的决定

各车间、班组、各党支部：

我厂装配车间工人张大良在上月十五日的特大洪水灾害中，抢救国家财产不幸身亡。厂党委和厂委员会决定在全厂开展向张大良同志学习的活动。

一、学习张大良同志公而忘私、奋勇保护国家财产的高尚品德，爱祖国爱人民，敢于牺牲的精神。

二、根据张大良同志生前的表现和愿望，追认张大良同志为中国共产党党员。

三、在全厂广泛宣传张大良同志的先进事迹，运用这一典型对全厂党员职工进行一次努力奉献、坚持改革、敢于进取的革命精神。宣传科和工会要把张大良同志的事迹编成小册子、墙报，广为发放。

四、各车间、班组、党支部要开展讨论，学习张大良同志的优秀品质，开展比、学、赶、帮活动，争取生产上一个新台阶。

厂党委和厂委员会号召全厂党员、职工，化悲痛为力量，努力工作，创造更好的成绩，为改革开放事业作出更大贡献。

××厂党委

××厂委员会

××××年××月××日

1. 标题没有概括正文的全部事项，该文是针对全厂开展向张大良同志学习活动，应改为“××厂关于开展向张大良同志学习活动的决定”。

2. 决定学习的原因没有明确表示，为什么要向张大良学习，目的是什么要在前言表明。

3. 决定开展活动的内容条理不清楚。

4. 语句不通，语言不准确。

第三节　批　复

一、批复的概念

批复是适用于答复下级机关请示事项时使用的一种公文文种。

从上述概念可以看出，批复是上级机关答复下属单位“请示”事项所用的公文。当下级机关在工作中遇到疑难问题和不能自行决定的事项，向上级请求指示和批准时，上级机关就应当通过批复对请示的事项给予明确的答复，使其明确行止。

二、批复的特点

批复是一种下行公文。除了直接回答所请示的事项以外，无需涉及其他问题。主要特点：

（一）行文方向的定向性

批复只用于答复有隶属关系下级机关的请示，它属于被动行文，提出请示的下级机关就是批复的主送机关、批复的行文对象，目的在于解决下级机关在工作中遇到的困难和具体问题。答复同级机关和没有隶属关系机关洽商工作或询问事项的来文，就不能以批复行文。

（二）行文内容的指示性

批复是上级机关针对来文单位请示的具体问题作出的答复，态度鲜明，意见具体可行，让下级机关有所遵循，明确行止。

(三) 行文效果的约束性

批复是上级机关根据有关法律、法规、政策、理论并经慎重研究而决定的，其意见不是提供参考，而是请示单位必须遵照执行的。

三、批复的种类

按针对内容的不同，批复可以分为以下几类：

1. 指导性批复。在答复下级机关请示事项的同时，进而就某一方面的工作或活动提出指导性的要求。

2. 具体性批复。就下级机关请示的具体事宜所作的批复。

3. 法规性批复。对下级机关拟制报批的行政法规制度给予批准时使用的批复。

4. 直答性批复。对上报请示的单位直接作出的批复。

四、批复的写作

批复的格式包括：标题、主送机关、正文和落款署时。

1. 标题

批复的标题有两种写法。

一种是：同意＋事由＋文种

例如：《关于同意揭阳市与汕头市联合勘定行政区域界线协议书的批复》

另一种是：事由＋文种

例如：《关于调整动物防疫网络建设年度计划的批复》

2. 正文

正文是批复的主要部分，是针对下级机关的请示事项所作的具体答复。一般由引语、主体和结尾三部分组成。

(1) 引语。引语是批复的第一段或第一句话，这是批复的根据。其作用在于表示已经知道下级请示的问题，从而引出应有的答复性的文字。一般情况下，引语只要说明下级机关有关请示已经“收悉”，表明批复者的态度，如“同意……”或“根据……意见，现函复如下：……”。

(2) 主体。这是批复的中心内容。内容简单的，一般只有一个段落，只表明同意或不同意、应该不应该；内容复杂的，可以分段，逐条表明态度，或原则同意，或不拟批准，或需要补充、修正的地方。

(3) 结尾。批复结尾可写上“此复”，或不写。

3. 最后盖上机关印章，署明日期。

五、注意事项

1. 内容应有针对性

批复的内容应针对来文请示的事项，不能答非所问，也不应说题外的话。如果有其他意见要告诉请示单位，应另外拟文，以通知行文，不能在批复中"搭单"。

2. 表达应直接明确

批复的表达要干脆利落，态度要直率明确，是否同意来文请示或同意采用哪种方案，都要直截了当地表明态度，不能含糊其辞，让人捉摸不定。

3. 依据要充足可行

批复对于请示事项的答复，必须以一定的方针政策为依据，接到下级机关来文后，如同意请示所提要求时，可以不说明理由；如不同意来文请示事项时，必须说明一定的理由依据，作必要的解释，以理服人。

4. 行文要及时

请示的事项都是由于下级机关在工作中遇到疑难问题或不能自行决定的事情，为及时、有效地解决工作中出现的问题，批复的行文要及时，如迁延时日，就会贻误工作。

通知范文一解析

发文机关名称 发文字号：机关代字＋年份＋序号	××××文件 ××发〔××××〕××号
标题：发文机关＋事由＋文种 主送机关：直接下级	**关于加强政策研究工作几个问题的批复** ××××： ××××文收悉。省委、省政府意见如下：
正文：包含了两个层次：一是表明对该文已经收到了；二是对请示的事项表示意见。	一、按照机构改革关于政事分开的原则，你室不宜加挂××政策发展研究咨询中心的牌子。如确需设立该中心，可专题报省编委审批。 二、党政干部（包括政研干部）一律不搞职称评定。如省编委审批同意设立××政策发展研究咨询中心，则该中心在编从事研究工作的人员可按有关规定评审专业技术职称。 三、关于聘请特约顾问兼职人员问题，建议参照省政府社会经济发展研究中心的办法，由你们自行聘任。凡超过离退休年龄的，一般应先退后聘。 四、同意来文中所提的其他意见。
发文机关： 发文时间：	××××（印章） ××××年××月×日

写作模板

NO ××××××　　　　　　　　　　　　　　　　××★×年

××

□□□□□□□文件

×发〔××××〕××号

关于____________________的批复

____________________：

你××文收悉，经研究现批复如下：

____

________。

________（盖印）

二〇××年×月×日

主题词：×× ×× ××

抄　送：________，________，________。

20××年×月×日印发

0001

××××文件

××发〔××××〕××号

（发文字号：3号仿宋体，下行、平行文居中，上行文居左；年份：应标全称，用六角括号“〔〕”不用圆括号；序号不编虚位，不加“第”字）

（若是上行文应注明签发人，3号楷体，居右）

（标题：与文号空两行；标题＝（发文机关）＋介词＋事由＋文种；除法规、规章名称加书名号外，一般不用标点符号；2号小标宋体）

关于加强政策研究工作几个问题的批复

（正文与标题空一行）

各××××：　（主送机关全称或规范化简称、统称）

（正文：3号方正仿宋体，一般22行×28字＝616字；层次结构序数：“一、”、“（一）”、“1.”、“（1）”）

××××文收悉。省委、省政府意见如下：

一、按照机构改革关于政事分开的原则，你室不宜加挂××政策发展研究咨询中心的牌子。如确需设立该中心，可专题报省编委审批。

二、党政干部（包括政研干部）一律不搞职称评定。如省编委审批同意设立××政策发展研究咨询中心，则该中心在编从事研究工作的人员可按有关规定评审专业技术职称。

三、关于聘请特约顾问兼职人员问题，建议参照省政府社会经济发展研究中心的办法，由你们自行聘任。凡超过离退休年龄的，一般应先退后聘。

四、同意来文中所提的其他意见。

××××（印章）

××××年××月×日

（单一机关制发的公文不署发文机关名称；必须加章印章；用小写汉字标识成文时间；联合行文每排最多盖 3 个印章，并在最后一排印章之下右空 2 字标识成文日期）

（不能为空页，不能标注“此页无正文”，通过调整行间距或者字距解决空页问题）

（主题词＝类别词＋类属词＋文种；词目一般 3—5 个，新编词目加“△”；主题词和发送范围居底；“主题词”三个字用 3 号黑体，居左顶格标识；词目用 3 号小标仿宋体；词目之间空 1 字）

主题词： ×× ×× ×× ××

抄送：××××××

（左空 1 字，用 3 号仿宋体标识“抄送”；抄送机关用逗号隔开，回行时与冒号后的抄送机关对齐；只有抄送和分送，没有抄报）

×××××办公室　　　　××××年××月×日印发

【病文分析】

关于要求拨给抢修校舍专款请示的批复

××乡教育办：

你们的请示收悉。这次强台风的破坏，使你镇校舍损失惨重，造成许多班级无课室上课。经研究，可考虑拨专款15万元以内给你镇抢修教室，不足部分请自筹解决。

此复。

（××县教育局印章）

二〇〇八年七月三日

评析：

1. 标题有误。
2. 请示的全称不明确。
3. 请示的事项回复不明确。

本章小结

命令、决定、批复都属于《国家行政机关公文处理办法》（国办发〔2000〕23号文件）中所规定的行政公文文种，属于指挥性公文。首先要正确理解他们的不同功能，熟悉命令、决定、批复的写作格式和写作注意事项，熟记它们格式的数据在载体上的排列顺序，必须做到格式符合标准。根据所撰写的内容、行文关系，恰当地选择文种，拟好标题，确定发文字号。准确选择主送单位和抄送单位。

思考与练习

一、问答题

1. 命令的概念及特点是什么？

2. 决定有哪几种？主体部分应涉及哪些内容？

二、模拟练习

1. 当前某省出现的领导干部利用职权购私房、用公款高标准装修住房的不良现象，试为某省草拟一份《关于严禁领导干部利用职权购私房和用公款高标准装修住房的决定》。

2. 对一份拨给办公自动化经费的请示，起草一份批复。

第八章　报请性公文

【知识点】掌握报请性公文的概念，理解报请性公文的特点，掌握公文格式。
【能力点】熟悉报请性公文的结构和写法，体味报请性公文的例文，模拟写作。

第一节　报　告

一、报告的含义、特点和类型

（一）报告的含义

报告是行政机关和党的机关都广泛采用的重要上行文。《国家行政机关公文处理办法》对报告功能的表述是：适用于向上级机关汇报工作，反映情况，答复上级机关的询问。

（二）报告的特点

1. 单向性

报告是下级机关向上级机关汇报工作、反映情况、提出建议时使用的单方向上行文，不需要上级机关给予批复。在这方面，报告和请示有较大的不同，请示具有双向性特点，必须有批复与之相对应，报告则是单向性行文，不需要任何相对应的文件。为此要特意提请注意：类似“以上报告当否，请批示”的说法是不妥当的。

2. 陈述性

报告在汇报工作、反映情况时，所表达的内容和使用的语言都是陈述性的。本单位遵照上级的指示，做了什么工作、怎样做的这些工作、取得了哪些成绩、还存在哪些不足，必然要一一向上级陈述。反映情况时，也要把时间、地点、人物、事件、原因、结果叙述清楚，向上级机关提供准确的现实性信息。即便是提出建议的报告，也要在汇报情况的基础上，才能深入一步提出建议来。

3. 事后性

在机关工作中，有“事前请示，事后报告”的说法。多数报告，都是在开展了一段时间的工作之后，或是在某种情况发生之后向上级做出的汇报。但建议报告没有明显的事后性特点，应该尽量超前一些，如果木已成舟，再提建议也是没有意义了。

二、报告的类型

（一）工作报告

凡是用来向上级汇报工作的报告，都是工作报告。工作报告又可分为综合工作报告和专题工作报告两种。

综合报告涉及面宽，要把主要工作范围之内的方方面面都涉及，可以有主次的区分，但不能有大的遗漏。大到国务院提供给人民代表大会的政府工作报告，小到某单位向上级提供的年度、季度、月份工作报告，都属于这种类型。

专题报告的涉及面窄，只针对某一方面的工作或者某一项具体工作进行汇报，如党的机关关于"三讲"工作的报告，行政机关关于技术革新工作的报告等等。

（二）情况报告

如果本单位出现了正常工作秩序之外的情况，譬如说发生了事故，出现了意想不到的问题等，对工作产生了一定程度的影响，应该及时向上级将有关情况原原本本地进行汇报。即使对工作没有太大影响，一些有倾向性的新动态、新风气，以及最近出现的新事物等等，必要时也要向上级报告。凡此种种，都属于"情况报告"。作为下级机关，有责任做到"下情上达"，保证上级机关耳聪目明，对下面的情况始终了如指掌，这就是情况报告的意义。如果隐情不报，则是一种失职的表现。

（三）建议报告

对自己职权范围内的某方面工作有了深思熟虑、切实可行的设想之后，将其归纳整理成意见、办法、方案，上报上级，希望上级机关采纳，这就是建议报告。如林业部制发的《关于进一步加强森林防火工作的报告》。对于建议报告，上级如果采纳，可能会批转给有关部门实施，这是建议报告目的的最终实现。但上级部门也可能不予采纳，这也是很正常的。作为下级机关，有建议的权力，却没有逼迫上级机关一定采纳的权力，对此，也要有清醒的认识。

（四）答复报告

答复上级机关询问的报告，称为答复报告。这种报告内容针对性最强，上级询问什么，就答复什么，不能答非所问。对待上级机关的询问，一定要慎重，如果不了解真情，要经过深入的调查研究后再做答复。

三、报告的写法

（一）报告的标题和主送机关

1. 报告的标题

报告的标题，有两种写法，一是发文机关＋主要内容＋文种的写法，如《中共中央纪律检查委员会关于清理党政干部违纪违法建私房和用公款超标准装修住房的报告》；二是主要内容＋文种的写法，如《关于进一步加强我市公共场所防火工作的报告》。

2. 报告的主送机关

行政机关的报告，主送机关尽量要少，一般只送一个上级机关即可。但行政机关受双重领导的情况比较多见，只报送其中一个上级机关显然不妥，因此，有时主送机关可以不止一个。报告应报送自己的直接上级机关，一般情况下不要越级行文。

作为党的机关公文的报告，要按《中国共产党机关公文处理条例》第十二条的规定执行："向上级机关行文，应当主送一个机关；如需其他相关的上级机关阅知，可以抄送。"

（二）报告的正文

1. 报告导语

导语指报告的开头部分，它起着引导全文的作用，所以称为导语。

不同类型的报告，其导语的写法也有较大不同。概括起来，报告的导语有以下几种类型：

（1）背景式导语。就是交代报告产生的现实背景。

（2）根据式导语。就是交代报告产生的根据。

（3）叙事式导语。在开头简略叙述一个事件的概况，一般用于反映情况的报告。

（4）目的式导语。将发文目的明确阐述出来作为导语。

报告导语的写法不止以上四种，运用时可以举一反三，融会贯通，灵活处理。

2. 报告主体

报告的主体也有多种写法，下面摘要介绍几种常见形态。

（1）总结式写法

这种写法主要用于工作报告。主体部分的内容，以成绩、做法、经验、体会、打算、安排为主，在叙述基本情况的同时，有所分析、归纳，找出规律性认识，类似于工作总结。

总结式写法最需要注意的是结构的设计安排。按照总结出来的几条规律性认识来组织材料、安排层次，是最常用的结构方式。

"情况——原因——教训——措施"四步写法多用于情况报告。先将情况叙述清楚，然后分析情况产生的原因，接着总结经验教训，最后提出下一步的行动措施。

（2）指导式写法

这种结构多用于建议报告。希望上级部门采纳建议，批转给有关部门执行、实施，是建议报告的基本写作目的。为此，要针对某项工作提出系统完整的方法、措施和要求，对工作实行全面的指导。形式上采用分条列项的方法逐层表达。

3. 报告结语

报告的结语比较简单，可以重申意义、展望未来，也可以采用模式化的套语收结全文。模式化的写法大致是："特此报告"；"以上报告，请审阅"；"以上报告如无不妥，请批转执行"等等。

报告范文解析

标题：发文机关＋事由＋文种 发文字号：机关代字＋年份＋序号 主送机关：相关直接下级 正文：这是一篇情况报告，第一自然段是报告的缘由。 第二自然段是报告事项，采用了常用的分条列项叙述方式，显得层次清楚，要求明确。 发文机关： 发文时间：	**关于首钢2006年取得新成绩的报告** 市委： 2007年元月初，首钢向市委常委扩大会汇报了改革情况；春节，胡锦涛同志和×××、×××同志来首钢给职工拜年；3月初胡锦涛同志又亲自主持会议详细听取了首钢汇报，都充分肯定了首钢的改革，使全体职工受到巨大鼓舞，决心在首钢改革的第13年作出新的更大的成绩。 2006年，虽然遇到燃料、电力、运输涨价等诸多外部因素的影响，年终出现了利润负增长的不利形势，但是通过全体职工团结奋战，全年生铁产量、钢产量、钢材总量全面增产，产钢量跃居全国第二位。2006年，首钢取得的新成绩，主要是由于以下四个方面的工作有新的突破性进展： 一是生产科研一体化，加速了科学技术转化为生产力。（略） 二是深化企业管理体制改革，增强了企业应变能力。（略） 三是实行国际化经营的发展战略，出口创汇实现历史性飞跃。（略） 四是充分发挥党委的政治领导作用和党员的先锋模范作用。（略） 中共首钢总公司委员会 二〇〇七年三月二十日

写作模板

NO ××××××　　　　××★×年

××

□□□□□□□文件

×发〔××××〕××号

关于＿＿＿＿＿＿＿＿＿＿＿＿＿的报告

＿＿＿＿＿＿＿＿＿＿：

＿＿。

＿＿。

附件：1. ＿＿＿＿＿＿

2. ＿＿＿＿＿＿

＿＿＿＿＿＿（盖印）

二〇××年×月×日

主题词：×× ×× ××

抄　送：＿＿＿＿＿＿，＿＿＿＿＿＿，＿＿＿＿＿＿。

20××年×月×日印发

No××××××

中共首钢公司委员会文件

首钢委发〔2007〕20号

（发文字号：3号仿宋体，下行、平行文居中，上行文居左；年份：应标全称，用六角括号“〔〕”不用圆括号；序号不编虚位，不加“第”字）

（若是上行文应注明签发人，3号楷体，居右）

（标题：与文号空两行；标题＝（发文机关）＋介词＋事由＋文种；除法规、规章名称加书名号外，一般不用标点符号；2号小标宋体）

关于首钢2006年取得新成绩的报告

（正文与标题空一行）

市委：

（主送机关全称或规范化简称、统称）

（正文：3号方正仿宋体，一般22行×28字＝616字；层次结构序数：“一、”、“（一）”、“1.”、“（1）”）

2007年元月初，首钢向市委常委扩大会汇报了改革情况；春节，胡锦涛同志和×××、×××同志来首钢给职工拜年；3月初胡锦涛同志又亲自主持会议详细听取了首钢汇报，都充分肯定了首钢的改革，使全体职工受到巨大鼓舞，决心在首钢改革的第13年作出新的更大的成绩。

2006年，虽然遇到燃料、电力、运输涨价等诸多外部因素的影响，年终出现了利润负增长的不利形势，但是通过全体职工团结奋战，全年生铁产量、钢产量、钢材总量全面增产，产钢量跃居全国第二位。2006年，首钢取得的新成绩，主要是由于以下四个方面的工作有新的突破性进展。

一是生产科研一体化，加速了科学技术转化为生产力。

（略）

二是深化企业管理体制改革，增强了企业应变能力。（略）

三是实行国际化经营的发展战略，出口创汇实现历史性飞跃。（略）

四是充分发挥党委的政治领导作用和党员的先锋模范作用。（略）

中共首钢总公司委员会

二〇〇七年三月二十日

（单一机关制发的公文不署发文机关名称；必须加章印章；用小写汉字标识成文时间；联合行文每排最多盖3个印章，并在最后一排印章之下右空2字标识成文日期）

（主题词＝类别词＋类属词＋文种；词目一般3—5个，新编词目加“△”；主题词和发送范围居底；“主题词”三个字用3号黑体，居左顶格标识；词目用3号小标仿宋体；词目之间空1字）

主题词： ×× ×× ××

抄送：××××××

（左空1字，用3号仿宋体标识“抄送”；抄送机关用逗号隔开，回行时与冒号后的抄送机关对齐；只有抄送和分送，没有抄报）

中共首钢总公司委员会办公室　2007年3月22日印发

【病文分析】

关于申请拨给灾区贷款专项指标的报告

省行：

×月×日，××地区遭受了一场历史上罕见的洪水袭击，×江两岸乡、村同时发生洪水，灾情严重。经初步不完全统计，农田受灾总面积达38000多亩，各种农作物损失达100多万元，农民个人损失也很大。灾后，我们立即深入灾区了解灾情，并发动干部群众积极开展生产自救。同时，为了帮助受灾农民及时恢复生产，我们采取了下列措施：

一、对恢复生产所需的资金，以自筹为主。确有困难的，先从现有农贷指标中贷款支持。

二、对受灾严重的困难户，优先适当贷款，先帮助他们解决生活问题。到×月×日止，此项贷款已达××万元。

由于这次灾情过于严重，集体和个人的损失都很大，短期内恢复生产有一定的困难，仅靠正常农贷指标难以解决问题。为此，请省行下达专项救灾贷款指标××万元，以便支持灾区迅速恢复生产。

以上报告当否，请批示。

××银行××市支行

××××年×月×日

这篇报告存在以下几个问题：

1. 文种选择有误

从标题看，这篇公文是向省行提出灾区贷款专项指标的申请，目的是获得省行的批准。从正文的主体部分看，两条措施确属报告性质，但随后出现的专项贷款请求，就不是报告应有的内容了。从结语看，“以上报告妥否，请批示”，有着很强的期复性。综合起来看，这篇公文应该写成请示。标题可改为《关于拨给灾区贷款专项指标的请示》。

2. 内容偏离中心话题

这还是由于原文混淆了报告和请示的界限而造成。写请示，只需写明请示缘由、请示事项，最后提出请示要求即可，与此无关的内容不应写入。而原文提出的两条措施：“对恢复生产所需的资金，以自筹为主”；“对受灾严重的困难户，优先适当贷款”，既不是请示缘由，也不是请示事项，不应该写入文中。

3. 语言瑕疵较多

文中有多处语言不确切、不严谨的地方。如“×江两岸乡、村同时发生洪水”，×江两岸所有村庄都遭受洪灾似不可能，说洪水是在这些乡村“发生”的更是荒唐。“灾情较重”跟后面“这次灾情过于严重”的说法不知哪个意义确切？“据初步不完全统计”，“初步”和“不完全”语意重复。

第二节 请 示

一、请示的含义

（一）请示的含义

请示是党政机关都广泛应用的一种上行公文。2001 年国务院发布的《国家行政机关公文处理办法》第九条第九款规定：请示适用于向上级机关请求指示、批准。

（二）请示的应用范围

请示作为报请性的上行文，应用范围十分广泛。大致可归纳为以下几个方面：

1. 下级机关遇到新情况、新问题，因无章可循而没有对策或没有把握，需要上级机关给以指示的时候，要用请示；

2. 下级机关在处理较为重要的事件和问题时，因涉及有关方针政策必须慎重对待，需要报请上级机关批准时，要用请示；

3. 下级机关在工作中遇到问题，虽然有解决的办法，但由于职权、条件的限制，没有权力或没有能力实施这些办法，需要上级帮助解决的时候，要用请示；

4. 下级机关对有关方针、政策和上级机关发布的规定、指示有疑问，需要上级机关给予解答时，要用请示；

5. 下级机关之间在较重要的问题上出现意见分歧，需要上级机关裁决时，需要请示。

二、请示的特点

（一）期复性

在公文体系中，请示是为数不多的双向对应文体之一，与它相对应的文体是批复。下级有一份请示报上去，上级就会有一份批复发下来。不管上级是不是同意下级的请示事项，都必须给请示单位一个回复。因此可以说，写请示最直接的目的就是得到批复。而且，下级机关都在遇到比较重要的情况和问题需要解决时，才会及时向上级机关请示，急切地期待回复是请示者的必然心态。我们把这一特点称为“期复性”。尽管请示者都有急于得到答复的心理，但是，也必须遵循行文规则，一般不得越级请示。特殊情况确实需要越级请示的，如经多次请示上级机关而长期未能解决问题，可以越级请示，但必须同时抄报给被越过的直接上级机关。

（二）单一性

跟其他上行文相比，请示更要强调遵循“一事一报”的原则。在一份请示中，只能就一项工作或一种情况、一个问题作出请示，不得在一份公文中就若干事项请求指示和批准。如果确有若干事项都需要同时向同一上级机关请示，可以同时写出若干份请示，它们各自都是一份独立的文件，有不同的发文字号和标题。而上级机关则会分别对不同的请示作出不同的批复。

（三）针对性

请示的行文，有很强的针对性。必须针对本机关没有对策、没有把握或没有能力解决的重要事件和问题，才能运用请示。不得动辄就向上级请示，那样看起来像是尊重上级，实际上却是把矛盾交给上级、而自己逃避责任的表现。

（四）时效性

请示所涉及的情况和问题，都有一定的迫切性，应该及时写作、及时发出，如有延误，就有可能耽误解决的时机。相应的，上级机关在处理下级的请示时，也会注意到时效性问题，对请示作出及时的批复。

三、请示的分类

按照国务院办公厅《公文处理办法》和中央办公厅《公文处理条例》的规定，请示有两种在内容、性质、行文目的方面不尽相同的类型，一种是请求指示的请示，一种是请求批准的请示。

（一）请求指示的请示

请求指示的请示运用于以下三种情况：

1. 遇到新情况、新问题，在有关的方针、政策、规章以及上级的指示中，都找不到相应的处理依据，无章可循，因而没有对策，需要上级机关给以指示。

2. 对有关方针、政策和上级机关发布的规定、指示有疑问，需要上级机关给予解释和说明。

3. 与友邻机关或协作单位在较重要的问题上出现意见分歧，需要上级机关裁决。

（二）请求批准的请示

请求批准的请示又可分为以下三种：

1. 请求批准有关规定、方案和规划

依据有关规章和管理权限，下级机关制订的某些规定、方案、规划等，需要经过上级部门的批准才能发布实行。如本部门长期实行的法规，在制定出来后须经上级批准；由于本单位的特殊情况，难以执行上级的统一规定，需要进行变通处理，须提出变通方案报上级批准；设立新的机构，也要将设想或方案报上级批准；重要的工作计划、规划，也要报请上级部门批准。

2. 请求审批某些项目、指标

在工作中遇到人、财、物方面的困难，自己无法解决，可提出解决的方案请上级机关审核批准，在人、财、物方面给予相应的调配。如请求审批基建项目，请求审批购进设备物资，请求增加人员编制等。

3. 请求批转有关办法、措施

某职能部门在自己的职权范围内制订了相关的办法和措施，却不能直接要求平级机关和不相隶属机关照办，可用请示的方式要求上级机关批转给有关部门执行。如绿化部门制订的保护花草和绿地的办法，由于职权的限制不可能自己直接出面要求有关部门都执行这一办法，就可以将这些办法和措施通过请示提交给上级，要求上级机关批转给所有相关部门施行。

四、请示的写法

（一）标题

请示的标题可以由发文机关、事由、文种构成，如《××省人民政府关于增拨防汛抢险救灾用油的请示》。也可以由事由和文种构成，如《关于成立老干部办公室的请示》。

（二）主送机关

请示的主送机关就是负责受理和答复请示的机关。请示在确定主送机关时，要注意以下三点：

1. 主送机关只能有一个

国务院办公厅规定：请示“一般只写一个主送机关，如需同时送其他机关，应当用抄送的形式”。中央办公厅也规定：“向上级机关行文，应当主送一个上级机关”，“受双重领导的机关向上级机关行文，应当写明主送机关和抄送机关，由主送机关负责答复其请示事项”。请示如果多头行文，很可能得不到任何机关的批复。

2. 只能主送上级机关，不能送领导者个人

请示主送的是上级机关，不能是某领导者个人。对此，国务院办公厅的规定是：“除上级机关负责人直接交办的事项外，不得以机关名义向上级机关负责人请示。”中央办公厅的规定是：“不应直接送领导者个人。”

（三）正文

请示的正文由开头、主体、结语三部分构成。

1. 开头

开头主要表述请示的缘由，是上级机关批复的主要依据。一般而言，这部分要写明所遇到的新情况、新问题，或自身没有能力解决的困难，要写得充分、恰当、具体。

如果请示仅仅是为了履行一下规定的程序，开头可以写得简略一些。

内容简略、篇段合一的请示，开头也可以是表达行文目的和意义的一两句话，不独立成段。

2. 主体

主体是表明请示事项的部分，也是请示最核心、最重要的部分。请求指示的请示，主体要写明想在哪些具体问题、哪些方面得到指示。请求批准的请示，要把要求批准的事项分条列款一一写明。如果在请求批准的同时还需要人、财、物等方面的支持和帮助，更需要把编制、数量、途径等表达清楚、准确，以便上级及时批准。

如果请示内容十分复杂，可以在条款之上分列若干小标题，每一小标题下再分条列款。

3. 结语

请示的结语比较简单，在主体之后，另起一段，按程式化语言写明期复请求即可。期复请求用语常见的有“当否，请批示”，“妥否，请批复”，“以上请示如无不妥，请批转有关部门执行”等等。这些虽然是简单的一句话，但它是请示中必不可少的一项内容，不能遗漏，更不能含糊其辞。

五、请示的写作原则

（一）一文一事

一份请示只能写一件事，一些单位向上级机关请示，经常把好几个问题写在一起，认为只要能解决一个问题就行了，结果一个也解决不了，因为“一文多事”牵涉的单位多了，涉及的政策也多，任何一个上级机关都很难答复，几个单位同时答复更不可能。

（二）不多头请示

一份请示，只送一个上级领导机关或上级主管部门，不能同时主送两个以上机关，更不能分头送给多个领导。如有需要，有关的单位可用抄送的形式。这样，可以避免出现推诿的现象。

（三）不越级请示

请示与其他公文一样，一般不越级请示，如果因特殊情况或紧急事项必须越级请示时，要同时抄送越过的机关。

（四）不得抄送下级机关

请示是上行公文，行文时不得同时发下级机关，更不能要求下级机关执行上级机关未批准和未批复的事项。

请示范文解析

要　领	范　文
标题：事由十文种	……关于进一步抓好查处非法境外期货交易活动工作的请示
主送机关： 直接上级	广东省人民政府：
正文： 一、原由 （一）依据 1. 文件（说明） 2. 情况 （叙述：时、地、人、事等） 特点并列原因 （议论：直接判断）	2005年5月《国务院办公厅转发国务院证券委员会关于制止期货市场盲目发展若干意见请示的通知》（国办发［2005］69号）明确指出，要严格控制外汇期货和金融期货交易，坚决打击各类非法期货交易活动。去年8月份以来，省证监会联合有关部门对非法从事境外期货交易活动的“地下公司”进行了几次清查，共查处此类非法经营机构21家，对非法境外期货交易活动起到了一定的抑制作用。但是，近期我省非法境外期货交易活动又有所抬头，并呈现如下特点：一是境内不法机构和个人与境外机构互相勾结，非法从事香港恒生指数期货交易，且大多经过香港或澳门的一些中介机构下单，或根本不在境外交易场所下单，而采取对赌、对冲等形式欺诈客户。二是……（略）。
段内并列式 （二）目的 （“为…”）	非法境外期货交易活动屡禁不止，同一些地方政府和公司主管部门对其危害性认识不足、制止不力有关，有的甚至错误地认为境外交易是对外开放、引进外资的一种形式，不但不加制止，反而支持、参与该项活动。一些公司主管部门对属下机构非法从事境外期货交易活动不闻不问，甚至包庇纵容，把它作为本部门创收、改善福利条件的资金来源。监管部门间职责不明确、协调不够，查处力量不足，打击力度不够，也是此类非法经营活动屡禁不止的一个重要原因。为进一步抓好查处非法境外期货交易活动工作，现就有关问题请示如下：
二、事项 内容多则分项或分条并列；重轻有序；用第一层序码	一、坚决打击查处非法境外期货交易活动，是国家维护正常金融秩序，防范和化解金融风险，保持社会稳定的一项重要措施。各级政府…… （以下略）
三、结语	以上请示如无不妥，请批转各地、各有关部门贯彻执行。
附件：	附件：《打击非法境外期货交易工作领导小组》
发文机关：	广东省证券监督管理委员会
发文时间：	二〇〇五年×月××日

写作模板

关于＿＿＿＿＿＿＿＿＿＿的请示

＿＿＿＿＿＿：

＿＿

为＿＿＿＿＿＿＿＿＿＿＿＿＿＿＿＿＿＿＿＿＿＿＿＿＿＿＿＿＿＿＿＿现就有关问题请示如下：

一、＿＿＿＿＿＿＿＿＿＿＿＿＿＿＿＿＿＿＿＿＿＿＿＿＿＿＿＿＿＿＿＿＿＿＿＿

二、＿＿＿＿＿＿＿＿＿＿＿＿＿＿＿＿＿＿＿＿＿＿＿＿＿＿＿＿＿＿＿＿＿＿＿＿

三、＿＿＿＿＿＿＿＿＿＿＿＿＿＿＿＿＿＿＿＿＿＿＿＿＿＿＿＿＿＿＿＿＿＿＿＿

以上请示，如无不妥，请予批复。

附件：

＿＿＿＿＿＿＿＿＿＿

＿＿＿＿年＿＿月＿＿日

主题词：＿＿＿＿＿＿＿＿＿＿＿＿＿＿＿＿

抄送：

No××××××　　　　　　　　　　　　　　　　机密★×年
　　　　　　　　　　　　　　　　　　　　　　特　急

××××文件

×发〔2005〕××号　　　　签发人：×××

（发文字号：3号仿宋体，下行、平行文居中，上行文居左；年份：应标全称，用六角括号“〔〕”不用圆括号；序号不编虚位，不加“第”字）

（上行文应注明签发人，3号楷体，居右）

（标题：与文号空两行；标题＝（发文机关）＋介词＋事由＋文种；除法规、规章名称加书名号外，一般不用标点符号；2号小标宋体）

关于进一步抓好查处非法境外期货交易活动工作的请示

（正文与标题空一行）

广东省人民政府：（主送机关全称或规范化简称、统称）

（正文：3号方正仿宋体，一般22行×28字＝616字；层次结构序数：“一、”、“（一）”、“1.”、“（1）”）

2005年5月《国务院办公厅转发国务院证券委员会关于制止期货市场盲目发展若干意见请示的通知》（国办发[2005] 69号）明确指出，要严格控制外汇期货和金融期货交易，坚决打击各类非法期货交易活动。（以下略）

以上请示如无不妥，请批转各地、各有关部门贯彻执行。

附件：《打击非法境外期货交易工作领导小组》

（附件序号用阿拉伯数字，用下圆点符号；附件名称后面不加标点符号）

广东省证券监督管理委员会

二〇〇五年×月×日

（单一机关制发的公文不署发文机关名称；必须加章印章；用小写汉字标识成文时间；联合行文每排最多盖 3 个印章，并在最后一排印章之下右空 2 字标识成文日期）

（如果是上行文，需要留联系人姓名和电话）

（不能为空页，不能标注“此页无正文”，通过调整行间距或者字距解决空页问题）

（主题词＝类别词＋类属词＋文种；词目一般 3—5 个，新编词目加“△”；主题词和发送范围居底；“主题词”三个字用 3 号黑体，居左顶格标识；词目用 3 号小标仿宋体；词目之间空 1 字）

主题词：查处 期货 交易 请示

抄送：国务院证券监督管理局

（左空 1 字，用 3 号仿宋体标识“抄送”；抄送机关用逗号隔开，回行时与冒号后的抄送机关对齐；只有抄送和分送，没有抄报）

广东省证券监督管理委员会办公室

2005 年×月×日印发

（印发机关左空 1 字，印发时间右空 1 字；印发时间用阿拉伯数码标识；页码标识居外侧，用“－1－”形式）

【病文分析】

关于举办团干部培训班的请示报告

县委：

目前我县团干部队伍的现状与形势和任务的要求极不适应。据查，全县专职团干部中 36 岁以上的 40 名，其中 41 岁以上的 28 名，大大超过了有关规定。从文化水平来看，大专文化的仅占 6%。而且近年来，团干部更新较快，每年平均 30%左右，在新老交替过程中青黄不接的现象也较为突出。

为了改变这种状况，我们曾办过几期团干部培训班，很受欢迎。现在根据我们的师资能力，拟于今年 10 月至明年 4 月再办一至二期团干部培训班。具体意见如下：

（一）培养目标：培养具有一定马列主义、毛泽东思想基础理论水平和党的政策思想水平，较全面地掌握青年工作理论和团的业务知识，热爱团的工作，思想正派的团委书记和专职团干部。

（二）培训时间：3个月左右。

（三）内容和安排：（1）马列主义、毛泽东思想基础理论，约占总课时的65%；（2）团的工作理论，约占总课时的30%；（3）其他方面知识，约占总课时的5%。考试及格者，发给毕业证书，承认学历。

（四）学员条件：拥护党的十七大以来的路线、方针、政策；作风正派；热爱团的工作，有创新和献身精神；具有一年以上的团的基层工作经验，有初中或相当于初中的文化；年龄不超过25岁；身体强健。

（五）招收人数和报名办法：本次共招收40名，由各乡、直属单位、各系统的党委（组）和团委推荐，报县团委批准，填写一式两份的报名表。报名7月20日截止。

为了适应飞速发展的新形势之需要，加强团干部队伍的政治素质，完成培养有理想、有道德、有文化、守纪律的一代共产主义新人的使命，关键是建设一支符合四化要求的团干部队伍。办这个培训班就是为了这个目的。

以上意见，如无不妥，请转发有关单位。

××县团委

××××年×月×日

1. 标题有问题，请示和报告不能合用，根据文章内容，去掉报告两字。

2. 请示的原因不明确，请示的事项条理不清楚。

3. 请示结束语应该改为，妥否，请批示。

本章小结

报告和请示都属于《国家行政机关公文处理办法》（国办发〔2000〕23号文件）中所规定的行政公文文种，属于报请性公文。报请性公文是向有关方面告知情况、关照事项的公文。撰写报告和请示，首先要正确理解他们的不同功能，熟悉报告和请示的写作格式和写作注意事项，熟记它们格式的数据在载体上的排列顺序，必须做到格式符合标准。根据所撰写的内容、行文关系，恰当地选择文种，拟好标题，确定发文字号。准确选择主送单位和抄送单位。撰写报告和请示的正文时，开头要根据需要写导语，正文事项要条理清楚，不能交叉。语言要准确、简明、得体。

思考与练习

一、问答题

1. 报告和请示的区别。

2. 请示写作的注意事项。

二、模拟训练

1. 南山县教育局根据本县中小学校的实际情况，决定利用今年暑假，召开全县中小学教师学习大会。主要内容是：(1) 总结上学年度的工作；(2) 表彰先进教师及优秀教育工作者；(3) 交流和探讨教学改革经验和问题；(4) 制订学校工作、教学工作、业务进修等计划。会议为期 7 天，拟于 7 月 17 日举行，与会人员约 1500 人，需经费 7 万元，拟在教育基金中列支。为此，该局已拟订出《南山县中小学教师学习大会会务计划与日程安排》，现须向县人民政府发文请求批准。

请拟出相应的公文（发文号、签发人自拟）发文日期为××××年 2 月 28 日。

2. 南山县中小学教师学习大会，由于准备充分，所树典型很有代表性、启发性，开得十分成功。大会共收到先进教师事迹材料 215 份、优秀教育工作者事迹材料 48 份、优秀教案 100 份、学术论文 23 篇、科研成果报告 87 篇。各所中小学在先进典型的带动下，树雄心、立壮志，进一步解放思想，制订出了下一学年度的教学、科研计划。许多老教师主动承担对新教师的传、帮、带任务，有 400 多名青年教师订出自己的学科进修计划。大会气氛热烈，充满干劲和信心。县教育局要将会议收获情况向县人民政府报告，请代拟出文稿。内容可以参看前面的题目，合理组织表述。发文号自拟，发文日期为 7 月 26 日。

第九章　建议、意见性公文

【知识点】掌握建议、意见性文书的概念和特点，掌握文书格式。
【能力点】熟悉建议、意见性文书的结构和写法，模拟写作。

第一节　议　案

一、议案的含义

（一）议案的含义

议案是各级人民政府按照法律程序向同级人民代表大会或人民代表大会常务委员会提请审议事项时所使用的专用公文。《国家行政机关公文处理办法》规定：议案"适用于各级人民政府按照法律程序向同级人民代表大会或人民代表大会常务委员会提请审议事项"。但在实际运用中，议案的使用范围要大于上述界定。法定人数的人大代表及人大有关机构也可提出议案。

议案涉及的内容比较广泛，其应用范围包括：法规、规章、政策方面的问题；公共管理中的政治、经济、文化、教育、卫生、民政、外交等国家税务问题；国民经济计划、预算和财政执行问题；国家权力机关、行政机关、司法机关的建设问题；修改法规、任免政府组成人员；人民群众需要迫切解决的重要问题等。

（二）议案的适用范围

按照议案的定义，其使用范围是比较狭窄的，制作主体限于各级政府。但在公文的实际运作中，议案的使用范围要大于上述限定。它可以是政府向人大提出的议案，也可以是非政府机关向人大提出的议案，还可以是人大代表联名向人大提出的议案。

二、议案特点

（一）制发机关的法定性

议案的制发具有严格的限制，除各级人民政府、法定机构、法定人员外，其他机构、组织、单位和个人不得任意使用议案。

（二）内容的特定性

人民政府所提议案的内容，必须属于本级人民代表大会或常务委员会职权范围内的有关事项，超出权限范围，议案就不会被大会接受。同时，议案的内容应该是与国家、社会民众利益相关的重要事项，具有代表性的普遍意义的事项，才能得到会议的交流和受理。

（三）时效的规定性

各级人民政府的议案，应当而且必须在同级人民代表大会或其常务委员会举行会议规定的限期前提出，否则不能列为议案。超过期限提交的议案一般改作“建议”处理，或移交下次人大会议处理。提交大会审议的议案，必须限期审议表决或提出处理意见。

（四）行文的定向性

议案只能由各级人民政府向同级人民代表大会或其常务委员会行文，不能向其他部门、单位行文，主送机关也只有一个。

三、议案的种类

（一）立法性议案

这类议案主要提请审议法律和法规。其具体运用有两种情况：一是政府机构制定某项行政法规提请同级人民代表大会或常委会通过，另一种是政府机构请求立法部门制定某项法规。如《关于尽早制定我省普及九年制义务教育实施条例的议案》。

能够受理立法性议案的权力机关只有省级以上人民代表大会以及由全国人民代表大会授权的地方人民代表大会，只有它们才有立法权，其他各种代表会均无立法权。

（二）决策性议案

这类议案主要运用于政府部门涉及公共管理领域中的各种重大事项与决策，如国家安全、财政预算、城乡发展规划、重大工程等，需要经过人民代表大会审议批准才能实施时，都必须提交决策性议案，经审议通过，才能实施。如《国务院关于提请审议兴建长江三峡工程的议案》。

（三）任免性议案

这类议案是政府机关向人民代表大会提请任命或免去政府和各级机关主要领导人职务提交的议案。如《国务院关于提请审议××等同志职务任免的议案》。

四、议案的写作

（一）标题

议案的标题有两种，一种是完全式标题，由“发文机关＋事由（提请审议事项）＋文种”构成，如《××市人民政府关于提请审议〈××市乡镇企业条例〉的议案》；一种是省略式标题，省去发文机关，由“事由＋文种”构成，如《关于全面开展依法治市的议案》。不能出现省略事由或以文种为题的标题形式。

（二）主送机关

议案的主送机关是单一的，只能是同级的人民代表大会或人大常委会。主送机关要使用全称或规范化简称（不得随意简化）。如“全国人民代表大会”、“市人大”。有时为了使受文机关更清楚，还要注明“届”、“次”，如“××市第十届人民代表大会第三次会议主席团”。

（三）正文

议案的正文一般由案据、审议事项、结语三部分构成。

1. 案据是立案的依据，即提请审议本案的原因、依据、目的，是议案审议事项能够通过的基础。由于内容不同，这部分的篇幅长短在不同议案中会有很大差异。一般来说，立法性议案、任免性议案的案据较简略，如《国务院关于提请审议〈中华人民共和国著作权法（草案）〉的议案》，就是一个比较常见的“目的式”写法，不过三四行、百余字而已。而决策性议案的案据相对较长。如《国务院关于提请审议兴建长江三峡工程的议案》，案据部分就占了全文的一半多。

2. 审议事项是议案中提请审议的事情或法规、决策。如果审议事项是具体的事情、决策、问题，就必须把事情、决策的内容一一表达出来，供大会讨论、审议，不能只指出问题，而没有解决问题的方案；如果审议的是已制定的法律、法规，只需要写明法律、法规的名称，而法律、法规的文本作为附件；如任免议案要写清楚任免人的姓名、拟任命的职务。要注意的是议案须是一案一事，一个议案只能提请一个事项，不得一案几事。

3. 结语是议案的结尾部分，主要提出审议请求。一般都采用模式化写法，言简意赅。如“请予审议”、“请审议决定”、“请审议”、“这个草案业经市政府同意，现提请审议”等惯用语。有的议案也可以不用结语。

（四）附件

议案的附件是议案正文涉及需要附上的材料。立法性议案的附件实际是审议对象，如具体的法律、法规文件、重大决策性文件等。附件的标题注明在正文下方，落款的左上方。一些决策性议案、任免性议案没有附件。

（五）落款

议案的落款与其他行政公文不同，必须有同级政府行政首长签署，而不能盖以公章，署名前标识其职务。国务院提交的议案由总理签署，各省、市、自治区的议案，由省长、市长、自治区主席签署。

签署日期和一般行政公文相同，即为行政首长签发的日期。

五、议案应注意的问题

（一）议案有严格的法定权限，除政府机构、法定机构、法定人员外，其他机构、组织、人员不得使用议案。

（二）议案写作应一事一案，不能一案多事，或一事多案，必须事项清楚明了，案据合理，提出的方案和建议具体明确，可行性强。

（三）要注意议案和提案的区别，使用不能混淆。按照《国家行政机关公文处理办法》规定，议案使用只限于国务院和地方各级人民政府。提案，按照《全国政协工作试行条例（草案）》的规定，是政协委员向政府部门提出书面意见和建议的专用文种。

议案范文解析

要　领	范　文
标题：发文机关＋事由＋文种	国务院关于提请审议 《中华人民共和国反不正当竞争法（草案）》的议案
主送机关：全国人民代表大会常务委员会	全国人民代表大会常务委员会：
正文： 案据：立案的依据，即提请审议本案的原因、依据、目的。 审议事项：写明法律、法规的名称。 结语：专用语	为了维护社会主义市场经济秩序，鼓励和保护公平竞争，制止不正当竞争行为，保障经营者的合法权益，国家工商行政管理局经过调查研究，广泛征求意见，草拟了《中华人民共和国反不正当竞争法（草案）》。这个草案业经国务院常务会议讨论通过，现提请审议。
落款：同级政府行政首长签署及签发日期	国务院总理　李鹏 ××××年××月××日
附件：	附：《中华人民共和国反不正当竞争法（草案）》（略）

第二节　意　见

一、意见的含义

（一）意见的含义

意见，是党政机关广泛使用的一种公文。2001 年国务院发布的《国家行政机关公文处理办法》第九条第十一款规定，意见适用于对重要问题提出见解和处理办法。

（二）意见的应用范围

意见是具有兼容性的文种。国务院办公厅在《关于实施〈国家行政机关公文处理办法〉涉及的几个具体问题的处理意见》中规定：意见可用于上行文、下行文和平行文。

1. 作为上行文，意见类似于请示，应按请示性公文的程序和要求办理。上级机关应当对下级机关报送的意见作出处理或给予答复。

2. 作为下行文，意见具有指示、指导和规范作用，可对下级机关布置工作，下级机关应当遵照执行。

3. 作为平行文，意见既不像下行文那样带有强制性和指挥性，也不像“函”那样阅请、询问、请批或答复事项。它主要是提出的意见可作为对方决策、行动或工作的参考。

二、意见的特点

（一）使用的广泛性

它既可以对工作做出指导，提出要求，又可以对工作提出建议，或者对工作做出评估，提出批评。它主要用于党政机关，也可用于人民团体、企事业单位；既可用于上级，又可用于下级甚至基层组织。

（二）行文方向的多向性

它既可以用作上行文，提出工作建议和参考意见；又可以用作下行文，表明主张，做出计划，阐明工作原则、方法和要求；还可以用作平行文，就某一专门工作向平行的或者不相隶属的有关方面做出评估、鉴定和咨询。

（三）内容的针对性

意见有着较强的针对性。它总是根据现实的需要，针对某一重要的问题提出见解或处理意见，因此它提出问题要及时，分析问题要结合实际，提出见解、办法要对症下药，具有可操作性。

（四）作用的多重性

有的意见具有指导、规范作用，如《中共中央、国务院关于进一步加强社会治安综合治理的意见》、《××县人民政府关于切实减轻农民负担的意见》；有的具有建议、参考作用，如《关于深化机关后勤改革的意见》、《关于加强国有土地资产管理建立储备制度的意见》；有的具有评估、鉴定作用，如《关于成都市创建国家卫生城市工作的考核鉴定意见》。

三、意见的类型

根据意见的适用范围，按照其性质和用途的不同，可将意见分成以下种类：

（一）指导性意见

指导性意见用于上级机关对下级机关进行工作指导，其内容是针对工作中的某些薄弱环节或出现的问题，上级机关用“意见”向下行文，阐明指导思想、工作原则，提出工作思路和措施、办法，给下级机关以及时的指导，从而促进工作的健康发展。如《中共中央、国务院关于加强科学技术普及工作的若干意见》。意见在内容上注重原则性和灵活性结合、规定性与变通性结合，为下级办文留有更多的创造性余地。

（二）建设性意见

建设性意见是下级机关向上级机关提出工作建议、设想的上行文。提出简易型意见的机关大多是主管部门，就其所主管的业务提出工作意见，它可分为呈报类意见和呈转类意见。

1. 呈报类意见是向上级机关提出某方面工作的建议、意见，向上级献计献策，以供上级决策参考。

2. 呈转类意见是职能部门就开展或推动某方面工作提出初步设想和打算，呈送领导机关后，由领导机关批转更大范围的有关方面执行。

（三）评估性意见

评估性意见是业务职能部门或专业机构就某项专门工作、业务工作经过调查、研究或者鉴定、评审后，把商定的鉴定、评估结果写成意见送交有关方面，它虽可上行、下行，但主要是不相隶属组织间的平行文。它又可以分为鉴定性意见和批评性意见。

四、意见的写法

（一）标题

意见的标题有两种常见写法。

一种是由“发文机关＋事由＋文种”组成，如《中共河南省委河南省人民政府关于〈关于中国教育改革和发展纲要〉的实施意见》。

另一种由“事由＋文种”组成，如《关于提高县以上党和国家机关党员领导干部民主生活会质量的意见》。

（二）主送机关

上行意见和平行意见均有主送机关。评估性意见和下行意见可以省略主送机关。主送机关的排列方法和一般公文相同。

（三）意见的正文

1. 发文缘由

这是意见的开头部分，主要写出发布意见的背景、根据、目的、意义等，但不面面俱到。文字根据具体情况可长可短，最后以“现提出以下意见”、“特制定本实施意见”等过渡性语句转入下文。

2. 意见事项

这是意见的主体，要把对重要问题的见解或处理办法一一写明。不同类型的意见在写作上也有所不同。

指导性意见的事项主要表述上级机关对某项工作的政策性、倾向性意见，或者对完成某项工作提出措施、方法和步骤一类的实施要求。

建议性意见的事项主要是下级机关对有关问题或某项工作提出见解、建议或解决方法。所提的意见要符合政策法规，有理有据，具有合理性或可操作性。

评估性意见的事项应开门见山，直接引出具有针对性、科学性的具体结论即可。

如果意见事项的内容繁多，可用条款式逐条说明。

3. 结语

不同类型的意见结语有所不同。指导性意见通常用“以上意见，请结合实际情况贯彻执行”类语作结。建议性意见、呈报性意见一般用“以上意见供领导决策参考”、“以上意见供参考”作结，呈转型意见则通常用“以上意见如无不妥，请上级批转”作结。平行意见用“以上意见供兄弟单位参考”作结。

（四）落款

在正文的右下方标注发文机关和成文日期。

五、写作意见的注意事项

（一）明确意见与相关文种的区别

1. 意见与报告的区别。《国家行政机关公文处理办法》规定：意见“适用于对重要问题提出见解和处理办法”；报告则是“适用于向上级汇报工作，反映情况，答复上级机关的询问”。报告属于上行文，意见兼具上行文、下行文和平行文三重身份。

呈报类建议意见和呈报类建议报告的共同点，均是向上级机关提出建议、献计献策，供上级机关参考或认同。而呈转类建议意见和呈转类建议报告的共同点是希望行文能被上级机关批准后转发（批转）给有关机关参照执行。

就提建议而言，报告以叙述客观工作或介绍情况为基础，而意见则偏重于针对重要问题提出主观看法和处理意见。建议类意见偏重议论，主要针对的是问题；而建议类报告偏重陈述，针对的不是问题而是具体的事实或工作。

尽管意见和报告在向上级机关提建议上一般可以文种互换，但是针对陈述性的事实或具体性工作而提建议，多用报告行文，面对重要问题而提出主观建议，则多以意见行文。

2. 意见和通知的区别。意见和通知都是使用频率较高的公文，指示性通知具有很强的指导性，要求下级机关办理和执行的强制力较强，相比较，下行意见则带有一定的执行弹性。

3. 意见与决定的区别。决定具有制约性、指挥指导性，决定所形成的决策、安排等，下级机关必须不折不扣地无条件地执行；意见则要求下级机关可结合本部门、本地区的实际，有弹性地处理。

（二）不同级别机关的意见具有不同的特点

一般的，高层领导机关发布的意见内容比较原则，政治性较强；下层领导机关发出的意见，尤其是对某项工作的指导性意见，内容比较具体，可操作性强。

（三）评估性意见必须科学、公正

评估性意见必须科学、公正。要用事实和数据说明问题，评价、鉴定结论必须实事求是，恰如其分，既不夸大拔高，也不缩小压低。尤其是批评性意见，一定要有理有据，不但要批评不足与错误，也要尽可能提出改进意见。

意见范文解析

要　领	范　文
标题：发文机关＋事由＋文种	××市农业委员会关于发展我市观光旅游农业的意见
主送机关：上级机关	××市人民政府：
正文： （一）发文缘由：行文的背景、原因，并以“提出如下意见”承启下文。	随着我市农业结构调整步伐的加快和人民生活水平的不断提高，发展观光旅游农业已成为农村经济新的增长点。为科学有效地开发利用农业资源，促进农村经济发展，现就发展我市观光旅游农业的有关问题，提出如下意见。
（二）意见事项：以条文形式分述目标、任务、实施要求、措施办法，或者建议事项、意见等。	一、指导思想、任务目标与原则 指导思想：（略） 任务目标：（略） 遵循原则：（略） 二、区域布局与重点项目 全市发展观光旅游农业，按照由近及远，功能配套，点线面连接，依托农业资源，结合旅游景区建设的构思进行布局。 近期抓好以下重点项目： （略） 三、几项政策措施 （略） 以上意见如无不妥，请批转各县（市）、区级市各部门执行。
（三）结语	
落款：发文机关 成文日期	××市农业委员会 ××××年一月六日

写作模版

<table>
<tr><td>

××关于××的意见

__________：

____

为________________________________现提如下意见：

一、______________________________________

二、______________________________________

三、______________________________________

以上意见，请结合实际情况贯彻执行。

____

____年____月____日

</td></tr>
</table>

本章小结

议案和意见均属于建议、意见性公文，但在使用过程中，两者存在着明显的不同。议案是提请性的专用公文，具有使用的专一性。意见的使用范围要比议案广泛，它不仅可以用作下行文，还可以用作平行文和上行文。

思考与练习

一、填空题

1. 意见具有__________、__________、__________和__________四个特点。
2. 意见是对重要问题提出__________和__________。
3. 议案的种类有__________、__________、__________。
4. 议案的正文部分由__________、__________、__________构成。

二、判断题

1. 议案和意见都属于下行文。（　　）
2. 议案的标题中可以省略“事由”，直接以“发文机关＋文种”为题。（　　）
3. 议案必须有同级政府行政首长签署，并署名前标识其职务。（　　）
4. 下层机关的意见一般具体性、可操作性较强。（　　）
5. 意见可对下级机关布置工作，下级机关应当遵照执行。（　　）
6. 意见和议案的行文方向都很灵活。（　　）
7. 为了提高办事效率，可以将几件需要审议的事项放在一个议案中。（　　）

三、简答题

1. 什么是意见？意见有哪些种类？

2. 议案有何特点？

3. 意见和报告有何区别？

四、写作练习

指出下面公文的毛病。

××海关关于建议对《海关稽查暂行规定》个别条款文字作出修改的请示

海关总署办公厅、政策法规司并×署长：

《海关稽查暂行规定》（以下简称规定）自19××年发布实施以来，对海关依法执行稽查职能发挥了非常重要的作用。但我们在工作实践中发现，规定的部分内容也还存在一些不足，特别是个别文字表述有欠严谨周密，因而在具体执行过程中给工作带来了一些不便甚至被动。为此我们强烈要求务必抓住适当的时机对文件作出修改，以维护国家和公民的合法权益。

我们的具体修改意见主要集中在规定的第十三条上。该条中有这样的表述：“企事业单位有下列行为之一的，海关可以视情节轻重暂停其报关，可以根据《中华人民共和国海关法》及其他有关规定给予罚款：一、未按规定设置和保存账册、资料的……”

这里的两个“可以”的关系不够明确，因此在实际执行中随意性较大，不便统一要求，行政相对人也因此反应有失公平。

这里的“给予罚款”也显然不如“处以罚款”准确。“给予罚款”既可以理解为“给对方以罚款的处置”，也可以理解为“将罚没（而来）的款项给对方”。实际工作中我们已多次遇到被处罚的行政相对人利用这句有歧义的话提出意见甚至反诉。

以上意见，如有不当请批评指正。

此致

敬礼

××海关

××××年×月×日

第十章　商洽、记录性文书

【知识点】掌握商洽、记录性文书的概念和特点，掌握文书格式。
【能力点】熟悉商洽、记录性文书的结构和写法，模拟写作。

第一节　函

一、概念

函是“适用于不相隶属机关之间相互商洽工作，询问和答复问题，请求批准和答复审批事项”的公文。函的使用范围较广，是一种简便、自由、灵活的平行文。

“不相隶属机关”是发文单位和受文单位没有上下级关系，是平等的，这是该文种最为独特的一点。

二、特点

（一）使用的广泛性

函主要在不相隶属的机关之间使用。如：平级的党政机关之间，政府及其部门与同级的军事机关、群众团体及其部门之间等。

（二）内容的多样性

函的内容不拘一格，可以商洽工作，也可以询问或答复问题，还可以请求批准和答复事项等。

（三）写作的灵活性

函一般不受发文机关的权限大小与级别制约，也不受事项轻重差别的限制，只要需要行文，都可以用函发文。

三、函的分类

（一）从发文关系来看，函有发函和复函。发函是主动同对方联系而发出的函；复函是答复对方有关事项而发的函。

（二）从重要程度来看，函有便函和公函之分。便函一般比较简单，处理程序也较简便；公函的事项重要，应根据正式公文的格式来撰写。

（三）从内容和用途来看，函可以分为商洽函、问答函和请批函。

1. 商洽函。用于不相隶属机关之间商洽、联系、协调某一问题或某项工作的一种协商事宜和要求的公文。

2. 问答函。单位之间相互询问和答复问题的函。当本单位在工作中出现问题而又无法解决时，可以向有关单位咨询，请求答复。如：省物价局向省教育厅发出的《安徽省物价局关于普通与成人高考考试等收费问题的复函》。

3. 请批函。向没有隶属关系的业务主管部门请求批准某些事项时使用的函。如：某高校向所在市计委发出的《关于解决住宅生活区配电改造工程资金的函》。

四、结构与写法

函一般由标题、发文字号、主送机关、正文和落款组成。

（一）标题

标题一般有两种写法：

1. 完全式。由发文机关、事由和文种组成，如：《××省交通厅关于商请派车接送民工的函》。假若是复函，还可以在事项部分说明来文单位的名称，如：《××市财政局关于××市教育局请求拨款的复函》。

2. 省略式。通常省去发文机关，即由事由和文种组成，如：《关于计划外出口棉布的函》。应注意的是，只要是复函，就一定在标题中表现出来，如：《国务院办公厅关于公开发布天气预报有关问题的复函》。

（二）发文字号

公函与其他公文一样，要有发文字号，为完全式。但函的发文字号还有点不同，机关代字后要加一个“函”字，如皖府函〔2008〕20号。若是便函，也可以不写文号。

（三）主送机关

函的主送机关只能有一个。如果是复函，主送机关应是来文的发文机关。

（四）正文

函的正文一般包括缘由、事项和结语三部分。

1. 缘由。发函要说明原因和目的，而复函一般是引叙来函“你单位××年×月×日来函（标题和发文字号）收悉”。

2. 事项。无论是发函还是复函，都要写清楚有关事项。发函要将本单位想要商洽或询问或请求批准的问题，具体、明确地写出来。而复函也要将本单位对来函的意见说明白。发函不能啰嗦，复函也不能含糊其辞，模棱两可。

3. 结语。函的结束语是一些习惯用语，发函用“特此函告”、“请复”、“即请函复”、“特此函达，希即函复”、“请予回复为盼（为荷、为要）”等；复函用“特此函复”、“此复”等。如果是便函，它的结尾与一般信函类似。

（五）落款

落款由发文机关和发文日期组成，位于正文右下角。

五、函的写作原则

（一）应一事一函。从去函方的角度来说，这样可以提高办事效率，以免“一函多事”造成一事误他事的情况。从复函的角度来说，来函一事则答复一事，不该在复函时再牵扯其他事项，以免误事。

（二）用词要得体，讲究分寸。无论商洽工作还是询问情况，文辞不能像私人函件那样随意，要措辞得体，既有公文庄重，又有礼貌。

六、请批函与请示、复函与批复的区别

（一）函主要用于平级单位之间、不相隶属单位之间以及业务上的主管与被主管关系的单位之间的工作往来。向主管单位请求批准有关事项，主管单位用复函批准请求事项。请示则用于有隶属关系的上下级机关之间，下级机关用请示向上级机关行文请求指示或批准重要事项。因此在使用请示函时，首先要弄清发文机关和受文机关的关系，然后才能够确定用什么文种。

（二）批复与复函，都是回复来文的公文。复函是用于回复不相隶属机关来函提出的事项，批复则是用来批准答复下级机关的请示。从使用范围来看，函比批复更为广泛，使用更灵活。

【例文分析】

函范文一解析

标题：发文机关＋事由＋文种	××市统计局关于请求拨款的函
主送机关：	市财政局：
正文：说明请求批准的缘由及请批事项，采用了叙述手法。	我局原有132平方米砖瓦结构车库（平房）一处，因年久失修于今年雨季突然倒塌，急需修复。经测算，共需资金30万元。因我局除财政拨款外无另外资金来源，故请能予临时拨款为盼，以便解决车辆越冬之急需。
结尾专用语：	以上，望关照。
附件：	附件：维修图纸与预算
发文机关：	××市统计局（印章）
发文日期：	二〇〇八年六月八日

函范文二解析

<table>
<tr><td>标题：事由十文种
主送机关：
正文：第一部分说明发函的理由。
第二部分是询问的内容，明确而又具体，使对方一看就懂，便于依项回答。
发文机关：
发文日期：</td><td>关于询问贯彻全省科学技术工作会议情况的函
各地、市科委：
全省科技工作会议自今春召开至今，已有半年。为了互通情况，并为使我省科技事业更好地为改革开放、为发展社会主义市场经济服务，希针对下列所询问题，将你地、市有关情况于9月底前报我委办公室。
一、省科学技术工作会议后，采取了哪些措施进行贯彻？
二、在此半年中，有何科学发明和科技革新？效果如何？
三、在开展科学研究和科技交流方面曾遇到过哪些问题？如何解决？现在存在哪些问题，哪些问题需要我们帮助解决？
××省科学技术协会
×年×月×日</td></tr>
</table>

函范文三解析

<table>
<tr><td>标题：答复单位名称十答复事项十文种
主送机关：
正文：第一部分是告知来函收悉的情况。
第二部分是答复意见。针对来函的内容，给予明确的答复。
第三部分是结尾。最后以“特此函复”作结语。
发文机关：
发文日期：</td><td>×××大学关于商调×××同志的复函
××局：
贵局6月18日的商调函收悉。
贵局对我院多年来的大力支持，使我们两单位之间建立了深厚的友谊，所以，贵局的愿望我们愿鼎力相助。
关于我院王华同志调到贵局工作一事，经研究同意。现随函附该同志有关档案材料，并请将报到日期尽快函告我们。
特此函复
×××大学
二〇〇八年七月八日</td></tr>
</table>

函范文四解析

<table>
<tr><td>标题：事由十文种
主送机关：
正文：说明告知缘由和具体告知事项。最后用“特此函告”惯用词语作结语。
发文机关：
发文日期：</td><td>关于我公司更名的函
各业务联系单位：
根据我公司业务拓展的需要，现我公司（长城公司）已更名为永存电子公司，原公司的债权和债务由永存电子公司承担，特此函告。
永存电子公司
××××年×月×日</td></tr>
</table>

写作模板

关于＿＿＿＿＿＿＿＿＿＿＿的复函

×函〔××××〕××号

＿＿＿＿＿＿＿＿＿＿＿：

贵局《×××××××××××××》（××〔××××〕××号）收悉。经研究，现将有关问题函复如下：

一、＿＿。

二、＿＿＿＿＿＿＿＿＿＿＿＿＿＿＿＿＿＿＿＿＿＿＿＿＿＿＿＿＿＿＿＿＿＿＿＿＿＿＿。

三、＿＿＿＿＿＿＿＿＿＿＿＿＿＿＿＿＿＿＿＿＿＿＿＿＿＿＿＿＿＿＿＿＿＿＿＿＿。

特此函复。

＿＿＿＿＿＿＿＿（盖印）

二〇××年×月×日

【病文分析】

公　　函

××大学校长办公室：

首先，我们以××省财经学校的名义，向贵校致以亲切的问候。我们以崇敬和迫切的心情，冒昧地请求贵校帮助解决我校当前面临的一个难题。

事情是这样的：最近，我们经与某某学院磋商，决定派×位老师到该院进修学习。只因该院恢复不久，在“文革”中大部分房屋遭到破坏，至今未能修盖完毕，以致本院职工的住房和学生的宿舍及教室破旧拥挤。我校几位进修教师的住宿问题，虽几经协商，仍得不到解决。然而举国上下，齐头并进，培养人才，时不我待，我校几位教师出省进修学习机会难得，时间紧迫，任务繁重，要使他们有效地学习，则住宿问题是亟待解决的。

为此，我们在进退维谷的情况下，情急生智，深晓贵校府高庭阔，物实人齐，且具有宽大为怀，救人之危的美德。于是，我们抱着一线希望，与贵校商洽，能否为我校进修教师的住宿问题提供方便条件。但不知贵校是否有其他困难，如有另外的要求和条件，我校则尽力相助。若贵校对于住宿一事能够解决，我校进修教师在住宿期间可为贵校教学事务做些义务工作，如辅导和批改作业等，这样可以从中相得益彰。我们以校方的名义向贵校表示深深的恩谢。

以上区区小事，不值得惊搅贵校，实为无奈，望谅解。并希望尽快得到贵校的答复。

此致

敬礼

××省财经学校（公章）

二××年×月×日

评析：

这篇公函存在以下几个方面的问题：

1. 格式不正规

（1）标题不规范。作为正式的公文，应该采用公文标题的常规格式，只用“公函”二字作标题，显然不合要求。

（2）结语不规范。此函用一般书信的祝颂语作结语，消解了公文的特色，有些不伦不类。

2. 请求近乎无理

发函单位为解决自己进修教师的住宿问题，竟要求与此事无关的第三方帮助解决困难，这要求近乎无理。合作总是要在互利互惠的前提下才能得以实现的，请求帮助也要在合情合理的情况下才能提出，此函仅以帮助辅导、批改作业作为交换条件（他们的教师其实并没有为对方做辅导和批改作业的资格），其他真正能作为对等交换的条件完全没有，其结果可想而知。

3. 语言不得体、不准确

此函的语言有较多问题。

（1）没有公文语言的严谨性与简洁性，有些话近乎口语，如“事情是这样的”、“希望尽快得到贵校的答复”等。

（2）有些语言分寸失当，有献媚之嫌，如“深晓贵校府高庭阔，物实人齐，且具有宽大为怀，救人之危的美德”。

（3）用词不当，如“宽大为怀”，应是旧时惩处时的用语，“救人之危”的说法也有些过分。最不应该的是居然要和对方“相得益彰”。还有“我们以校方的名义”一句话，让人莫名其妙：难道这函不是以校方名义发出的吗？

以上种种问题使得这篇公函几乎没有达到目的的可能，应从中汲取失败的教训。

第二节 会议纪要

一、概念

会议纪要是“适用于记载和传达会议情况和议定事项”的公文。它是根据会议的指导思想和目的要求，在会议记录和会议有关文件的基础上，将会议的基本情况以及决议事项加以综合整理而形成的。它的发文方向不确定，既可上传也可下达，起沟通情况、交流经验和指导工作的作用。

会议纪要和会议记录有所不同。首先，会议纪要是行政机关公文，而会议记录是机关单位内部用于记录会议发言的事务文书。其次，会议纪要的内容是经过会议通过的有关事项，而会议记录则是会议的忠实记录，反映了会议的全过程，是会议纪要的原始材料。因此，会议纪要要比会议记录更加精炼，所涉及的事项大都带有倾向性，对实际工作更有指导和沟通作用。

二、特点

（一）内容的纪实性。会议纪要是会议的产物，是对会议成果的记录和整理，如实反映会议的内容，不能主观行事。

（二）记录的提要性。会议纪要要围绕会议的中心议题，概括出主要精神，归纳出主要事项，体现出中心思想，使人一目了然，把握精髓。

（三）执行的约束性。会议纪要一旦下发，其所决定的事项，作出的安排在实际工作执行中，具有指导、约束性，要求与会单位和有关人员遵守或执行。

三、会议纪要的分类

从内容性质来分，可分作两大类：决策性会议纪要和研讨性会议纪要。

（一）决策性会议纪要

会议经过讨论后达成共识，提出对某项具体工作的意见和建议，议定的事项要求有关单位共同遵守和贯彻执行，起决策和指导作用，同时还有行政约束力。

（二）研讨性会议纪要

这类会议纪要通过对有关方针政策或学术问题的探讨，起到交流经验的作用，如《高考英语命题与中学英语教学改革座谈会纪要》，这类会议纪要主要是让有关方面了解会议情况，没有行政约束力。但是，如果涉及的问题对于工作有指导作用，并且经领导机关批转有关单位，那它的作用就和决策性会议纪要相同。

四、结构与写法

会议纪要一般由标题、正文和落款三部分组成。

（一）标题

会议纪要的标题与其他公文的写法不同：

1. 会议名称和文种“纪要”组成，如《院长办公会纪要》、《市长办公会纪要》。

2. 发文单位、会议名称和文种组成，如《××学校进一步做好维稳工作会议纪要》。

3. 双行标题：正题，说明会议的意义或内容；副题，会议名称和文种。如《晚稻生产应立足于稳，在稳中求高—全省晚稻生产座谈会纪要》。

（二）正文

一般由会议的基本情况、会议事项和提出号召或要求三部分组成。

1. 基本情况。主要包括会议的名称、时间、地点、参加人、主持人、列席人、议题、会期、形式等情况，说明基本议程、主要活动和会议结果。

2. 会议事项。是会议纪要的主要部分，主要写会议的主要情况，作出哪些决定等。这部分内容比较繁杂，一定要注意归纳总结，安排好结构，才能使文章条理清晰。可以采用段落式、分条列项式、小标题式、发言记录式，也可以采用综合式。结构方法灵活多样，主要是有条理。在写作时，可以运用一些惯用语，如“会议认为”、“会议指出”、“会议决定”、“会议强调”、“会议听取了”等，这些语言多用在段落开头，形成段旨句，使主体的叙述有条不紊。

3. 提出号召或要求。专题性的会议纪要一般都要以提出号召或要求作为结尾，主要向受文单位或机关发出号召或要求。例如“希望有关单位认真贯彻执行会议精神”之类。

（三）落款

一般会议纪要不用落款，发文机关、日期在基本情况中已有记录。其他性的会议纪要有的有落款，有落款的由发文机关和日期组成。

五、会议纪要的写作原则

会议纪要要能按领导的意图简明扼要、全面真实地反映会议的基本情况和内容。写作时，除了注意结构安排和写作方法外，要特别注意两点：

（一）要做好会前准备和会议记录

这是写好会议纪要的基础。应该在参加会议前，把有关的文件和材料找出来进行学习，领会精神，并且对整个会议的主旨有所了解。会中除了认真听会，注意收集和阅读各小组的发言记录、会议简报和会议印发的其他材料外，还要认真作好会议记录，以全面准确掌握会议情况。

（二）要善于正确集中会议讨论的意见

会议发言的意见有时可能不一致，甚至相反。因此，对会上讲的各种情况和意见，要进行认真分析。按会议确定的主旨选择有代表性的意见归纳整理。有分歧的意见，除报道性的讨论会议纪要外，一般不写上。要反对以主观的愿望来取舍、概括、提炼与会者的发言；或者变换角度、断章取义的手段篡改与会者的观点，变更会议中心议题；或者离开会议实际再创造，人为拔高、深化和填平补齐。

【例文分析】

会议纪要范文一解析

标题：发文单位＋会议名称＋文种 正文：导言非常简要地介绍了会议的基本情况。 结尾专用语： 主体部分（二至五段）写会议研究确定的四个方面主要内容。	××省人民政府办公厅关于食糖储备工作会议纪要 二〇××年×月×日，省政府办公厅召集省经委、贸易厅、财政厅、工商银行研究了省级食糖储备问题。秘书长×××同志主持会议。参加会议的有×××、×××等同志。现将会议确定事项纪要如下： 一、当前食糖资源短缺，供应紧张，为保证我省市场消费和轻工食品生产正常进行，加强对食糖的调控能力，一致同意建立省级食糖储备制度。 二、省级食糖储备暂安排2吨，由省糖酒茶叶公司落实货源。 三、食糖储备资金6000万元，由省糖酒茶叶公司自筹500万元，省工商银行贷款5500万元，贷款指标近期予以安排。 四、储备费用年需730万元，由省财政厅和代储企业共同承担。其中，省财政拨付一部分资金作为铺底资金，周转使用。省级储备糖坚持全年储备和季节性更新相结合，销售差价部分先抵补储备费用，如有节余，除适当留给储备单位作留利外，主要用于充实储备资金；如出现亏损，先从基金中补贴，超过部分由省糖酒茶叶公司负担。 （此文件发至省经委、贸易厅、财政厅、工商银行）
发文机关： 发文日期：	××省人民政府办公厅（印章） 二〇××年×月×日

会议纪要范文二解析

标题：会议名称十文种“纪要” 在会议决定事项之前，属于会议的自然情况，分条列项写明会议召开的时间、地点、主持人、出席者等。以下为具体讨论决定的问题，将问题逐一表达，包括研究了什么问题、怎样决定的、如何具体落实等，写得较为规范。	××市市长办公会会议纪要 时　间：××××年×月×日 地　点：××会议室 主持人：××× 出席人：×××、×××、×××、××× 列席人：×××、××× 议　题： 1.××××× 2.××××× 会议决定 1.…… 2.…… 3.…… 4.……

写作模板

关于________________会议纪要

________________________，________________________。会议经研究，议定了以下事项：

一、____。

二、____。

三、____。

________________（盖印）

二〇××年×月×日

【病文分析】

××市税务局市场征收工作经验交流大会纪要

××××年5月29日，××市税务局召开了“市场征收工作经验交流大会”，×××副局长对去年6月1日农贸市场实行征税以来的工作进行了回顾总结，部署了今后工作。

×副局长在总结中指出，在各级党政领导重视支持和有关部门的密切配合下，经过广大税务专管员的努力，一年来征收税款×××万余元，市场物价基本平稳，摊位、品种并未减少，“管而不死”的方针得到了贯彻，在税收工作上取得了不少成绩：

一、运用税收经济杠杆，加强税收管理。在保护合法经营、打击和限制投机违法活动方面发挥了积极的作用，如××区税务分局第×税务所，从宣传着手，提高商贩的遵纪守法的观念；从检查着手，促使商贩正确申报；从管理着手，做到十足收齐。

二、初步摸索、积累了一些行之有效的税收管理办法。如××区税务分局与工商局密切配合，思想上统一认识，管理上统一步调，处理上统一行动，通过一年实践，证明这样做法有利于加强市场征收工作。

三、在培养、锻炼新生力量方面迈出了可喜的一步。据统计，一年来拒腐蚀的事例共有289起，不少分局摸索、总结出一些培养干部的经验，××区税务分局第三税务所在大会上介绍了他们“晓之以理，导之以行，抓紧队伍”的做法，就是这些经验的代表。

×副局长还号召市场税务专管员向一年来立功受奖的同志学习，拒腐蚀，永不沾。只有思想上筑起一道防线，方能在种种糖弹面前立于不败之地。

最后，×副局长要求各单位进一步加强市场专管员队伍建设，在政治思想、业务水平、工作经验上都有一个新提高：认真贯彻市委18号文件，密切与其他部门的配合，把整顿市场秩序的工作做好。

评析：

这篇“会议纪要”存在的主要问题有以下几个方面：

1. 导言未能概括出会议的基本情况。谁参加会议、谁主持会议、开会的地点在什么地方、会议的议题和会议的结果均未交代。

2. 没有全面真实地反映会议情况。全文只写了×××副局长的讲话，评价工作、总结经验、提出要求、发出号召，均出自他一人之口；既然是交流大会，当然应有许多人参加，许多人发言，但文章对这许多人的活动、发言连概括性的反映都没有。

3. 观点与材料没有很好地统一。×××副局长总结的三点经验，第一、二两点，从所举的事实看，是同属于“加强税收管理”的，只是具体做法不同而已。第三点，观点和事实的意义不够一致。所举事实说明的是“加强队伍建设”问题，当然也包括“培养、锻炼新生力量”的问题，但两者并不是一回事。

4. ×××副局长在总结中说明的经验和提出的措施、要求过于简单、笼统，不够明确、实在。这样，即使是恰当的，也不利于受文者理解、掌握，付之实践。

5. 第二段，×××副局长在总结中指出税收工作上取得了不少成绩，可是“纪要”接下来说的不是“工作成绩”，而是“工作经验”。段末“成绩”两字改为“经验”或“成绩与经验”较好。

本章小结

函和会议纪要都属于《国家行政机关公文处理办法》（国办发〔2000〕23号文件）中所规定的行政公文文种。函属于商洽文书，会议纪要属于记录性文书。撰写函和会议纪要，首先要熟悉函和会议纪要的格式，熟记它们格式的数据在载体上的排列顺序，必须做到格式符合标准。根据所撰写的内容、行文关系，恰当地选择文种，拟好标题，确定发文字号。准确选择主送单位和抄送单位。撰写函和会议纪要的正文时，开头要根据需要写导语，正文事项要条理清楚，不能交叉。语言要准确、简明、得体。

思考与练习

一、问答题

1. 什么是函？函的特点是什么？

2. 试述请批函与请示、复函与批复有何区别。

3. 会议纪要有哪些特点？

4. 试比较会议纪要和会议记录有何区别。

5. 函和会议纪要各有何写作注意事项。

二、模拟练习

1. 分析下面这份复函，并指出其毛病。

关于联合召开林业工作会议的复函

××林业局：

你局的来函收悉。正如你局来函所述，林业生产是我们地区的一大优势。我们地区气候温和，雨量充沛，尚有×××万亩宜林荒地。发展林业生产有利于农业生产，是保持农业生产持续高产，上新台阶的重要保证。应进一步采取切实可行的措施，因地制宜地制定和完善发展林业生产的政策，促进林业生产的发展。我们两局联合召开林业工作会议，研究和部署林业生产是很有必要的。但遗憾的是，我局主要领导因公外出，联合召开林业工作会议的事宜无法研究，请见谅。

此复

二〇〇×年×月×日

2. 根据下列给出的材料，撰拟一则公文。

××职业技术学院决定于2008年12月10日在该院召开高等职业教育管理干部座谈会，拟邀请有关院校管理干部参加，互相交流管理经验，会议为期四天，特告知有关高等职业院校。要求与会代表应具有副教授以上职称，或是从事高等职业教育管理工作三年以上的处级领导干部，自带交流材料。与会代表报到地点和开会地点定于该院招待所，具体事宜可与该院院长办公室××同志联系。

3. 根据下述内容，请你代××市旅游集团公司给××旅游学院写一封商洽函。

××市旅游集团公司为了培养新世纪的旅游管理高级人才，准备委托××旅游学院举办一期管理人员培训班，为期一年，采取脱产学习的形式，学籍管理及收费等按××旅游学院的相关规定办理。人数为 30 人。

4. 根据近期学院高职高专人才培养工作水平评估工作进展情况，试拟一份会议纪要。要求：先拟好写作提纲。

第三编　专用文书

第十一章　财经文书

【知识点】了解、掌握财经文书的概念、特点和写法。

【能力点】熟悉掌握财经文书的格式、写法，能模拟写作。特别要注意和掌握财经文书中的细节。

第一节　合同书

一、合同书的概念

1999年3月15日，九届人大二次会议通过的《中华人民共和国合同法》明确规定："合同是平等主体的自然人、法人、其他组织之间设立、变更、终止民事权利义务关系的协议。"

在本节中，我们只介绍经济合同。依据合同的定义，经济合同应是平等主体之间，为了一定的经济目的，明确权利义务而订立的协议。经济生活的现实表明，经济合同的平等主体包括法人，个体生产者，个体经营者，农户和其他经济组织和个人等。法人是与自然人相对而言的，指具有独立民事权利和主体资格的社会组织，它是社会组织在法律上的人格化。

经济合同是商品经济的产物，反映了一定社会经济关系的客观需要，也随着商品经济的发展而发展。合同在我国的使用，由来久远，它们在古代还常以"契约"、"质剂"、"判书"、"傅别"、"质要"等名称出现。早在周代，具有法典性质的《周礼》中就有有关记载。作为当时商品交换凭证的合同、质剂、判书等，一般一式二份地写在竹木上，然后在契背上写一大字，于字中央破之为二，双方各执一份，即所谓的"同而别之"。兑现时，"合之以为信"，所以"合同"本身即有"验合相同"之意。在长期的奴隶社会、封建社会中，由于商品经济不发达，经济合同的使用并不广泛。而在当代，随着商品经济的发展，生产和交换关系越来越多，经济合同的使用范围也越来越广泛。尤其在我国经济体制改革逐步深入的今天，经济合同的地位更显重要。它不仅用于国内各企事业单位、经济部门乃至个人之间的经济交往中，也用于国际贸易往来中。

二、经济合同的特点

（一）经济合同是双方或多方当事人的法律行为

这一特征主要有两方面的含义：

其一，合同不是单方面的法律行为，而是双方或多方当事人在平等协商的基础上确立、变革和终止权利义务关系的法律行为。当事人之间的权利义务往往是互补的，此方义务的履行，关系到彼方权利的获得，反之亦然，所以合同强调对签订合同双方或多方当事人的约束。

其二，合同必须依法订立。一经成立，就具有法律约束力。合法合同，受法律保护，国家以强制力来监督、保证合法合同的实现。任何一方若不如约履行合同，都要承担由此引起的法律后果。这即是说，合同所规定的当事人之间的权利义务关系，是由法律规范来进行调整的。

（二）经济合同的主体是具有独立民事权利主体资格的个人或组织

法人是指依法拥有独立支配的财产，能够以自己的名义独立地参加民事活动，并能为自己拥有的民事权利承担义务和民事责任的社会组织。

（三）经济合同的内容体现了一定的经济目的

经济合同是为了一定的经济目的而制定的，其内容所反映的，是当事人在商品生产和流通中的经济关系，即商品货币关系。这种经济关系具体表现为一定财产的转移，一定劳务的付出，或一定工作的完成等。

（四）经济合同必须坚持平等协商、等价有偿和自愿互利的原则

平等协商，指合同当事人双方在法律上具有平等的地位。无论是全民所有制单位还是集体所有制单位，无论是上级单位还是下级单位，也无论是组织还是个人，在权利义务上都是平等的，不允许以大压小，以强凌弱。签订合同时应本着平等自愿的精神反复协商，任何一方不得把自己的意志强加于对方，损害对方利益。等价有偿，指合同当事人的权利义务是对等的，一方从对方得到利益，就要付出相应的代价，任何一方都无权要求对方无偿为自己提供产品和劳务。平等协商、自愿互利、等价有偿是签订经济合同的前提与基础。只有按此原则行事，才能真正达到促进协作，发展经济的目的。

三、经济合同的分类

经济生活的复杂丰富性决定了经济合同的多样性。依不同标准，有多种分类：

1. 按合同形式分。有口头经济合同和书面经济合同。口头合同一般多用于可即时清结、数额不大的任意性经济交往中；书面合同多用于不能即时清结，内容较复杂，数额较大的经济往来中。书面合同在格式上又有条文式和表格式两种。

2. 按合同的有效期限分，有长期合同、短期合同、年度合同、季度合同等。凡期限在一年以上的均为长期合同。

3. 按合同成立的程序分，有承诺合同和实践合同。凡双方意思表示一致，合同即告成立的，叫承诺合同。例如购销合同，建筑工程承包合同等。凡双方达成协议后，还须交付标的才能成立的合同，叫实践合同，例如借款合同，保管合同，运输合同等。

4. 按国际关系分，有国内合同与涉外合同。

5. 从合同成立是否需要特定方式划分，有要式合同与非要式合同。凡需要履行特定的方式才能成立的合同，称为要式合同。如需要经济签证、公证或有关机关核准登记才算成立的合同，属要式合同。要式合同未履行特定方式前，合同不算成立，也不发生法律效力。

6. 按合同标的分，可分为转移财产的合同，提供劳务的合同和完成工作的合同三种。

转移财产的合同是一方将一定财产转移给对方，由对方付给价款的合同。一般有三类情况：财产所有权的转移（如购销合同）、财产管理权的转移（如供用电合同）和财产使用权的转移（如房屋、土地的租赁合同）。此类合同也包括无形财产的转移，如专利权、商标专用权转让合同。

提供劳务的合同和完成工作的合同都要求一方按约定条件付出劳动，对方支付报酬。其区别在于，前者只提供服务，不产生新的劳动成果，例如货物运输合同，仓储保管合同等；后者则最终要表现为新的劳动成果的产生，例如勘测设计合同，建筑安装工程承包合同、科研试制合同、加工承揽合同等。

7. 按业务性质和内容划分。这是目前最常用的分类方法。我国《合同法》的“分则”部分把常用合同按业务性质和内容分为15类，并对其条款作了具体规定。这15类合同是：

（1）买卖合同：又称购销合同，是出卖人转移标的物的所有权于买受人，买受人支付价款的合同。

（2）供用电、水、气、热力合同：是供电（水、气、热力）人向用电人（水、气、热力）供电（水、气、热力），用电人（水、气、热力）支付电费的合同。

（3）赠与合同是赠与人将自己的财产无偿给予受赠人，受赠人表示接受赠与的合同。

（4）借款合同：是借款人向贷款人借款，到期返还借款并支付利息的合同。

（5）租赁合同：是出租人将租赁物交付承租人使用、收益，承租人支付租金的合同。

（6）融资租赁合同：是出租人根据承租人对出卖人、租赁物的选择，向出卖人购买租赁物，提供给承租人使用，承租人支付租金的合同。

(7) 承揽合同：是承揽人按照定做人的要求完成工作，交付工作成果，定做人给付报酬的合同。

(8) 建设工程合同：是承包人进行工程建设，发包人支付价款的合同。建设工程合同包括工程勘察、设计、施工合同。

(9) 运输合同：是承运人将旅客或者货物从起运地点运输到约定地点，旅客、托运人或者收货人支付票款或者运输费用的合同。

(10) 技术合同：是当事人就技术开发、转让、咨询或者服务订立的确立相互之间权利和义务的合同。

(11) 保管合同：是保管人保管寄存人交付的保管物，并返还该物的合同。

(12) 仓储合同：是保管人储存存货人交付的仓储物，存货人支付仓储费的合同。

(14) 委托合同：是委托人和受托人约定，由受托人处理委托人事务的合同。

(14) 行纪合同：是行纪人以自己的名义为委托人从事贸易活动，委托人支付报酬的合同。

(15) 居间合同：是居间人向委托人报告订立合同的机会或者提供订立合同的媒介服务，委托人支付报酬的合同。

四、经济合同的主要内容

经济合同的内容即合同条款，它是当事人双方权利义务关系的具体化，是执行的依据和发生纠纷时调解和仲裁的依据。

合同条款有三类，一是一般合同要求共同必备的主要条款。二是根据法律规定或某类合同性质要求必备的条款，它取决于法律的特殊规定和某类合同的特殊性质，例如仓储保管合同中的保管方式，损耗标准，损耗处理方法等条款。三是当事人一方要求规定，而另一方同意的条款。

主要条款是经济合同的核心内容，它反映了合同当事人的主要经济目的和要求，在经济合同的成立和执行中起着决定性的作用。合同的主要条款有如下几项：

(一) 标的

标的是经济合同当事人双方权利和义务所指向的对象。如购销合同的标的是某种商品，财产租赁合同的标的是租赁物，借贷合同的标的是货币，科技协作合同的标的是某项科研成果，技术转让合同的标的是某一专利技术或非专利技术，运输合同和仓储保管合同的标的是承运方和保管方所提供的劳务等。合同标的是多样的，可以是货物、劳务、工程项目，也可以是货币；可以是有形的，也可以是无形的；如智力成果、管理权限等。

标的是一切经济合同的必备首要条款，如没有标的或标的不明确，经济合同就无法履行，合同就会因无实际意义而不能成立；如果标的违反法律规定和国家有关规定，则合同无效。

撰写合同时，一定要将合同标的写得明确而具体，其名称、规格、型号、商标等因素均要写清楚。

（二）数量和质量

数量和质量是确定标的的重要条件。

数量是衡量标的大小、多少的尺度，没有数量就无法确定当事人双方权利义务的大小。在合同中应明确写出标的数量、计算单位和计算方法。为了便于履行合同和避免纠纷，合同中的计量单位和计算方法，应按国家或主管部门的统一规定执行；国家和主管部门没有规定的，由双方协商确定。同一合同中的同种计量单位应该统一，数量应准确清楚，如允许超欠，则要写明允许超欠的幅度，有些产品还要在合同中写清合理的磅差和正副尾数。

质量是标的内在素质和外观形态优劣的标志，是这一标的与另一标的的重要区别。质量条款是容易引起合同纠纷的条款，撰写时，要把标的质量技术要求和具体标准明确具体地表述清楚。采用的质量检验标准应注明是何年何月颁发的国际标准、国家标准、部颁标准、地方标准或企业标准。质量条款应符合国家有关规定和标准化要求。有国家标准的按国家标准执行；无国家标准而有专业（部）标准的，按专业（部）标准执行；两者都没有而有地方标准的，按有地方标准执行；没有法定标准的，按双方共同协商的标准执行。有些产品还要封存样品，作为检验依据。

（三）价款和酬金

价款和酬金是接受标的一方向对方支付的表现为货币的代价。以物为标的的，其代价称为价款；以劳务为标的的，其代价称为酬金，二者统称为价金。价款和酬金是合同的主要条款之一，凡有偿合同，都须有明确的价金。合同中应写明货币的名称、计算标准、单价和总额等。涉外合同要特别注明使用何种货币计价和结算。价金的支付要根据等价有偿的原则和国家物价管理、劳务管理的有关规定执行，如无规定，应由双方协商议定。

（四）履行的期限、地点和方式

合同期限，包括合同的有效期限和履行期限，有效期限是指合同具有法律效力的起止间期，超过这个间期，则合同失效。履行期限是指享有权利的一方要求对方履行合同义务（如交货或完成工作任务）的时间规定，它是确定经济合同是否按时履行的依据。撰写合同时，应根据双方协商结果，明确写出合同履行的期限，包括具体的年月日。合同的有效期限和履行期限对多数合同，尤其是一次性履行的合同来说，是一致的；而对多次履行的合同来说，是不一致的。例如有效期为一年的分期付货合同，其履行期限可以依生产需要和库存条件订为多次。比如某合同定为每季头一个月的一至十日供全年货物总量的四分之一，如迟延这个履行期限，虽在合同有效期内，但仍视为违约。购销季节性商品，尤其强调合同的履行期限。履行期限也指提供标的的一方要求对方付给价款和酬金的时间规定。

履行地点，是指合同当事人交付、提取标的的地点，它直接关系到履行合同的费用和时间，应在合同中注明。履行的地点要根据标的的性质特点或双方的约定具体来定。不可移动的标的物，履行地点就在标的物所在地。例如建筑工程承包合同的履行地在建筑物所在地。可移动的标的物，要具体注明。自提货物要规定出提货的地点和时限；送货要写清交货地点、运费承担者、运费标准和途中损失等；托运应定出发货地点和到货地点；接受货币，在接受给付一方的所在地履行；其他义务，在履行义务一方的所在地履行。

履行方式：指合同当事人采取何种方式来履行合同义务。不同的经济合同及双方不同的目的，对履行方式有不同的要求。合同的履行方式还包括标的交付方式、价金的结算方式和验收方式（验收规则、验收标准、质量检验标准）。如购销合同，有由需方自提或委托托运的，也有供方送货的；有一次交货的，也有分期付货的。履行方式关系到价金和效益，因此，应在协商后明确写入合同。

（五）违约责任

违约责任也叫“罚则”。经济合同的违约责任，是指合同当事人不履行合同义务或履行合同义务不符合约定的，应承担相应的违约责任。违约责任条款的规定一般包括违约条件、违约处置、违约金及赔偿金的支付结算办法、期限及逾期的罚则等。违约责任应写得明确具体，便于执行。一般要写明违反什么规定，违反到何种程度，相应承担什么处置。例如建筑工程承包合同，往往规定准确的竣工验收时间，如延误工期，将要支付一定数额的违约金。延期的长短和违约金支付的多少要有区别，延期越长，违约金支付越多，如工程质量不合要求，不但要无偿返工，而且还要支付一定数额的赔偿金。

经济合同之所以规定违约责任，目的在于维护合同的严肃性，保证合同的严肃签订和认真履行，保护认真履行合同一方的合法权益；同时违约责任也是处理纠纷、分清责任的依据。

（六）解决争议的方法

如在合同履行中产生争议，《合同法》第128条规定了“解决争议的方法”，即：“当事人可以通过和解或者调解解决合同争议。当事人不愿和解、调解或者和解、调解不成的，可以根据仲裁协议向仲裁机构申请仲裁。涉外合同的当事人可以根据仲裁协议向中国仲裁机构或者其他仲裁机构申请仲裁。当事人没有订立仲裁协议或者仲裁协议无效的，可以向人民法院起诉。当事人应当履行发生法律效力的判决、仲裁裁决、调解书；拒不履行的，对方可以请求人民法院执行。”

产生合同纠纷的原因很复杂，有客观原因，有主观原因。客观原因如果属于不能预见、不能避免并不能克服的“不可抗力”影响的，如遭遇地震、风暴、严重的水旱灾害等情况，导致不能按期履行合同，应当及时向对方说明不能履行的理由，以减轻可能给对方造成的损失，并应当在合理期限内提供证明。对方当事人在取得有关证明后。可以允许免除部分或全部违约责任。

任何经济合同，都必须具备上述六项主要条款，否则，就很有可能引起纠纷或遭受损失。其他双方认为有必要规定的条款也应写入。

五、经济合同的结构

经济合同主要有两种形式，一是表格式，一是条款式。表格式多适用内容简单，条款较少，批量较多的购销合同、加工合同等的。它有使用方便，书写迅速，简洁规范的特点。但不宜用于内容相对复杂的合同。条款式宜于表达内容复杂，特殊要求多的合同，利于清晰、周详、灵活地表述合同内容。但无论哪种形式的合同，其结构大都由以下四个部分组成。

（一）标题

标题，即合同名称，其位置在合同的首行居中。通常有以下写法：一是以合同性质、种类为标题，标明性质、种类是为了从总体上与其他合同相互区别，例如“购销合同”、“供应合同”等。二是合同标的加合同种类为标题，例如“建筑施工物资租赁合同”、“技术成果转让合同”等。三是合同的有效期加合同种类，如《2006 年运输合同》。四是单位名称加合同种类，如《××市××制药厂、××县××药材公司中药材买卖合同》。五是多种因素混合运用，如《××钢铁集团、××港务局 2006 年上半年钢材水路货物运输合同》。合同不可笼统写成“经济合同”或“合同”。

（二）约首

合同的约首包括签订日期、合同编号和当事人名称等内容。

合同的签订日期和合同编号一般用比标题小的字写在标题下行的中间或偏右处。给合同编号是为了便于检查和归档，很少与外单位签订合同的单位，如感到无此必要，也可略去不写。

当事人名称，要写明签订合同的双方或多方单位名称及法人代表或代理人姓名。如当事人是个人，就写个人姓名。当事人名称要用全称，为方便叙述，行文中当事人的名称可以用“甲方”、“乙方”或“供方”、“需方”等来代替，但需在当事人名称后注明。不论在什么情况下，合同中都不能用不定指代“你方”、“我方”来指当事人。例如：

立合同单位	国营××机械厂	（甲方）
	××市第三建筑公司	（乙方）

（三）正文

合同的正文包括以下几个方面的内容：

1. 签订合同的依据和目的。

2. 双方协议的内容。包括主要条款、法律及合同性质要求必备的条款及双方协商认为有必要写入的其他条款。

3. 合同的有效期限。

4. 合同的份数与保存。

如有表格、图纸、计划、实样、资料等附件，应在正文的文末注明，然后把附件附在合同之后（实样除外）。

（四）结尾

即落款部分。主要署明经济合同当事人的全称及各方代表人姓名，并加盖公章和私章。最后写明签订合同的日期，日期在署名的右下方。

六、经济合同的写作要求

（一）订立经济合同不得违反国家法律、法令、政策的要求

我国的《合同法》第 7 条明确规定："当事人订立、履行合同，应当遵守法律、行政法规，尊重社会公德，不得扰乱社会经济秩序，损害社会公共利益。"

经济合同要依法订立，其主体、订立程序及内容都要以法律、政策来规范。只有严格遵守国家法规及有关财务、税收、物价等方面的政策、制度，才能保证经济合同的合法性，最终使当事人的利益受到保护。凡违反国家法律、法令、政策的合同，即使双方自愿，其他条件都具备，也是无效的。例如，我国实行烟草专卖，没有专卖权的任何单位、个人就不得收购、批发买卖烟草，也就不能订立这种内容的合同。又如，违反《食品卫生法》规定签订的合同，就不得成立。即便成立，也属无效合同。再如，在国家控制基建规模的情况下，任何单位必须根据国家批准的固定资产投资计划及设计任务书来签订合同。对未经批准擅自扩大规模的建设工程，设计、施工单位应拒绝与之签订经济合同，建设银行也应停止和拒绝对其贷款。

（二）经济合同的内容不得违反社会公共利益和道德准则

尽管订立经济合同的初衷是为了一定的经济目的，但也不得违反社会公共利益和道德准则，利用经济合同去干有害人民身心健康的事。如故意掺杂使假，生产、经营伪劣产品，制造经销黄色书刊、光盘、录像等。凡与社会公共利益和社会主义精神文明相悖的，都应摒弃。

（三）条款齐全完备，内容具体明确，表达准确周严，格式规范正确

由于签订经济合同是一种法律行为，最终要付诸实施，事关当事人的合法权益及经济利益，因而必须严肃慎重地行事。要逐条逐项认真推敲合同内容，合同条款应齐全完备，内容表达要明确、具体、清晰、周严。只有如此，才能

为合同的顺利履行创造条件。切莫因内容缺漏或表达不准，使合同条款无法执行，或分不清责任，酿成合同纠纷，造成经济损失。

合同还要求格式规范，文面整洁，字迹工整清楚，用语准确，标点正确，不会在理解上造成歧义。有国家统一要求的制式合同的，要使用制式合同。另外，货款要求大写。定稿誊写要用钢笔或毛笔，纸张也应选相对好一些的。成文后的合同不可随意涂改。

（四）摒弃无效合同

《合同法》第52条对无效合同作了界定，这是所有订立合同的主体应该回避的。有下列情形之一的，属合同无效：

1. 一方以欺诈、胁迫的手段订立合同，损害国家利益；

2. 恶意串通，损害国家、集体或者第三人利益；

3. 以合法形式掩盖非法目的；

4. 损害社会公共利益；

5. 违反法律、行政法规的强制性规定。

七、合同写作的注意事项

（一）合法

订立合同，必须依法办事。当前存在的较突出的问题是有的合同内容违反国家的法律和政策。这类合同，不仅不受法律保护，有的还要依法追究法律责任。

（二）合理

合同必须贯彻平等互利、协商一致、等价有偿的原则。任何一方都不得把自己的意愿强加给对方。

（三）合格

即合乎合同的一般写作格式和必备的主要条款。

（四）完善、明确

不仅格式和主要条款要完善，每一条款的内容也要尽量周密严谨，避免发生漏洞。如标的物不仅要写明数量和质量，而且要写明计量单位、质量的技术要求和标准等等。

（五）做好调查研究

一份合同能否成立、有效，能否全面履行，必须满足基本的有效条件。这些条件包括当事人要有合法资格，订立合同必须遵守国家法律，贯彻平等互利、协商一致、等价有偿的原则，履行法定的手段。而要做到这些，必须在写作前做好充分的调查研究。首先要调查对方属于何种身份。其次要调查对方履行合同的能力。再次要核查本单位履约的能力。此外，签订合同前还要对社会、市场进行调查，多掌握一些情况，尽可能使合同订得切合实际，以确保质量。

合同书范文解析

<table>
<tr><th>要　领</th><th>范　文</th></tr>
<tr><td>标题：</td><td>房屋租赁合同</td></tr>
<tr><td>约首：</td><td>北京外交人员房屋服务公司（以下简称甲方）自××××年××月××日起，将北京市××（地点）建筑面积××平方米的房屋及其设备租给×国驻华大使馆（以下简称乙方）作馆舍之用。如房屋结构、装置或设备有缺陷，由甲方负责修理，并承担费用。</td></tr>
<tr><td>正文：</td><td>双方兹订立租赁合同如下：
第一条　自本合同生效之日起……
第二条　甲方负责……
第三条　甲方对出租的……
第四条　由于甲方检查不周，维修不及时，造成……
第五条　乙方对承租……
乙方在征得甲方同意后，可以……
乙方需要……
乙方在征得甲方同意后，可……
遇有不可抗拒……
第十条　乙方承租的房屋因……
第十一条　乙方承租的房屋不得……
第十二条　本合同自双方签字、盖章之日起生效。有效期自××××年××月××日至××××年××月××日为止。期满前三十天，如任何一方不提出异议，合同将自动延长一年。
本合同于××××年××月××日在北京签订，一式两份，每份都用中文和×文写成，两种文本同等作准。</td></tr>
<tr><td>落款：</td><td>甲方代理人（盖章）：××××　　乙方代理人（盖章）：××××

××××年××月××日</td></tr>
</table>

写作模版

＿＿＿＿＿＿＿＿合同书

＿＿。

双方兹订立租赁合同如下：

＿＿。

本合同于××××年××月××日在北京签订，一式两份，双方各执一份。

甲方（盖章）：××××　　　　乙方（盖章）：××××

××××年××月××日

【病文分析】

1. 某装修公司张经理与外地某家具厂赵总经理签订了一份金额达500万元的购销合同。合同规定：两个月内交货，由装修公司交付10万元作为保证合同履行的定金。期间赵总接到了一宗更大的生意，无法按期履行合同，便电告张经理，经多次协商未果，张经理只好要求赵总退还定金，另找合作伙伴。

张经理要求赵总双倍返还定金，不料对方却只退还10万元，张经理拿出合同一看，自己错把“定金”写成了“订金”，追悔莫及。

这真是“一字值千金”，可见合同写作要慎重。

2. 下列材料中语言上有何不确切之处？

A. 某合同中规定：“交货地点：岳阳”。（“交货地点”不具体，范围太大。）

B. 某合同“违约责任”一项中写道“每延期一天，甲方应偿付乙方5%的违约金”。（对“违约金”界定不清。究竟是余额的5%，还是总额的5%?）

C. 某合同中规定：“本合同一式3份，甲乙双方各执一份”。（两处错误：一是数字书写不规范；二是还有一份合同不知在何处。）

第二节　意向书

一、意向书含义

意向书，是双方或多方就合作项目在进入实质性谈判之前，根据初步接触所形成的带有原则性、意愿性和趋向性意见的文书。

二、意向书的作用

意向书的主要作用是传达“意向”，提请对方注意或供参考，可以约束双方的行动，保证双方的利益；意向书能反映业务工作上的关系，能保证业务朝着健康有利的方向发展；意向书可为正式签订协议或合同打下基础。

三、意向书的特点

（一）协商性

写意向书多用商量的语气，不带任何强制性。有时还用假设、询问的语气。

（二）灵活性

意向书的灵活性主要表现在两个方面：

1. 可以随时改变自己的主张。意向书发出后，对方如有更好的意见，可以直接采纳，部分改变或全盘改变都是可能的。

2. 在同一份意向书里可以提出多种方案供对方选择。或者对其中的某项某款同时提出几种意见或调查，让对方比较和选择。

（三）临时性

意向书是协商过程中各方基本观点的记录，一旦达成正式协议，便完成了意向性的使命。意向书不像协议、合同那样具有法律效力。

四、意向书的写法

（一）标题

常用标题有三种形式：

1. 文种式标题，即写明“意向书”三字；

2. 简明式标题，由事由和文种两项组成，例如，“关于合作办学的意向书”；

3. 完全式标题，一般由合作双方名称、合作项目和文种三项组成，如“×××和×××合作经营××度假村意向书”。

（二）导语

内容包括：1. 签订意向书的单位；2. 明确指导思想和政策依据；3. 规定总体目标，最好用承上启下的惯用语结束引言，导出正文。

（三）正文

正文是意向书所要实现的总体目标的具体化，一般都以分项排列条款的形式来表述，各项条款之间的界限要清楚，内容要相对完整，既不要交叉叠叙，也不要过于琐碎，更不能有所疏漏。

正文后部一般以“未尽事宜，在正式签订合同或协议书时予以补充”作结语，以便留有余地。

（四）尾部

各方谈判代表签字、签订时间和抄印份数、报送单位等。

五、注意事项

1. 不要表现出我方对关键问题的要求。我方对项目中的关键问题的要求不宜写入，以便在下一步洽谈时，能进退自如，取得主动。

2. 凡我方要上级或其他部门才能解决的问题，不能写入意向书。

3. 不要写入超越我方工作范围的意向条款，也不要写入与我国现行政策和法规相抵触的内容。

4. 思考要周密，用词要准确，特别是不要随便使用肯定性的词句，尤其是关系到双方权益的问题，务必慎用肯定性词句，以便留有余地。

意向书范文解析

要　领	范　文
标题：	合作意向书
	甲方：×××投资策划有限公司
	乙方：×××文化公司
导语：	为发挥各自优势，搞好招商引资工作，根据乙方申请，甲方初步考察论证，本着自愿、平等、诚实、互利的原则，在友好协商的基础上签订如下合作意向，共同严格履行。
正文：	一、合作项目：暑期社区文化夏令营
	二、合作方式：投资策划，直接投资或代理联系第三方投资。
	三、实施步骤：
	1. 乙方根据甲方要求，在……
	2. 甲方依据投资分析报告……
	四、投资方到乙方专题考察……
	五、合作期限：2个月。自乙方上交费用之日起生效。未尽事项，另行协商解决。
尾部：	甲方签字盖章　　　　乙方签字盖章 年　月　日　　　　年　月　日

写作模版

__________意向书

甲方：____________　　　　乙方：____________

双方就____________项目的合作事宜，经过初步协商，达成如下合作意向：

一、同意就____________项目开展合作研究开发。

该项目的基本情况是：

____

____。

二、前期工作由甲乙双方各自负责。

甲方应做好以下工作：

1. ____

2. ____

乙方应做好以下工作：

1. ____

2. ____

三、在甲乙双方完成前期工作基础上，双方商定　年　月　日签订正式合同。

四、本意向书是双方合作的基础。甲乙双方的具体合作内容以双方的正式合同为准。

甲方：　　　　　　乙方：

代表人：　　　　　代表人：

年　月　日

【病文分析】

××厂（甲方）　　××××公司（乙方）

双方于×年×月×日在×地，对建立合资企业事宜进行了初步协商，达成意向如下：

一、甲、乙两方愿以合资或合作的形式建立合资企业，暂定名为××有限公司。建设期为×年，即从×年—×年全部建成。双方意向书签订后，即向各方有关上级申请批准，批准的时限为×个月，即×年×月×日—×年×月×日完成。然后由××X厂办理合资企业开业申请。

二、总投资×万（人民币），折×万（美元）。××部分投资×万（折×万）；××部分投资×万（折×万）。

甲方投资×万（以工厂现有厂房、水电设施现有设备等折款投入）；

乙方投资×万（以折美元投入，购买设备）。

三、利润分配：各方按投资比例或协商比例分配。

四、合资企业生产能力：……

五、合资企业自营出口或委托有关进出口公司代理出口，价格由合资企业定。

六、合资年限为×年，即×年×月—×年×月。

七、合资企业其他事宜按《中外合资法》有关规定执行。

八、双方将在各方上级批准后，再行具体协商有关合资事宜。

本意向书一式两份。作为备忘录，各执一份备查。

×年×月×日

评析：

上文很规范，可以作为意向书的模板，但是，欠缺了重要的一条，尾部的双方签字，这个非常重要。否则很多问题是会有麻烦的，甚至，前面所有签订的条款都是无效的。

第三节　招标书、投标书

一、概述

招标是在兴建工程、大宗采购或定做商品时，以业主为招标人，或委托专门的招标机构作为招标人，公布拟建项目、拟购商品的有关条件和要求，征召工程承建单位和卖方、承包商，在指定的时间、地点，按照一定程序前来投标，最终择优选定合作对象的活动。专门的招标机构是指按国家规定的、具有法人资格和招标资格，从事国内、国际业务的专职机构；业主是指工程项目建设单位、采购或定做商品的法人或其他组织；投标人是指按招标文件规定参加竞投的承建单位、卖方、供应商或其他组织；中标人是指通过招标、投标活动最终被招标人、业主选定为合作对象的工程承包人、供应商、制造商及其他组织。

二、招标文书、投标文书的种类

招标、投标是个系统过程，产生的文书种类较多，依不同的标准有不同的分类：

（一）招标、投标是相互对应的，围绕不同主体的活动，通常可按文书作用把它们分为招标文书和投标文书两大部分：

1. 招标文书，包括招标公告、招标通知书、招标邀请函、招标章程（须知）、评标结果报告、中标通知书、招标书、委托代理书、合同或协议书、图纸等。

2. 投标文书包括投标申请书、投标书、工程承诺书、资质证明材料、投标报价说明及造价表、图纸等。

（二）按性质内容划分，有工程项目的招标、投标文书，大宗商品交易的招标、投标文书，选聘人员的招标、投标文书，企业承包或租赁的招标、投标文书，劳务招标、投标文书，科研课题的招标、投标文书，技术项目引进或转让的招标、投标文书等。

（三）按招标范围分类，可分为国际招标书，国内招标书、部门系统内招标书和单位内部招标书等。

（四）按合同期限分类，又可分为长期招标文书和短期招标书两类。

（五）按实施步骤区分，又可将上述几种招标分为“一步招标法”和“两步招标法”两种：

一步招标法是指招标人一次报出投标价和技术响应书，截标后紧接着开标、评标、授标。这是一般大量运用的方法。

两步招标法即投标人先报出技术响应书（不带报价），开标后招标人研究分析各个投标技术方案，筛选淘汰不合格的投标方案，可进行技术澄清或商谈，然后平衡综合，修改原招标书，写出新的招标技术规格书，发给合格的投标人，这是第一步。第二步是和一步招标法一样的，投标人按新的招标技术规格书，报出自己的技术响应书和投标价，截标后开标唱价，招标人组织商务和技术审核，然后计算各投标人的评标价高低，按评标价最低中标的原则确定中标人。两步招标法不常使用，只在工艺复杂、技术含量高的货物采购和工程量不容易确定、施工复杂的土建工程招标中才使用。

招标、投标文书种类繁多，因招标、投标的投资、规模、复杂程度、技术含量、参与人员多寡、招投标环节等情况的不同，所用文书种类也有区别。本章主要学习招标书、投标书的相关知识。

三、招标书的写作

（一）招标书的含义和作用

招标书又称招标说明书，是招标者用以公布拟建工程项目或拟购大宗商品的内容及其条件、要求和标准，以期征召和优选承包对象时所编写的文字材料。

招标在国际上被广泛运用于货物、工程、服务等领域，在经济活动竞争中有很大的作用。招标有助于实现社会资源优化配置，其公平的、透明的操作程序有助于防止腐败，倡兴廉政，有利于经济的繁荣和社会的发展。

我国《招标投标法》第 3 条规定："在中华人民共和国境内进行下列工程建设项目，包括项目的勘察、设计、施工、监理以及与工程建设有关的重要设备、材料等的采购，必须进行招标：

1. 大型基础设施、公用事业等关系社会公共利益、公众安全的项目；

2. 全部或者部分使用国有资金投资或者国家融资的项目；

3. 使用国际组织或者外国政府贷款、援助资金的项目。"

而且规定："任何单位和个人不得将依法必须进行招标的项目化整为零或者以其他任何方式规避招标。"可见，国家是提倡在经济活动中进行招投标的。招投标活动应当遵循公开、公平、公正和诚实信用的原则。

（二）招标书的内容和结构

招标书一般由标题、正文、落款三个部分组成。

1. 标题

招标书的标题主要有以下几种形式：一是由招标单位、标的名称或事由、文种构成，如《××市第三污水处理厂设备安装工程招标书》；二是只写招标单位和文种，如《××市第三污水处理厂筹建处招标书》；三是事由和文种，如《建筑安装工程招标书》；四是文种一项，如《招标书》或《招标说明书》。

2. 正文

正文一般由导语、主体、结尾组成

导语。应写明招标单位的基本情况，招标的目的、依据及标的名称等，文字要简洁准确。

主体。要写入招标书的核心内容。一般用条文式，有的也可用表格式或条文和表格结合的形式。由于招标书的性质和内容不同，其写法也不尽相同。主体部分包括三方面内容，一般需要简要概括、分条列项地写出：

（1）招标项目的情况信息：含工程招标要写明标的概况、资金来源、工期、工程建设标准；

（2）招标、投标的法规要求和参与招标、投标活动的应知信息：含招标步骤、投标程序、投标费用、招标的起止时间、开标时间，评标原则和办法、合同规则（或合同示范本）等；

（3）对招标对象的条件和要求：含招标范围、投标人资质、投标保证金、投标书等。

商品招标书要求标明商品的名称、数量、规格和价格等。

科技项目招标书则要求写清招标原则，项目名称，任务由来，研究开发目标，研究开发内容，经济技术指标，研究开发的进度要求、成果要求、经费要求，承包单位的条件及要求等。

招标书还有一些附件，如：具体的工程量清单、图纸、欲购商品清单等。内容应力求详尽、具体，表述力求规范、明确。招标书的内容较多时，要装订成册。

招标工作的结果是要优选一个合作对象建立合同关系，招标书的内容实质是招标单位发出的要约。

3. 落款

写明招标单位的名称（全称）、法人代表和日期。装订成册的招标书，在封面或正文开头部分已写明的，可从略。

（三）招标文书的写作要求

1. 要有较强的政策观念和法律观念

撰写招标书时，要遵照国家的《招标、投标法》等法规办事，内容要合法合理，切实可行。招标书的要求和应知事项，要符合国家有关法律、法规、政策和程序的规定；违反国家法律、法规的不能中标。如违反我国公布的“民法通则”、“反不正当竞争法”等法律法规的，应取消其中标资格。

2. 必须贯彻平等互利的原则

招标是一种为所有合格的投标人提供公平竞争机会的交易方式，因此招标书内容必须建立在平等的基础上。如，招标书中引用的标准和技术规格应最大可能采用国家标准、部颁标准或国际上认可的标准，例如ISO、IEC。不能够引用某一家制造商的商品名称、商标、目录号作为依据，也不能引用独家生产的技术参数和特征作为依据。

招标单位与投标单位之间，应以协作互利为本。招标单位不能把条件订得过于苛刻，投标单位报价也应适中，底标与报价要符合当时社会的平均价格水准。

3. 内容重点明确，全面周密，方案既科学、先进，又适度、可行。

重点明确，内容周密。招标项目（即标的）是招标书的核心内容，对其有关情况、招标范围、具体要求，都要写清楚。如建设项目的工程名称、数量、技术质量要求、进度要求，甚至建筑材料的要求等等。该写的一定要写全，尽可能周到，没有空子可钻。以免日后发生纠纷。

4. 语言简明、准确。对技术规格、质量要求的表述绝对准确、无误。

招标书范文解析

<table>
<tr><th>要　领</th><th>范　文</th></tr>
<tr><td>标题：

导语：

正文：

尾部：

落款：</td><td>重庆市鸿程房地产发展公司蓝盾住宅小区工程
总体规划设计方案招标文书
本项目是经济适用房项目，位于重庆市江北区石马河南桥寺，总占地近 88 亩。本项目进行总体规划设计招标，中标单位将签订合同，完成全套方案设计。
一、项目概况
1. 项目位置：……
6. 规划红线图：
二、招标方式
本项目采用邀请招标方式，邀请四家设计单位参加。
三、投标单位资质要求
1. ……
2. ……
十一、其他
……
十二、招标日程安排
……
十三、报名地点及联系人：
……
附件
……
重庆市鸿程房地产发展公司
2007 年 6 月 21 日</td></tr>
</table>

写作模版

__________招标书

现有……就此项目进行招标。

一是招标项目的情况信息：____。

二是招标、投标的法规要求和参与招标、投标活动的应知信息：______________________________。

三是对招标对象的条件和要求：____。

附件：1. ____；

2. ____。

××××

××年××月××日

四、投标书的写作

（一）投标书的含义和作用

投标书是投标者为了中标而按照招标书提出的项目、条件和要求，以求实现与招标者订立合同而提供给招标者的承诺文书。投标是对招标的响应，是竞争其他承包者的行为，投标书同时也是提供给招标人的备选方案。

投标和招标一样在国际上被广泛运用于货物、工程、服务等领域，在经济活动和竞争中有很大的作用。同招标相同的是，它同样具有符合市场经济原则和规律的特点。其规范、有效的竞争有助于实现社会资源的优化配置，其公平的、透明的操作程序有助于防止腐败，倡兴廉政。它和招标一起保护了市场竞争公平、公正、公开的原则，有利于保证项目质量和国家利益，有利于经济的繁荣和社会的发展。

投标和招标是相对应的，先有招标，后有投标。招标书是投标书的引导，其后议标、评标、定标等环节的活动，无不是围绕招标书而进行的；中标和签订合同，也要以招标书为凭据。

投标是一个比实力、比技术、比信誉、比价格、比能力、比策略的竞争过程。投标是否成功，因素很多，但与投标书撰写得好坏有着直接的关系。

投标文书是投标方在投标过程中使用的文书，包括投标申请书、投标人资格审查材料、投标书、演讲或答辩书等。这里主要介绍中心文件——投标书的结构和写法。

（二）投标书的内容和结构

1. 标题

一是由投标单位、投标项目和文种构成的标题，如“××建筑公司承建××商场改扩建项目工程投标书”；二是只写项目和文种的标题，如“××工程投标书”；三是只写投标单位和文种的标题，如“××单位投标书”；四是只写文种的标题，如“投标书”“标书”、“标函”或“投标说明书”。

2. 主送单位名称

主送单位是对招标单位的称呼。在标题下隔行顶格写上招标单位的名称，末尾加冒号，书写时要求使用全称、规范化简称。

3. 正文

投标书申请书的正文只需要用简洁的文字直接表明态度，写明保证事项即可。有时也可根据需要简单介绍一下本单位的优势和情况，或者写明其他应标条件及要求招标单位提供的配合的事项等。投标书的附件很重要，要按照招标要求分门别类地介绍、说明情况。一般来说可分为引言、主体、落款与日期、附件等四个部分。

（1）引言。以简练的语言说明投标的依据、目的或指导思想，表明投标意愿。开宗明义，提纲挈领。

（2）主体。紧紧围绕招标书提出的目标、要求来编制投标书，应当对招标文件提出的实质性要求和条件作出响应。一般为：扼要介绍投标企业现状、具备的投标条件，目前所做的工作，及中标后的承诺；提出总报价限价、完成招标项目时间，明确质量标准和保证措施等。内容还应当包括拟派出的项目负责人与主要技术人员的简历、业绩和拟用于完成招标项目的机械设备等。

（3）落款与日期。包括署名、日期、联系方式、印章等内容。位置在正文的右下方。

（4）附件。投标书的附件根据需要和实际情况而定。附件内容可包括：资格审查文件、工程量清单、投标报价表、分项标价明细表、材料清单、技术规格、有关图纸和表格、担保单位的担保书等等。

投标书的正文和附件是相互配合的，如果投标书的内容不是很庞杂，大部分内容可在正文中表述清楚，附件就可以减少；如果投标书整体内容很多，都写入正文，影响正文层次的清晰度，就可用多个附件分别承载其内容，正文和附件的内容布局，需要撰写人视情况而定。

（三）注意事项

1. 内容要有针对性。编写投标书要紧扣招标书提出的内容和要求，既要针对招标者提出的条件，也要结合企业实际和工程任务的现状，经过充分分析论证，决定是否投标和标段的选择，内容上具有很强的针对性。投标书编写最核心的要点是要逐条响应招标书，不能有遗漏。其中的具体内容，如目标、造价、技术、设备、质量、安全措施、进度等，都要按照招标书的要求予以明确，使招标方能看出己方的投标意愿和投标能力。如果是答非所问，必然会在竞争中失利。

2. 有科学求实的态度。投标内容要真实可信，切合实际。要实事求是地对投标项目进行分析、实事求是地估量本企业本单位的技术、经济实力，在标书中要实事求是地介绍己方、提出承诺。不可单纯为了中标而增加水分，否则只会使招标者产生怀疑，以致对中标产生不利影响。更不可弄虚作假，徇私舞弊。招标投标活动应当遵循公开、公平、公正和诚实信用的原则。

3. 内容要合理合法。写投标书时，一方面要遵守国家对招标、投标工作的有关法律规章，体现国家的方针、政策，另一方面要执行国家颁布的技术规范和质量标准。整个招标、投标过程中的行为和投标承诺的内容，都要符合《招标投标法》的要求。“投标人不得与招标人串通投标，损害国家利益、社会公共利益或者他人的合法权益。禁止投标人以向招标人或者评标委员会成员行贿的手段谋取中标。”“投标人不得以低于成本的报价竞标，也不得以他人名义投标或者以其他方式弄虚作假，骗取中标。”（《招标投标法》第22、23条）

4. 讲究时效。招标单位之所以招标，是为了利用投标者之间的竞争，优选合作对象，这其中就包含时间、效率的竞争。招标都有时限规定，投标一定要讲究时效，要在规定的时限内编制并送交投标书，这样才有资格进入投标范围。

5. 表述须明确、具体、全面、周密，以免有所疏漏，或中标后引起经济纠纷。

大中型的公司或集团，需要也应该制定统一的《投标标书编写规范与指南》，通过积累，建立一个投标书模版库，以保证投标书的质量、缩短投标书的编写周期。

投标书范文解析

要　领	范　文
标题：	培训楼工程施工投标书
主送单位名称：	××××××××××：
正文：	根据××铜矿兴建培训楼工程施工招标书和设计图的要求，作为建筑行业的×级企业，我公司完全具备承包施工的能力与条件，决定对此项工程投标。具体说明如下： 一、综合说明 （略） 二、标价（略） 三、主要材料耗用指标（略） …… 九、对招标单位的要求 招标单位提供临时设施占地及临时设施40间，我们将合理使用。 十、坚持勤俭节约原则，尽可能杜绝浪费现象。 附件：本公司基本情况介绍
落款：	投标单位：××建筑工程总公司（盖章） 法定代表人或委托代理人：李××（签章） 电话：×××× 传真：×××× 电报：×××× ××××年××月××日

写作模版

______投标书

××××××××××：

根据×××招标要求，我单位现对×××投标，具体说明如下：

投标企业现状、具备的投标条件，目前所作的工作，及中标后的承诺：____________________。

总报价限价、完成招标项目时间，明确质量标准和保证措施：____________________。

拟派出的项目负责人与主要技术人员的简历、业绩和拟用于完成招标项目的机械设备等：____________________。

附件：1.____________________；

2.____________________。

××××

××××年××月××日

【病文分析】

投 标 书

1. 根据已收到上海外高桥造船有限公司二期工程海洋工程平台（一）项目工程的招标文件，遵照《上海市建设工程招标投标管理暂行办法》的规定，我单位经考察现场和研究上述工程招标文件的投标须知、技术规范、图纸、工程量清单和其他有关文件后，我方愿以人民币（大写）叁仟伍佰肆拾肆万壹仟叁佰元的总价，按上述技术规范、图纸等的条件承包上述工程的施工、竣工和保修。

2. 一旦我方中标，我方保证在2006年9月26日开工，并于2007年3月24日竣工，即180天（日历天）内竣工并移交整个工程。

3. 除非另外达成协议并生效，你方的中标通知书及本投标文件将构成约束我们双方合同。

4. 我们明白发包方不一定要接纳最低的投标价的投标或收到的任何投标，也不会解释选择否决任何投标的原因与理由。

5. 我方金额为人民币柒拾万元的投标保证金在接受招标文件时已同时递交。

6. 我们确定本投标已考虑发包方或其招标代理单位已向我方发出的关于招标文件的修改通知。

投标单位（盖章）：××建筑工程总公司

邮政编码：200137
单位地址：上海市浦东区××路××号
传　　真：021—12345678
法定代表人（签字、盖章）：董事长
电　　话：021—12345678
开户银行名称：上海浦东发展银行××支行
开户行地址：上海市××区××路××号
银行账号：×××××××××
电　　话：021—87654321
日　　期：2006 年 9 月 4 日

评析：

此投标书比较简单，但是明显存在一些问题。一是没有主送单位名称；二是法定代表人居然写的是董事长。这个十分不妥，必须是一个具体的人名。很多标书里，代表居然注明的是政府，这个太笼统、太模糊。

第四节　市场调查报告

一、市场调查报告含义

市场调查报告是运用科学方法，有目的、有计划地对市场情况进行调查搜集和分析研究的经济文书。

市场情况包括供与求、产与销两方面现状、变化和发展趋势，一是产品及其类别、销售环境、需求量、市场价格、流通渠道、竞争结构等；二是消费者对商品的需求欲望、购买动机、要求和意见。

二、市场调查报告的作用

市场调查报告对企业在生产营销过程中起着分析市场、提供信息、帮助决策作用；对流通部门起着促进销售的作用；对消费者起着指导消费、从优选购的作用；对领导部门起着掌握市场动态、把握全局，以便加强宏观调控的作用。

三、内容

市场调查报告内容涉及大致分为以下几类：

一是关于用户（消费者）情况的调查，包括现有用户数、构成、分布，用户经济状况、购买力，用户购买动机、消费习惯和心理；用户购买次数、数量、时间和地点；用户对企业评价等。

二是关于产品情况的调查，包括产品的质量、性能、规格、价格、外观、包装、商标、使用方法和技术服务，产品的使用状况、用户满意度，产品在市场上的地位、竞争情况、库存等。

三是关于销售情况的调查，包括商品在市场的销售状况、销售能力和潜力、销售环节和利润、渠道，开辟新的销售渠道的可能性，仓储和运输情况，广告情况（广告信息、媒介、效果、费用等），销售人员素质、组建、分布、培训、考核和报酬等。

四是关于市场情况的调查，包括市场对企业产品的总需求量和潜在需求量，产品在同行市场占有率，市场的销售指数、发展趋势，竞争对手情况，国内、国际市场拓展开创情况。

四、结构

市场调查报告一般包括：标题、前言、主体和结尾。

（一）标题

一般来说，市场调查报告的标题没有严格的格式。它要求与文章的内容融为一体，是文章内容的高度概括，用精练简洁的文字去表现文章的中心思想。市场调查的标题有：在标题里直接写明市场调查的地区、调查的项目和“市场调查”这一文种；在标题里直接提出某一种商品在市场上的问题，点明文章的中心，如《×牌冰箱被冷落》；用主标题点明文章的中心，再用副标题说明市场调查的项目、地区和文种；用大标题点明市场调查的项目、范围、内容和情况，用小标题说明全文的主要内容。

（二）前言

前言部分用简明扼要的文字写出调查报告撰写的依据，报告的研究目的或主旨，调查的范围、时间、地点及所采用的调查方法、方式。

（三）主体

（四）结尾。

这是全文的结束部分。一般有前言的市场调查报告，要有结尾，以便与前言互相照应，综述全文重申观点或是加深认识。

市场调查报告范文解析

要 领	范 文
标题：	服装市场营销调查报告
前言：	1. 调查说明 河源职业技术学院管理系 06 营销 1 班 CS 队（小组负责人：赖艳芳　小组成员：黄丽霞　黄秀萍　刘静　钟茂强　张育章）对河源服装市场进行了了解调查。
正文：	本次调查发放问卷 100 份，回收 97 份，有效份数 96 份（百分比为 96%）。 （略） 2. 市场营销环境状况 （略） 3. 消费者情况 （略） 4. 经营者条件及风险因素分析及建议 （略）
结尾：	依据此次调查，可以调整策略，一定程度上保证经营者的利益。

服装市场营销调查报告

1. 调查说明

河源职业技术学院管理系 06 营销 1 班 CS 队（小组负责人：赖艳芳　小组成员：黄丽霞　黄秀萍　刘静　钟茂强　张育章）对河源服装市场进行了了解调查。

本次调查发放问卷 100 份，回收 97 份，有效份数 96 份（百分比为 96%）。

为了了解河源地区社会经济发展情况、商业竞争对手状况、消费水平及需求情况进行此次调查。此次调查为河源以后的服装市场的定位、经营方针提供了依据。

河源的服装市场与其他的区域市场又存在着一定的区别，应根据具体的情况做出分析。因此，做好相关的市场调查，才能更好地作出相应的预测。

2. 市场营销环境状况

目前河源的服装市场集散地主要有铜锣湾的女人街、翔丰商业广场、人民路地段商铺、步行街、湖滨路、广晟广场等。其中这几个地方又分为不同的档次。

要对自己所进入的市场做一个充分的了解，有必要进行一个初步的市场研究，以了解市场分布、市场容量、需求性质等。

调查采用问卷调查以及面谈调查相结合的方法。如：定点访问、拦截访问等。

3. 消费者情况

（1）消费者基本情况

性别构成比例中服装消费者以女性居多，女性人口占总体的76%，男性为24%。

年龄构成中年龄以21—25岁者最多，占调查总数的52%，而16—20岁的人群占26%，剩下的21.8%人群均为25岁以上。

文化程度方面以大学生学历者居多，占了41.6%，中学生程度者占了29.2%，而工作者占18.8%位居第三，剩下的其他程度者为10.4%。

（2）消费者的购买力及消费水平

调查资料显示，河源地区对于服装的购买力及消费水平属于中等偏下，这点可以从每次消费的情况反映出来。

（3）消费者购买行为情况

消费者在购买服装的时候，关于对折扣感兴趣的情况，被调查者所作出的反映是：非常感兴趣占了24%，比较感兴趣的人群有41.7%，一般的为20.8%，剩下的13.5%表现的态度为无所谓。

（4）对河源服装市场状况评价及经营建议

针对河源市场的情况，要进行刺激消费。除此之外还要强调自己的品牌体系。

在调查中发现，就“对于款式，通常是什么因素影响你的选择?”这一问题中，个人喜好占了42.7%，彰显个性27.1%，追求潮流19.8%，朋友意见10.4%。而“您通常通过什么途径来了解服装的新潮流”网络资源40.6%，时尚杂志42.7%，朋友介绍11.5%，电视广告5.2%。

由此可以得出，消费者身边的朋友是一群不可忽视的群体。

现代市场营销的发展，已不是单纯的为销售而销售的过程，营销管理与营运服务已是现代品牌营销取胜的根本，必须运用现代营销品牌运作的管理体系，营销的核心是管理与监控。

在营销内部的管理与监控中，充分应用数据信息化对市场走势、货品的上柜、分销、零售、库存及业务人员的业绩进行监控与分析。

无论是公司发展计划和目标，还是营销内部的运作，都必须在目标计划的范围内执行其责任。只有在规范有序、标准的程序下，品牌的营销才能达到理想的目标。

品牌的市场推广和策划是现代市场发展的基本条件，无论品牌的推广，还是终端卖场零售、促销，都应在统一的策划下展开，如陈列方式、导购技巧、橱窗陈设、店面形象等。

因此我们需加强以下几方面的工作：巩固现有市场，维护出口秩序；共享潜在市场；创新新的市场；实行标准化战略。

4. 经营者条件及风险因素分析及建议

服装市场经历了从无到有、从卖方市场到买方市场的历程。以批发为主要销售模式的服装专业市场似乎一直上演着永续的财富神话。然而，面临后配合时代和全球经济一体化的深入，服装专业市场已悄然放慢了发展步伐，老市场的不断萎缩，整体利润率的原地踏步甚至下降，表明其发展已遭遇到一定的壁垒。在新的市场环境下，如何保持可持续性的健康发展，是当下亟待解决的问题。

未来消费品牌的需求会有增无减，会有更多的忠实消费群。其品牌价值也将会稳定增加，它将是公司最宝贵的无形资产。品牌的创立，要经历市场的推广期、成长期、成熟期、发展期四个阶段，它需花费大量财力、人力、物力、时间来维系打造。品牌就是信息，就是实力，更是成功。

(1) 打造市场强势品牌

服装专业市场发展一直与产业的发展历程与需求有着密不可分的关系，两者相辅相成，唇齿相依。产业发展长期依赖于低廉的劳动力成本，生产规模不断递增，导致了产品数量增速较快，质量体系严重滞后，产品差异化无从体现。服装产业已进入品牌化时代，服装专业市场自然地也需要打造专业的强势品牌。

(2) 市场细分

市场细分是市场营销管理中制定市场营销战略的重要步骤，它是市场定位、确立目标市场的重要前提。市场细分的根本目的在于使企业有针对性地认知需求，以便于企业利用自己的特点和优势来满足特定需求。

由于服装具有很强的季节性、选择性和爱好个性，因此，针对细分市场所提供的品牌，将更利于目标客户对产品的选择，提高品牌在市场份额的占有率。

一句话，市场定位的细分既要紧跟消费市场，又要紧跟流行趋势，更重要的是要巧妙地迎合消费者的心理，注意市场的可操作性。

依据此次调查，可以调整策略，在一定程度上保证经营者的利益。

【病文评析】

病文：(略)

评析：

对于市场调查报告，格式上很少出现错误，主要是内容上容易出现不少问题。限于篇幅，就不一一列举，在此，归纳一下市场调查报告易出现的问题：一是调查不全面不深入不充分，导致对问题的认识和分析不到位；二是不定量，定性地推断或者猜测；三是就事论事，不全面，不能联系相关行业或者形势分析市场；四是不客观，站在自己的立场说话。

第五节 可行性研究报告

一、可行性研究报告的含义

投资建设项目，要对项目进行技术论证和经济评估，对项目成功的可行性进行研究，从而避免盲目决策带来的损失，所做的相关调研后形成的报告即为可行性研究报告。

可行性研究不仅在工程技术项目上被广泛采用，而且在新公司的设立、新产品的开发、新体制的实施等方面也被逐渐应用。如设立一个股份公司，组织一次大型的产品促销活动之前，都需要做可行性研究，提交可行性研究报告。

二、可行性研究报告的用途

可行性研究报告，是在建设项目、科学试验或产品投产前，进行全面分析、论证、评估，以确定其技术上先进、合理，经济上有效益，为决策提供依据的一种书面报告。

早在1983年，国家计划委员会颁发的《关于建设项目进行可行性研究的试行管理办法》中就规定：凡大型工业交通项目，重大技术考查项目，利用外资项目，技术引进和设备进口项目都要进行可行性研究。并规定：凡编制可行性研究的建设项目，不附可行性研究报告者，不得审批设计任务书。

三、可行性研究报告的结构和内容

（一）标题

一般由拟建项目名称和文种名称组成。

（二）正文（包括前言、主体、结尾）

前言：又称总论，简要地陈述项目提出的依据和背景、指导思想、基本情况和基本设想。

主体：是可行性研究报告的分析论证部分。这部分涉及的内容一般包括：市场需求情况、原材料、能源、交通情况、项目地址的选择和建设条件、技术，设备和生产工艺、资金方面、财务分析。

结尾：即结论与评价。

（三）落款

（四）附件

四、可行性研究报告的参考格式

第一章　概况

合营企业的名称

合营企业的地址

中方负责人

外方负责人

1. 合营的由来

介绍双方从接触到签约的简单经过、中方企业的生产历史及寻求外资合营的目的。

2. 项目主办人简介

介绍中方企业的简况，包括企业的地理环境、厂房设施、职工队伍、技术力量、生产能力及能源交通等。介绍外方的生产情况、技术能力以及国际地位等。

第二章　合营目标

1. 合营的模式

2. 合营的规模

确认合营企业的总投资额和注册资本，双方各占投资总额的比例及投资的方式。

3. 工艺过程

包括工艺流程、产品纲领及生产工艺等。

4. 市场预测

介绍合营企业产品的市场销售情况及双方的销售责任（应附国际国内市场供应情况的调查报告）。

5. 产品销售方案

作出若干年内产品外销与内销的计划，并规定双方的销售渠道与销售责任。

第三章　合营企业的组成方案

董事会的组成及权限，整个合营企业各办事机构的组成框架（附图）。

1. 公司职工定员

2. 职工来源及培训

职工来源包括管理人员和工人。培训应作出初步计划，对不同层次的职工进行不同级别的培训。

3. 薪金及工资

第四章　生产原料供应方案

1. 主要原料

说明每一种主要原料所需求量以及供应的渠道。

2. 水、电、燃料

说明每日（或每年）的消耗量和解决的途径。

3. 包装材料

说明年需求量和解决的途径。

4. 主要设备生产能力的预算及购置计划（应列表说明）

第五章　安全环保

应根据我国环境保护法及有关安全规定、工业卫生标准的要求执行。

1. 污染物的处理

说明本产品的生产是否产生废水、废气、烟尘及噪音等以及处理措施。

2. 环境美化

3. 劳动安全保护措施

第六章　技术经济分析

1. 技术上的合理性和可实现性

说明本企业与外方合营的条件，本企业的生产历史、技术力量和管理经验，外方的生产历史、技术力量和国际信誉，两家合营后产量与质量可能达到的水平。

2. 经济分析（参见财务分析表）

3. 外汇流量表（参见财务分析表）

第七章　资金来源及项目组成

具体说明双方投资的金额和投资的方式。如：中方可以厂房或土地使用费、开发费抵部分或全部投资；外方可以先进的设备及生产流水线抵部分或全部投资。

如果双方投资需要分期投入，那么说明每一期投资的金额和方式。

第八章　实施计划

具体列出完成可行性研究报告、办理营业执照、有关商务谈判、土建筹备工作开始、生产厂房交付使用、设备安装试车、投产等一系列主要工程的时间。

第九章　评　语

本合营企业符合国家利用外资的方针、政策（有利于产品更新换代和赶上世界先进水平，在经济上双方均有利可得）在经济效益方面的效果。

第十章　财务分析

（一）设计能力

（二）总投资费用及奖金筹措

（三）财务分析（附财务分析表）

合营双方一致同意由甲方做可行性研究报告。上报主管部门审批。

××××年××月××日

附件：财务分析目录（各类表格）

补充：

国家计划委员会在《关于建设项目进行可行性研究的试行管理办法》中，对工业项目（主要是新建项目）可行性研究报告规定了以下十个方面的内容：

（一）总论

1. 项目提出的背景（改建项目要说明企业现有概况），投资的必要性和经济意义。

2. 研究工作的依据和范围。

（二）需求预测和拟建规模

1. 国内外需求情况预测。

2. 国内现有工厂生产能力的估计。

3. 销售预测、价格分析、产品竞争能力和进入国际市场的前景。

4. 拟建项目的规模、产品方案和发展方向的技术经济比较和分析。

（三）资料、原材料、燃料及公用设施情况

1. 经过储量委员会正式批准的资源储量、品位、成分以及开采、利用条件的评述。

2. 原料、辅助材料、燃料的种类、数量、来源和供应可能。

3. 所需公用设施的数量、供应方式和供应条件。

（四）建厂条件和厂址方案

1. 建厂的地理位置、气象、水文、地质、地形条件和社会经济现状。

2. 交通、运输及水、电、气的现状和发展趋势。

3. 厂址比较与选择意见。

（五）设计方案

1. 项目的构成范围（指包括的主要单项工程）、技术来源和生产方法、主要技术工艺和设备选型方案的比较，引进技术、设备的来源国别，设备的国内外分交或与外商合作制造的设想。改扩建项目要说明对原有固定资产的利用情况。

2. 布置方案的初步选择和土建工程量计算。

3. 公用辅助设施和厂内外交通运输方式的比较和初步选择。

（六）环境保护

调查环境现状，预测项目对环境的影响，提出环境保护和三废治理的初步方案。

（七）企业组织、劳动定员和人员培训（估算数）

（八）实施进度的建议

（九）投资估算和资金筹措

1. 主体工程和协作配套工程所需的投资。

2. 生产流动资金的估算。

3. 资金来源、筹措方式及贷款的偿付方式。

（十）社会及经济效果评价

经济效果主要是从项目本身出发，考察建成后的获利能力、清偿能力及外汇效果等。社会效果主要是从国家角度看，项目建设会给国家带来什么直接效益和间接效益。

本章小结

本章介绍的文书包括合同书、意向书、招标书、投标书、市场调查报告和可行性研究报告。希望通过本章的学习，大家能够掌握这些文书的概念，使用范围，格式和相关的注意事项，在工作中正确地使用。这些文书中，特别是市场调查报告和可行性研究报告，都是需要一定时间的调查、分析才能行文，有一定的难度，需要多揣摩。

思考与练习

1. 设定一定的情景，构思一份合同。

2. 意向书、投标书和招标书有哪些共同之处？

3. 写好可行性研究报告应注意什么？

4. 本校拟在校内建一超市，请同学们进行市场调查后形成一篇市场调查报告，以了解其商品布置需求。

第十二章　传播文稿

【知识点】了解广告、消息和通讯三种传播文稿概念，理解三者的特征和作用。

【能力点】掌握广告、消息和通讯基本写作技巧，能够进行简单的传播文稿写作。

第一节　广　告

广告的基本含义是“广而告之”，俗称“商业上的告示”。本章所讲的广告不是广告学，广告学作为一门专门学科，有独立的体系和原理。本章只能把广告最一般的知识，诸如广告的含义、功能、要素，广告文的撰写等，予以简述。

一、广告的含义和作用

（一）广告的含义

广告是商品经济的产物，是伴随着商品经济的产生、发展兴盛起来的。在人类社会历史发展的不同阶段，在不同的区域和国家，由于商品经济发展历程不同，广告的含义也不尽相同。广告的原意在拉丁文中是“我大喊大叫”，在英语中是“商业上的告示”，汉语中为“广而告之”、“广泛劝告”。当然，这都不能视为广告的科学定义。

广告的定义很多，为便于理解，现介绍几种。

我国《辞海》中关于广告的定义是：“向公众介绍商品、报道服务内容或文娱节目等的一种宣传方式。一般通过报刊、电台、电视台、招贴、电影、幻灯、橱窗布置、商品陈列等形式来进行。”

英国《简明不列颠百科全书》的广告定义是：“广告是传播信息的一种方式，其目的在于推销商品、劳务，影响舆论，博得政治支持，推进一种事业或引起刊登广告者所希望的其他反应。广告信息通过宣传工具，其中包括报纸、杂志、电视、无线电广播、张贴广告及直接邮送等，传递给它所想要吸引的观众或听众。广告不同于其他传递信息的形式，它必须由登广告者付给传播信息的媒介一定的报酬。”

方宏进在《广告管理学》中讲得较为简明，他说：“广告是由确定的广告主通过付费取得可控制形式的非个体传播，以劝说的方式向目标市场推销产品、服务或观念。”

广告的定义尽管众说纷纭，但综合起来，应包括以下几点：

1. 广告是传播信息的一种形式；

2. 广告的主要内容是推销商品、劳务或观念；

3. 广告信息必须通过宣传媒介进行传播；

4. 广告主必须付费才能取得可控制的传播形式；

5. 广告必须有目标市场；

6. 广告是非个体性的传播。

（二）广告的分类

为了搞好广告的策划与制作，写好广告文，应当了解广告的分类。因为标准不同，可将广告分为不同的类别。

从广告定义分，可分为广义广告和狭义广告。广义广告包括以盈利为目的的经济广告和以非盈利为目的的非经济广告，其内容和对象比较广泛；狭义广告主要是指以盈利为目的的经济广告。

从广告目的分，可分为盈利广告和非盈利广告。盈利广告又称为经济广告或商业广告，商业广告又可分为商品广告和劳务广告；非盈利广告又称为非经济广告或公益广告。

从广告媒体分，可分为报刊广告、电视广告、广播广告、网络广告、灯箱广告、路牌广告、交通广告、招贴广告、邮寄广告、橱窗广告、包装广告等。

从诉求方式分，有理性诉求广告和感性诉求广告。

（三）广告的作用

1. 广告广泛运用于经济政治、文化等领域，它是管理与经营的重要手段和措施。

（1）传播信息，发展经济

人类已迈入信息社会，美国人认为，“广告媒介正随着信息流量的增加而不断发展和扩大”，“在信息社会，新的权力来源不是少数人手中的金钱，而是多数人手中的信息”。所以说，信息就是资源，就是财富，就是知识和动力。经常说：“一张广告救活了一个工厂”，“一张广告使××变成了旅游热点”，“一张广告帮助旅游者选择了最佳的旅行社”等。通过旅游广告，旅游者可以选择最好的旅行社，可以选择最佳的旅游路线，使旅游者、旅行社和旅游景点多方受益，有利于旅游事业的发展。

（2）开拓市场，促进销售

市场和销售是紧密相连的，需要广告沟通生产者和消费者之间的联系。人们常比喻说广告是“销售的喉舌”，是“商品交换中的红娘”，“推销商品而不做广告，犹如在黑暗中送秋波”。因此，各类企业和产品都会经常利用广告进行推销。

（3）塑造形象，推动竞争

进入21世纪，由于国际市场的形成，商品的广泛流通，企业之间的竞争不仅是产品品牌的竞争，而且发展到了企业形象的竞争，说到底还是争夺市场和消费者的竞争。当今的消费者注重产品的牌子和声誉，关键是在产品的质量和服务。但是，如果不充分利用广告宣传的舆论作用，企业的竞争和树立企业形象也会受到很大的限制。无数事实充分说明，成功的企业在市场竞争中、在塑造企业美好形象方面都不惜巨资和人力，充分地利用广告。如中国旅行总社在报刊上刊发的“中国人旅行，找中国旅行社”的广告，为适应中国人出国旅游而推出了“东南亚异国风情游”、“韩国魅力之旅”等，以其良好的形象参与市场竞争。

2. 在日常的社会生活中，广告也有不可忽视的作用

(1) 社会教育，传播知识

现代广告，无论是经济广告或是公益性的广告，在制作和传播中都包含大量的技术和知识。一些精美的广告，采用了先进的科学技术，运用先进的制作手法，蕴含着丰富的科学文化知识，宣传产品的功能与特点，宣传安全卫生、环境保护、文物古迹保护、人际关系、道德品质等知识和观念，使人们生活得更科学、充实、舒适和幸福。所以好的广告可以成为人们的“良师益友”。

(2) 美化生活，陶冶情操

广告是艺术，现代广告形式多样，制作精美，五彩缤纷，把世界装扮得更加绚丽多姿，更加美好。上乘的广告，充分利用各种艺术手段，将制作者的人生观、艺术观、审美观渗透到广告作品之中。那种高品位的如诗如画的广告，可以给人以美的享受，使人受到潜移默化的美的教育，发挥陶冶人们的情操、提高文化素养的作用。

二、广告创作

(一) 广告创作的五个要素

广告创作是一项复杂的工作，涉及广告的创意决策、艺术表现形式、媒体手段等一系列问题。具体到广告作品的创作，主要按照广告主确定的广告计划，达到广告目的和要求。广告作品有人称为广告表现，所谓表现就是采用艺术的、感情的、直观的多种方式把广告主的意愿和要求圆满地表达出来。因为广告主的意愿和要求是抽象的，是策略性和信息性的，要很好地体现则必须处理好广告的艺术形式与消费者的心理等问题。这些内容就构成了广告创作的五个要素——广告主题、广告创意、广告语、广告形象和广告衬托。

1. 广告主题

主题是文学创作中一个常用术语，具有主旨、立意、中心思想和中心意思的含义。

广告主题借用的主题这一术语，与文学创作的主题有相同的含义。广告主题是广告的中心思想，是广告为了达到某一目的要说明的中心意思。它是广告

的核心和灵魂，起统帅作用，而创意、语文、形象、衬托则是为表现主题服务的。一则成功的广告必须有一个正确、鲜明的主题，而主题必须充分体现广告策略，充分反映广告的内涵，也就是能够充分、集中地体现广告主的意愿与要求。

广告主题是由广告目标、信息个性和消费心理三个因素构成的，即：

广告主题＝广告目标＋信息个性＋消费心理

广告文稿的主题是继后设计的表现基础，是贯通广告的具有支配地位的要素。

广告目标是根据营销决策、广告决策而确定的，是广告要达到的目的。

信息个性是指广告内容所包含的商品、劳务、观念的特点，即销售重点、诉求重点。

消费心理主要是指顾客的心理需求，诸如健康、饮食、社交、经济、舒适、进取、美丽、安全、效能、猎奇、自爱、同情等心理欲求。

广告文稿的主题常见的有以下几类：

(1) 爱的主题。例如，“孩儿面大王（儿童霜）”的广告歌曲：“十个妈妈八个爱……”

(2) 环保与健康主题。绿色食品、无氟冰箱、无磷洗衣粉等广告，都强调了产品的健康与无污染。

(3) 智慧的主题。雕牌洗衣粉的广告强调：“只选对的，不买贵的。”

还有美的主题，时尚的主题等等。广告主题要做到尽可能深刻、形象、鲜明。

2. 广告创意

创意是表现广告主题的构思，或者说，创意是通过构思，创造一种意境来表达广告的主题思想。

创意是广告创作的关键，一则成功的广告，通过巧妙的构思将广告目标、信息个性和消费心理完美地融合在一起，创造出一种新颖意念，给人以鲜明的印象。

优秀的创意应具有独特、新奇、个性突出、内涵鲜明、意趣高雅的品格。

那么，如何进行创意呢？首先要解决广告定位的问题。要根据市场、产品、消费者的实际，从观念、品质、功效、价格诸方面考虑定位。其次是利用广告特有的手段使创意外化，也就是使创意具体形象地表现出来。常用的外化因素有：

一是视觉：视觉化的方法有展示产品本身形象、产品在使用时的情况、照片、图画、商标、文字等；

二是听觉：听觉化的方法有广告词、音乐、音响等。

广告创意的基本原则是：一要立足于真实，真实是广告成功的关键；二要注重文采，力求“语不惊人死不休”；三要动之以情，牵动人的心弦；四要标新立异，出人意料之外；五要大胆想象，创造出神奇意境；六要准确、简洁、鲜明。

如：北京三露化工厂写出“大宝SOD蜜，并非女士专用”，对消费者进行了成功的性别界定，取得了良好的广告效果。

3. 广告语

广告语是指广告中的语言文字。它和图像、声音是广告信息外化的基本手段。

视觉形象主要由文字和图像两个要素组成。文字要素在不同类型的广告中占的地位不同，在报刊中的印刷广告里文字是主体，在一些以图形为主的印刷广告中总配有适量的文字；在以无线广播为媒介的广告中，以声音为诉求手段，必须以文字为稿本；在电视广告中，虽以图像、声音为主，但也必须以文字为基础。离开文字，广告就无法创作。

构成文字形象的要素有标题、正文、标语、随文四部分。如“世界之窗”广告，其文字部分包括标题：“世界之窗”；正文：“深圳‘世界之窗’文化旅游景区毗连‘锦绣中华’与‘中国民俗文化村’，开业于1994年，占地48万平方米，集世界奇观、自然风光、民俗民情、民间歌舞于一园，再现了一个美妙世界……”标语：“你给我一天时光，我给你一个世界!”随文包括单位、电话、传真等。

4. 广告形象

广告形象是展现广告主题的有效办法。广告形象借助于文字、声音、图像三个要素来体现，可以诉诸人的视觉和听觉，给人留下鲜明、深刻的印象。但是，并不是所有广告都能构成形象，比如一些简单的文字广告，像旅行线路广告；以及一些非形象广告，像《中国旅游报》刊登的征集广告代理公司的广告等。一些推销旅游景点和宾馆、饭店的广告，最好有完美的形象。深圳世界之窗有限公司的“世界之窗”和黄山旅游发展股份有限公司的“黄山银梦之旅”，以及建国饭店的广告，均有鲜明的形象。广告的种类不同、特点不同，构成广告形象的方式方法也不同。报刊中的印刷广告以语言文字、图案、照片构成形象；无线广播广告以声音（广告词、音乐、音响）塑造形象。

5. 广告衬托

衬托又称为烘托、陪衬、映衬。人常说牡丹虽好，还要绿叶扶持。衬托的方法可以用相关的事物为背景从正面烘托，也可以用不同的事物从反面烘托。比如“黄山银梦之旅”广告，突出的是冬日银色的奇山异峰，而画面予以衬托的是茫茫云海，文字中则又以“黄山四季皆胜景”衬托黄山“唯有腊冬景更佳”。又如太阳帽广告，广告画面显示盛夏时节在烈日之下，青年男女戴着太阳帽潇洒漫游，衬托出太阳帽的功效。如果背景是阴天则起不到衬托作用。在不同种类的广告中有不同的衬托，比如无线广播广告，以语言、音乐、音响三要素构成，音乐和音响是语言的衬托。电视广告集摄影（像）、美工、表演、音乐、音响、语言文字等因素为一体，以画面为主体，以音乐、音响相衬托。

（二）广告文的撰写

1. 广告文的含义

广告文有两类，即广义广告文和狭义广告文。

广义广告文也称广告稿、广告拷贝或广告表现部分，如广告文字、绘画、照片，以及布局安排等。它的内容包括广告作品的全部。

狭义广告文仅指广告作品中的文字部分，也称为广告的字句、资讯或广告的文字。

广告文是指狭义的广告文，即用以展示广告内容宗旨的语言文字，包括标题、正文、标语、随文四部分。

2. 广告文的写作

广告文一般由标题、正文、标语、随文四部分构成。正文是广告文的主体。不同媒体的广告，广告文也不一样。报刊广告往往四部分较完整，而霓虹灯广告常常将标题或是标语与正文合为一体；路牌、交通广告的广告文则极简略，有时仅一句话，分不出是标题、正文还是标语。

（1）标题

广告标题是一则广告的题目，标明广告的主旨，可将它比喻为广告的“灵魂”或“眼睛”。一则广告首先映人人们眼帘的是标题，引起人们注意、给人们留下印象的也是广告的标题。出色的广告标题不仅能引发消费者阅览全文的兴趣，而且具有画龙点睛的作用。

广告标题与新闻通讯的标题相似，有直接标题、间接标题和复合标题。

直接标题是直接体现广告中心或一语点明广告主题的标题，可以直接以商品、劳务的名称为标题。比如：

“北京，迷人的城。”

“璀璨明珠——张家界”

这类标题简明、具体，一目了然。这种广告标题看似简单，若要写好也很不容易。

间接标题不直接揭示广告主题，采用间接的方式宣传商品或劳务，有“醉翁之意不在酒”的意味。比如：

“中国人旅行　找中国旅行社——中国旅行总社精品线路广告标题”

间接标题讲究艺术性，感情浓郁，表述含蓄，但不能模棱两可，含混不清。无论是用比喻、暗示或是用曲折婉转等修辞方式，都应含义自明。

复合广告标题是将直接标题与间接标题的表述方式结合起来，形成容量较大、艺术性较强而又醒目的标题。复合标题包括引题、正题和副题三部分。

引题又叫眉题或肩题，说明信息的意义或背景，置于正题之前的位置。

正题又叫主题或主标题，用来点明广告的主要内容或事实，处于正中的位置。

副题又叫副标题，是对正题的补充说明，放在正标题之下。比如：

① 军旗升起的地方（引标）

——八一起义纪念馆（主标）

② 四川特产，口味一流（引标）

天府花生（主标）

越吃越开心（副标）

广告标题写作要求：

第一，画龙点睛，体现主题。标题是广告的“眼睛”，不论形式如何，均应体现广告主旨。

第二，言简意赅，醒目引人。广告标题一般较短小，大多十余字，表达内容应力求丰富，一目了然。

第三，含义确切，印象深刻。广告标题含义要明确，不可模棱两可，以免造成歧义或误解。

（2）正文

广告正文也称广告文案，是广告文字的中心部分。其主要作用是说明或描述广告的信息内涵，树立商品、劳务的形象，推动促销。

正文是广告的中心和主体，主要凭借它来体现广告的目的和内容。正文包括三方面内容：一是对标题提出的商品或其他方面加以说明或解释；二是具体说明提供商品或其他方面的细节，让人消除疑虑，这是正文的中心段；三是结尾，用热情诚恳的语言吸引消费者去购买。

广告正文的写法不一，有新闻体、布告体、简介体、论说体、描写体、小说体、戏剧体、诗歌体、问答体、证书体等。

由于社会的进步和人们经济与文化水平的提高，广告的创意和写作已向多元化发展，而且追求给消费者更加完美的享受。已不是直白的仅仅着眼于经济利润，而是越来越讲究其文化内涵和艺术性。

（3）标语

广告标语又称广告口号，是为了加强公众印象，在广告中长期、反复使用的一种简明扼要的口号性标语，有人称其为广告的“商标”。它可以出现在正文的任何部位，一般情况下，独立于正文之外，作为广告相对独立的一部分。它高度概括，语言凝练，具有很强的号召力。广告标语的特点是简洁、整齐、押韵、上口、易记。

例如：

让世界了解中国，让中国了解世界！（《中国日报》）

上上下下的享受（三菱电梯）

借问酒家何处有？牧童遥指杏花村。（山西·汾酒）

它可以加深人们对某一商品或观念的理解与记忆，维持良好的印象，具有鼓动与诱导作用。

广告标语撰写方法多样，常用的有赞扬式、号召式、情感式、提示式、夸张式、含蓄式、比喻式、比较式、双关式、幽默式、标题式等。

广告标语的位置可以置于广告正文的前面，也可放在广告正文之后，还可放在广告正文的两侧。广告标语可以与广告标题合而为一，具有标题与标语的双重作用。

广告标语既然是一种标语口号，撰写时必须符合标语口号的特点。简洁、明确、朗朗上口，便于流传，便于记忆。同时，要善于创新，不要老调重弹，也不要刻板模仿。

4. 随文

广告随文是跟随在广告正文之后的有关文字，是对正文的必要补充和说明。一般包括注意事项，广告单位名称、地址、电话和邮政编码、银行账号、单位的负责人或联系人姓名等。

随文是广告不可缺少的部分，对消费者而言具有购买指南的作用。

（三）广告文稿的写作要求

1. 实事求是

撰写广告文稿，首先必须遵照国务院发布的《广告管理条例》第 3 条的规定："广告内容必须真实、健康、清晰、明白，不得以任何形式欺骗用户和消费者。"这是广告文稿的最基本的要求。广告文稿只有忠实、负责地向消费者介绍，才能树立商品、企业的信誉。在广告中，一定限度的艺术渲染和艺术夸张是允许的，但必须以事实为基础，不能脱离事实。美国著名的《欧吉沛广告准则》第 1 条提出："绝对不要制作不愿让自己的妻子、儿女看的广告。"

2. 明确写作目的

广告文稿，一方面，是按照客户的要求，为扩大产品的销售或创造企业的良好形象而作；另一方面，目前市场广告对象的需要心理、消费心理和购买心理活动又决定和制约着广告促销效果的成败。所以创作广告文稿又要遵循人们认识事物的心理发展程序，按广告诉求认知原理，考虑如何引起消费者的注意、兴趣，激发购买行动，从而达到广告最佳的促销效果。由此可见，一则广告文稿的写作，要从广告客户的要求和消费心理两方面的目的进行创意和表现。

3. 有明确的诉求重点

广告文稿由于受时间、篇幅以及传媒的限制，不可能面面俱到，必须从众多的宣传信息中选取最能体现商品、劳务的功用，最能体现其价值的"核心点"来作为诉求重点。在确定其诉求重点时，还必须注意是在进入市场的引入期、成长期，还是成熟期、饱和期或衰落期等不同阶段。在引入期和成长期，诉求重点往往是商品名称、性能，给消费者留个印象；在商品的饱和期，诉求重点是商品的新技术开发及商标的信誉。例如：“海尔集团’，在比较早的时候制作了一些动画：“海尔好兄弟”，树立了“海尔集团”的良好形象。后来一句广告词：“海尔真诚到永远”深入人心。在海尔的不断成长壮大中，现在广告中出现了新产品，并强调“海尔，中国造”打动国人。可以说其广告宣传做到了步步为营，技高一筹。

4. 语言文字要有感染力

广告的语言文字是否具有感染力，是衡量广告优劣的重要标志。一则广告，创意再好，构思再新，最终要在广告文稿上用精妙的语言文字表现出来，力求做到既通俗易懂，朗朗上口，又活泼风趣，引人入胜。例如：“车到山前必有路，有路必有丰田车”，表现了对熟语和联珠修辞的整体结合之妙。

第二节　消　息

一、消息的概念

1943 年 9 月陆定一提出：“新闻就是新近发生的事实的报道。”广义的新闻包括消息、通讯、特写、调查报告、新闻评论等，是报纸、广播、电视等媒体中常见的报道体裁。狭义的新闻专指消息。

消息，是对新近发生的有社会意义并引起公众兴趣的事实的简短报道。因此，真实性、时效性及文字少、篇幅小成为消息的基本特征。

二、消息种类

（一）动态消息

也称动态新闻，这种消息迅速、及时地报道国内国际的重大事件，报道社会主义建设中的新人新事、新气象、新成就、新经验。动态消息中有不少是简讯（短讯、简明新闻），内容更加单一，文字更加精简，常常一事一讯，几行文字。

（二）综合消息

也称综合新闻，指的是综合反映带有全局性情况、动向、成就和问题的消息报道。

（三）典型消息

也称典型新闻，这是对某一部门或某一单位的典型经验或成功做法的集中报道，用以带动全局，指导一般。

（四）述评消息

也称新闻述评，它除具有动态消息的一般特征外，还往往在叙述新闻事实的同时，由作者直接发出一些必要的议论，简明地表示作者的观点。记者述评、时事述评就是其中的两种。

以上四类消息，以动态消息较易写作，可以经常练习写一些，从实践中提高新闻写作能力。

三、消息的构成

消息的构成主要有四个部分：题、文、图、表。

题：简要、突出、吸引人。

文：导语 100 至 200 字，开宗明义，人事时地因。

主体 300 至 500 字，深入浅出，阐述主旨。

结语 100 字，简洁有力，强调该新闻的意义与影响，或预告下阶段活动。

图：视需要加入有助于读者理解的图片。

表：视需要加入有助于读者理解的表格。

四、消息的结构

消息的结构一般分为五部分：标题、导语、主体、背景、结语，一般来说，标题、导语、主体是消息必不可少的组成部分。标题是用来概括消息的主要事实的。又分为引标题、主标题、副标题。导语是消息开头的第一句话或第一自然段，扼要揭示消息的主要内容。主体是消息的躯干，是对导语的进一步扩展，要用充分的事实表现主题。背景是新闻事实发生的社会环境或自然环境。结语是交代新闻事件结果的话，可有可无，视具体情况而定。消息的基本特征也是用事实说话，其特点是：及时性、真实性、简明性。消息写作要做到四个字：真、新、快、活。

学新闻先学消息，学消息先学倒金字塔结构，倒金字塔结构对于消息写作有普遍的指导意义。

“倒金字塔”是一种逻辑结构，简单说，就是按内容轻重缓急安排写作结构，把最重量级的内容放最上面，其次的放后面，再次的再后面，形成一种重心居上的结构。这种结构中消息的各个部分，分别为：标题，导语，主体，结尾，如图所示。

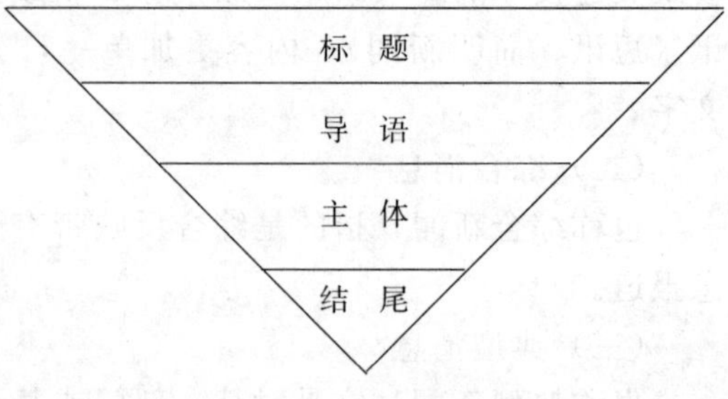

倒金字塔结构消息的各个部分都能够相对独立，所以能够从下往上逐一删除而不破坏消息的完整性，而且永远留下最重要的内容。因此，这个模式一度大受欢迎，形成记者爱写，编辑爱用，读者爱读的局面。

（一）记者爱写

因为有一个固定模式，写作时就不必把时间浪费在篇章结构的推敲上，适合消息必须抢时间发表的特点。

（二）编辑爱用

因为从重到轻，各段又相对完整，所以编辑排版很方便，位置不够，就把结尾去掉，再不够就去掉主体，变成一句话新闻，还没位置，就把导语也去掉，变成标题新闻："我省独立学院举行发展研讨会"，还是一则完整的消息。

（三）读者爱看

一看标题就大致知道发生了什么事，有兴趣就往下看，没兴趣就随时打住，不会留下印象不完整的感觉。

五、消息写作

写作消息要设想并回答读者问的问题，这些问题就构成了新闻五要素，即：When（何时）、Where（何地）、Who（何人）、What（何事）、Why（何故）。有的新闻学上补充了一个要素：HOW（如何）。在五个 W 和一个 H 中，最主要的是 What（何事）、Who（何人）。写作时要认真写好这几个方面的内容。

只要我们用心分析一下报刊发表的消息，就会发现，消息的结构比较固定、简单，大多数消息的结构都是"倒金字塔"式的，即：最重要的材料放在开头，次要材料放在后面。消息的结构具体表现为：标题、导语、主体、结尾，并在文中穿插背景材料。下面我们就根据消息的这一结构分析消息的写作。

（一）标题

标题是消息的眼睛，拟写得好，可以吸引读者；拟写得差，一篇好消息也会被埋没。可见标题有着向读者推荐的作用。如：《弯弯香江与中南海紧紧相连》（新华社 2007 年 6 月 30 日电讯稿）、《名牌大学学生充当高考枪手》（中国青年报 2007 年 19 日电讯稿）、《杭城新事见新风，拎书拜年书压岁》（2008 年 2 月 19 日《解放日报》）。

消息的标题必须简明、准确地概括消息内容，帮助读者理解报道的事实。

消息标题有主题（正题）、引题（眉题）、副题（次题）三种。

主题：概括与说明主要事实和思想内容。

引题：揭示消息的思想意义或交代背景，说明原因，烘托气氛。

副题：提示报道的事实结果，或作内容提要。

出现在报刊上的有以下几种情况：

1. 多行标题

多行标题，一般有三行，中间一行是正题，是标题的核心，正题上面一行是眉题，正题下面一行是副标题。如：

经贸部负责人发表谈话　（眉题）

希望海峡两岸实现直接贸易　（正题）

愿与台经贸主管部门接触协商解决双方贸易　（副题）

2. 双行标题

正题和眉题。如：

合肥电信局花钱“买”批评　（正题）

在报上登“公告”欢迎群众对通讯服务工作进行监督　（副题）

3. 单行标题

大多文章稿件都是一行标题。

（二）导语

导语是指一篇消息的第一自然段或第一句话。它是用简明生动的文字，写出消息中最主要、最新鲜的事实，鲜明地提出消息的主题思想。

在导语之前往往还有一个消息头（讯头、电头）。

讯头：是指通过邮寄或书面递交的形式向报社传递的新闻报道。

电头：是指通过电报、电传、电子网络等形式向报社传递的新闻报道。

消息头由发布消息的媒体、地点、时间三要素组成（受众易知的要素可省略）。消息头的作用有两个，一是消息头是版权所有的标志；二是消息头是新闻来源的提示。

导语的要求，一是要抓住事情的核心，二是要能吸引读者看下去。要做到第一条，必须具备训练有素的分析能力；要做到第二条，则要有写作技巧。

导语写作中的思维过程，通常是以作者的自问自答开始的：

（1）什么事情是已经发生的事件中最重要的？

（2）什么人参加进去了？——谁干的或谁讲的？

（3）是用直接性导语，还是用延缓性导语？

（4）有没有什么吸引人的词汇或生动形象的短语要写进导语中？

（5）主题是什么？

以上五个问题中，第三个问题涉及导语的类型。那么，导语有哪些类型呢？一类是直接性导语：直接写出事实的核心导语。多是陈述性的像速记一样地反映事实。另一类是延缓性导语：多用于“软”消息。即所报道的不是正在发展中的、变化中的或突发性的事件。它通常用来设置一种现场或创造某种气氛，多是解释性、说明性的。

导语的形式主要有：

1. 叙述式。用摘录或综合的方法，把消息中最新鲜、最主要的事实简明扼要地写出来。如“昨天下午，省教育招生考试院公布了2009年高考招生方案，就此拉开了2009年高招大幕。高招方案显示，在去年实施平行志愿的基础上，今年高招政策又在六个方面进行了改革”。

2. 描写式。对消息的主要事实或某一有意义的侧面作简洁朴素而又有特色的描写，以酿成气氛。如“一盆盆翠绿欲滴的麦冬、松柏、万年青和盛开的鲜花装点在人民大会堂的大厅里，全国妇联今天下午在这里举行联欢会”。

3. 提问式。先揭露矛盾，鲜明地、尖锐地提出问题，再作简要的回答，引起读者的关注和思考。如“亲爱的读者，你可知道灯芯绒布可以做夏天穿的裙子吗？上海绒布厂新生产的许多灯芯绒中，就有这样的品种”。

4. 结论式。把结论写在开头，提示报道某一事物的意义或目的或总结。如：“今天，新中国颁布的第一部专利法正式生效了。从此，脑力劳动成果被无偿占用的历史在我国宣告结束。”

5. 引用式：引用消息中人物深刻而富有意义的语言作为导语。如“女青年杜芸芸到上海司法机关，要求将继承的十余万元遗产捐献给国家，她说：我还年轻，应该靠自己的劳动来生活，我愿意将这笔款捐献给困难的灾区兄弟。”

6. 号召式。提出号召，给读者指出方向和奋斗目标。

另外消息的导语还有摘要式、评论式、综合式、解释式等等。

（三）主体

这是消息的主干部分。它紧接导语之后，对导语作具体全面的阐述，具体展开事实或进一步突出中心，从而写出导语所概括的内容，表现全篇消息的主题思想。写作主体要注意如下几点：

1. 主干突出。消息的主体是主干，典型材料要用于主干上。要去头绪，减枝蔓，与主题无关的要舍弃，次要的要简略。

2. 内容充实。回答导语中各要素提出的问题，其内容必须具体充实，这样才有说服力。导语提出什么问题，主体就要回答什么问题，这样才能紧扣中心，突出重点。

3. 结构严谨，层次分明。要恰当地划分段落，有条不紊地展开叙述。安排层次有以下几种顺序：一是时间顺序，按事情的发生、发展、结束的先后顺序安排层次；二是逻辑顺序，就是根据事物的内在联系来安排层次；三是时间顺序和逻辑顺序相结合，这样写严密而有条理，活泼而不紊乱。

（四）背景

1. 什么是背景

新闻背景指事件的历史背景、周围环境及与其他方面的联系等。写新闻有时要交代背景，目的在于帮助读者深刻理解新闻的内容和价值，起到衬托、深化主题的作用，也就是回答五个“W”中的Why（为什么）。

西方新闻学认为背景就是对新闻事件作出的解释。美国新闻学家赖斯特说得很清楚："我看不出新闻背景与解释有什么区别。""解释，在我看来，就是新闻报道的深入化，就是把单一的新闻事件放到一系列的事件中去写"，"就是提供新闻的背景知识，从而使读者能够对新闻事件作出客观的判断。"

但是"解释"不是议论，解释本身就是事实，也就是说用事实去解释。所以新闻背景又称之为"事实背景"。背景既可在主体部分体现，也可在导语或结尾部分体现，位置不固定。

2. 背景有哪些作用

第一个作用，说明新闻事件的起因。

第二个作用，显示或帮助读者理解新闻事件的重要性。

第三个作用，突出新闻稿件的新闻价值。

第四个作用，表明记者的观点。记者是不准在新闻中发表议论的，但是，谁也无法禁止记者通过自己来写的新闻表达自己的立场和看法。纯客观的报道是不存在的。

3. 背景的类型有几种

常见的有三种：对比性的，说明性的，注释性的。有的新闻学则将背景分为四种：人物背景、地理背景、历史背景和事物背景。

（五）结尾

结尾是消息的最后一段或一句话。阐明消息所述事实的意义，使读者对消息的理解、感受加深，从中得到更多的启示。

消息的结尾方式有小结式、评论式、希望式等。这些结尾写作与一般记叙文结尾的写作并无大的不同。有的消息，事实写完，文章就止住了，结尾就在事实之中。

下面这则消息的标题不完整，也不符合新闻语体，试修改：

"教师节"学生签名活动

9月10日上午，为庆祝教师节的到来，献上自己真诚的祝福，校学生会在生活区一期食堂进行了一场学生签名活动。虽然此次活动的时间并不长，但前来签名的并不少。有返校的高年级同学，也有刚提着行李来校的新生。当他们经过我们的签名台时都停下了脚步，在"老师您辛苦了"的红色横幅上写下了自己衷心的祝福。签名会上呈现着新的学期又有一份新的热情。

经过两个多小时的签名，横幅上无处不是同学的姓名和祝福，在签名会结束之后，我们将横幅悬挂在一期食堂二楼的西侧，希望每位老师看到我们的祝福时都会微笑。让每位学子都记得在我们身后默默工作的辛劳的教师们。对他们说一声"老师，您辛苦了！祝您节日快乐！"

校学生会旨在通过此次活动，向全校的老师表达自己真诚的心意，同时也创造机会，让每位普通的同学都能献上自己的祝福，校学生会就像是师生间的桥梁，在今后的日子里我们将多举行类似有意义的活动，希望每位同学都能踊跃参加。

修改后：

我校举办教师节学生签名活动

（本校 9 月 10 日消息）为庆祝教师节的到来，我校举办了一场学生签名活动。

今天是我国第 22 个教师节庆祝日，为了让每位同学都能献上自己的祝福，校学生会组织了这次学生签名活动。上午 9 点钟，生活区一期食堂门口一条写有“老师您辛苦了”字样的红色横幅吸引了过往同学，大家纷纷停下脚步，在上面签下自己的名字。其中有高年级的同学，也有提着行李刚来报到的新生。他们都希望通过这一形式，对默默工作的老师们说一声：老师，您辛苦了，祝您节日快乐！经过两个小时的活动，横幅上签满了同学们的名字和祝福。

学生会同学说，这条横幅将悬挂在一期食堂二楼的西侧，希望过往的老师都能看到。他们还表示今后还将举办此类有意义的活动。

第三节　通　讯

通讯是以叙述、描写为主要表达方式，将具有新闻价值的人物或事件及时、具体、生动地予以报道的新闻体裁。

一、通讯特点

通讯作为报刊、电台等媒体最主要的报道体裁之一，新闻性显然是基本的特征。而新闻性中，真实、时效、思想性及典型意义构成了它的不同层面。就报道对象而言，或是人物、事件，或是经验、成果、工作情况、社会风貌等，都必须是真实的，不允许虚构或“合理想象”，而且报道对象应该具有必须的思想性和典型意义。就报道时效言，通讯虽不及消息这般快速敏捷，有时为将人物、事件报道细致完整需时较长，但也必须及时，仍须有很强的时效概念。除去真实、时效的新闻性特征，通讯的主要特点有：

（一）生动性

通讯尤其是人物通讯具有一定的文学色彩。消息在表达上主要是平面的叙述，语言追求简洁、明快、准确。通讯则较多借用文学手段，可以描写、抒情、对话，可以用比喻、象征、拟人等修辞。因此通讯在语言和表达方法上都具有一定的文学性，它在报道真实的人和事的过程中，善于再现情景，平添许多生动和形象，给人以立体感、现场感。

此外，通讯虽然一般以第三人称叙述为主，但在“见闻”、“采访记”一类的通讯中，也采用第一人称。不过其中的“我”主要起见证人或采访线索的作用。在效果上第一人称的使用也增加了一些亲切感。

（二）完整性

通讯须相对完整、具体地报道人物或事物的过程。消息侧重写事，叙述简明扼要，一般不展开情节。通讯可写人物也可写事件，其材料比消息丰富、全面，其容量比消息厚实、充足。它要求详尽、具体地报告事件的经过、演绎人物的命运，充分展开情节，甚至描写细节和场面。这些既是生动性的表现，同时也是内容完整性、具体化的要求。

（三）评论性

通讯须运用夹叙夹议的方法对人或事作出直接的评论。消息是以事实说话，除述评消息一般不允许作者直接发表议论。通讯则要求在报道人物或事件的同时，表露记者的感情与倾向。然而通讯的评论不同于议论性文体的论证，它须时时紧扣人物或事件，依据事实作适时的、恰到好处的评价点拨。因此这是一种通过描写、叙述、抒情等表达手段进行的议论，它的特点是以情感人，理在情中。

二、通讯种类

（一）人物通讯

人物通讯是以人物的思想、言行、事迹和命运为报道内容的通讯。人物通讯并非仅仅是“名人通讯”，报道对象的选择取决于其蕴含的新闻价值，一般来说人物必须具有先进性或典型性。在取材上可写“全人全貌”，也可截取片断着重写人物的某个侧面或阶段。此两类一般以人物的“行”为主，而“人物专访”则以写人物的“言”为主。通过记者的专访，记述人物的谈话，从而揭示其精神世界。

（二）事件通讯

事件通讯是以具有典型意义的事件为报道对象的通讯。事件通讯时效性较强，它围绕中心事件选材，虽不着力刻画人物，但往往通过典型事件表现一群人或一个集体。所以它通过较为详尽地展示事件的完整过程，挖掘其意义，揭示其本质，进而反映社会风尚，弘扬时代精神。

除人物通讯与事件通讯外，另有“工作通讯”，这是介绍某单位先进事迹，传播其典型经验和做法，以指导一般的通讯；“概貌通讯”，这是记述某地区、部门、行业、工程的新面貌、新气象的通讯。报刊上常见的“见闻”、“纪行”、“巡礼”、“散记”均属此类。此外，还有以写一段片断、一个场景、一场冲突为对象的“新闻故事”、“小通讯”之类，它们以生动、快捷的形式宣传新人新事新风尚，实为通讯家族中不可忽视的一员。

三、通讯写作

（一）关于选材与提炼主题

占有材料对通讯写作来说就是通过扎实细致的采访广泛搜集第一手材料，随后在纷繁的直接材料中剥离出典型材料、背景材料。这些材料不仅要求真实，而且要有意义，具有典型性、指导性，同时还要有意味，具有具体、完整、感人的生动性、情节性。在这基础上根据深和新的原则提炼主题，通讯才可能呼应社会关注热点，反映时代风尚特点，宣传党的路线方针，从而以正确的舆论引导人，以先进的人物激励人，以真实的事件震撼人。然而通讯写的是真人真事，其主题必须从实际生活中提炼而来，不能随意"拔高"，更不能虚构夸大，它永远不能违背新闻的真实性原则。

（二）关于写人

事因人生，人以事观。人与事虽不可分，但在人物通讯与事件通讯中的确有以人为主和以事为主之别。

写人在文学创作中已积累丰富经验，在"非虚构"的原则下，我们不妨可借用其多种手段，并注意以下三个方面：第一，形与神兼备。即不仅要写出人物的行为和事迹，更要展示其精神世界。第二，言与行统一。人物语言、行为表达、传递出人物的思想，而不同的语气、句式、词汇及动作表情、神态等是极富个性色彩的内心表露形式。写好了人物的言与行，无疑是写活了人。第三，画龙必须点睛。如果说言行、事例、情节勾勒出人物的整体形象称为"龙"，那么揭示人物行为意义，指出人物个性特点的评点便是"睛"。"画龙"用的是纪实的叙述、描写，"点睛"则是超脱的议论或抒情。

（三）关于叙事

通讯离不开写事，事件通讯更须完整地叙述事件的起因、人员、场面、结果等，以交代事件的复杂性和社会影响度。叙事要注意两点：第一，理清主线、丰满细节。一个新闻事件的发生、发展过程中，有因有果，有人有事，头绪多而关系复杂，作者须理清主线，按事件原貌将其完整地、动态地、立体地呈现给读者。而为实现这一目标，就须选择典型的细节。一篇优秀的事件通讯，必然有几个生动感人的细节来充分展示主线，使作品丰满而具有现场感。第二，时间为经、空间为纬。通讯须有一定的时间要领，因为事件、故事总在一定的时间和空间中。纺织好时空画面既是一个结构问题，也是一个表达方法问题。篇幅不长而情节不太复杂的事件通讯可多运用插叙、补叙、分叙等手段，充分展开矛盾和利用背景材料，使文章有变化起伏。容量大而情节复杂的事件通讯则常常运用时空交叉方式，以时间推进、空间变换等手段来切割事件，构成若干侧面。经过作者精心的组合剪辑将事件完整而利落地报告于世。

显然选材与提炼主题是各类通讯写作中必须面对的，而写人与叙事则因通讯品种不同而有所侧重。通讯的散文化写法亦开始为人注目。所谓的散文化倾向有以下几个特点：(1) 生活面更趋广阔；(2) 结构不拘一格；(3) 技法更多样化；(4) 报道呈系列化。

四、消息与通讯的区别

(一) 在内容上，消息简略单纯，通讯详细丰富

从内容方面看，消息大多是一事一报，而且只报道新闻事件的大致情况，如果有细节也是非常少的。而通讯报道则可以是一人一事，也可以涉及众多的人物和事件。同时，通讯十分重视细节的刻画，在一篇通讯中往往有大量的细节。

(二) 形式上，消息程式性强，通讯创造性强

形式，一般是指文章的结构、语言和表达方式。

从结构上看，消息是一种程式化的文体，有常用的模式。消息写作，很大程度上是按着固定的模式进行操作，创造性只体现在一些局部的地方。通讯则不然，它的写作跟一般的记叙文相似，没有固定的格式，每一篇都有自己独特的结构形式。

另外，消息的表达方式和语言也都有一定的程式性，在表达方面，消息主要用叙述，别的表达方式很少。在语言上，消息运用词语的直接含义，显得简洁朴素，循规蹈矩。而通讯表达方式丰富多样，语言常有新颖独特的创造性运用，显得流光溢彩、摇曳多姿。

(三) 在写作技巧上，消息手法简单，通讯手法多样

这里所说的写作技巧，含义较广，包括虚实相衬、对比烘托、铺垫弄引、设置悬念、欲擒故纵、欲露先藏、欲扬先抑等多种表现手法，也包括比喻、对偶、排比、夸张等多种修辞手法。这些手法，消息也是要运用的。但是，由于消息简洁朴实的文体本性所限制，消息对这些手法只在合适时偶尔一用。通讯则不然，为了加强作品的感染力和生动性，它常常使用以上多种写作技巧。比如通讯《领导干部的楷模——孔繁森》就有如下一段描写：

……孔繁森离开拉萨两天后，进入阿里地区措勤县境。藏北大草原那雄浑、壮美的景色展现在他面前：远方，绵延起伏的雪山在蓝天的映衬下格外壮丽，广袤无垠的草原一直伸展到遥远的天际。近旁，一座座用石块垒成的玛尼堆披挂着祈祷吉祥的五彩经幡，一堆堆高寒地带特有的红柳丛在阳光下像火一样耀眼。天空，时而白云朵朵，时而乌云密布；原野，时而大雪纷飞，时而风沙弥漫……

这段文字中有虚实、有对比、有比喻、有对偶、有夸张……作者就是运用这些手法，使新闻也具有艺术的品性。

(四) 在风格上，消息朴实，通讯富有文采

手法的不同自然会造成风格的不同。消息一般没有文学性，朴素实用。通

讯则有比较强的文学性，生动活泼而富有文采。在一期报纸上，两种文体相互映衬和补充，使新闻媒体更加完美。

（五）时效上，通讯不如消息迅速及时

虽然有消息、通讯同时发表的情况，但一般来说，通讯的时效性是赶不上消息的，因为消息内容简略，篇幅短小，采访快，写稿快。有时事发几分钟，甚至不到一分钟，媒体就开始进行消息报道。而通讯有大量的细节，篇幅一般比较长，采访需要比较详细，写稿时间也要长一些。

本章小结

本章主要介绍了广告、消息和通讯三种传播文稿。广告主要从概念、写作要求、写作方法三个方面说明。消息和通讯本属新闻一体，这里除了介绍两者各自的特点与写作要求与方法之外，还重点阐述了两者在写作中突显出来的不同之处，为写作者对两者进一步的理解提供帮助。

思考与练习

一、问答题

1. 广告创作包括哪些要素？

2. 消息的时效性体现在哪些方面？

3. 与消息相比较，通讯具有什么样的特点？

二、实践题

1. 请为你所在的学校设计一则广告宣传文案。

2. 实地采访，写作一篇消息。

3. 阅读近期报纸，书面推荐人物通讯、事件通讯、概貌通讯各一件。

4. 阅读下列消息，然后给它拟写引题和正题：

本报讯（记者董洪亮）　我国唯一的教育艺术刊物《教育艺术》杂志日前度过了五周岁生日。冰心老人、贺敬之等知名人士为之题词致贺。

《教育艺术》由中华教育艺术研究会暨中华教育艺术家协会、首都师范大学青年教育艺术研究所共同主办，李燕杰教授担任社长。该刊以“激扬正气，振奋民魂”为办刊宗旨，主要栏目有“名家谈教育艺术”、“时代精神磁场”、“青春思絮”、“教育艺术一千问”等。《教育艺术》杂志被海内外读者誉为“青年的良师，家长的益友，干部的参谋，教师的助手”。

（《中国教育报》2006 年 11 月 17 日第 2 版）

5. 一件新闻在不同的报纸上刊出时，会因编辑眼光的不同而出现不同的标题。请就近日发生的一件重大新闻，比较、分析各大报纸刊出时的标题有何不同。

6. 写一篇新闻，报道学校或班上新近组织的某项活动。时间、地点、事件要交代清楚，还要注意详略得当，有条有理。

第十三章　收文、发文处理和公文立卷

【知识点】了解公文的收发和立卷的过程和要求，熟悉公文制度。

【能力点】理解并掌握公文收发的基本程序和要求，能够及时准确地处理公文。

第一节　收文处理

一、收文处理的一般过程

收文处理指对来自本机关外部的公文所实施的处置与管理。

（一）第一阶段：公文的收受与分流

1. 签收。指履行规定的确认、清点、核对、检查、签注手续后，机关设置的外收发人员、通讯人员从发文机关、邮政部门、机要通信部门、文件交换站，或通过自备通信设备收取公文。

2. 外收文登记。即由外发人员在完成签收工作后，对收文情况做出简要记载。

3. 启封。即外收文登记完成后，公文送至机关统一或分别按内部机构设置的内收发部门（或人员），由其签收后，统一启封或径送直有关领导者亲启。

4. 内收文登记。即由内收发人员对收文情况做出较详细的记载。

5. 分办。即经对收文进行分类筛选后，由指定的有关人员根据公文的重要程度、各部门职责分工及有关程序规定将公文分送有关领导、有关部门工作人员阅知办理。

6. 摘编。由文件管理人员对部分准备投入办理过程的重要文件进行的加工活动，主要是针对这些文件写文摘、提要、综述，汇集有关数据资料等。

（二）第二阶段：办理收文

1. 拟办。由部门负责人或有关具体工作人员经过对公文进行认真的阅读分析，提出建议性的处置意见，供有关领导审核定夺。

2. 批办。即机关领导者或部门负责人对公文提出处置意见。

3. 承办。即有关工作人员按批办意见具体处置公文所针对的事务和问题。

4. 注办。即由承办人签注公文承办情况，以备忘待查。

（三）第三阶段：组织传阅与催办查办

1. 组织传阅。指独份或份数很少的公文需经多部门或多位工作人员阅知处理时，使公文在他们中间得到有效传递和阅读。

2. 催办。由公文处理管理机构根据承办时限和其他有关要求对公文承办过程实施的催促检查。

3. 查办。由公文处理管理机构或其他专门组织对重要公文实际执行情况所进行的核查协办工作。

（四）第四阶段：处置办毕公文

包括：立卷归档、清退、暂存、销毁等。

二、收文办理活动的过程

（一）拟办

拟办是一项辅助决策活动，目的是为决策活动提供可供选择的方案。作好拟办应注意：（1）认真研读公文，真正弄清对方的意图、问题的性质与实际情况。（2）意见要简明、具体、得体。（3）如同时提出两个或两个以上方案时，应讲究它们的排列次序，一般应将倾向性意见放在前面，以提高效果。（4）意见应工整、清晰地写在《文件处理单》相应的栏目中，并签注拟办人姓名与日期。（5）当公文所涉及的问题较易处理，对领导者采纳自己的方案有一定的把握时，也可直接草拟复文文稿供审核定夺，以加速办理过程。

（二）批办

批办是一项由法定责任者履行法定事务处置权的决策性活动。法定责任者即机关或部门的领导人。批办的要求是：（1）不得越权批办公文。（2）严格控制批办范围，不经批办同样能得到有效办理的公文，已批办过统一的处置意见的公文，他人已有合法、明确而有效批办意见的公文，均不再批办，由有关部门直接处理。（3）批办意见务须明确、肯定、具体，前后一致，切实可行。（4）采取有效措施监督批办意见的执行结果。（5）批办过程中，如发现公文所涉及的问题是自己无权或确实无法处置的，可将批办改为拟办。在此过程中一定要实事求是地弄清事件的情况。（6）批办意见应工整、清晰地写在《文件处理单》或《文件传阅单》的有关栏目内，并务须签注批办人姓名、年月日。

（三）承办

只有经过承办，公文才能产生切实效用，它是公文办理中的中心环节。在承办时应注意：（1）熟悉与公文内容有关的法律、法规、方针政策和上级有关公文，熟悉有关业务。（2）为使公文所针对的问题得到有效处理，必须深入实际，加强调查研究。（3）加强协商，努力协调各方面关系。（4）有效运用面谈、会议、电话沟通、现场办公等多种承办方式。（5）分清主次，区别缓急，科学安排承办次序。（6）各级领导积极参与承办。（7）注重对承办结果的检查与监督。

（四）注办

注办的主要作用是备忘待查，为日后查考提供依据。

注办由承办人随手完成，即随着承办活动的进行随时将反映承办情况的一些内容记录在《文件处理单》相应的栏目内。签注的项目通常包括：是否办复，复文号及复文日期；召开会议的名称，与会范围，决议与结果；电话沟通时对方的受话人、通话内容与日期；现场办公的参加者、解决问题的方法措施与结果；主要阅件人、承办人姓名、签注日期等等。

三、收文管理活动的过程

（一）签收

签收是收文办理的第一道程序，指收到文件后收件人在对方的文件投递单或送文簿上签字，表示收到。其作用，一是为明确交接双方的责任提供一种凭证；二是为了保证文件运行安全。

（二）登记

登记的形式主要有簿式、卡片式、联单式三种。登记时应注意：收文与发文，平件、密件与急件一般应分别进行；分清轻重缓急，急件随到随登，平件分批登，但也应当日到当日登；登记序号应不留空号，不出重号；字迹工整、不滥用简称；所有登录项目都应完整准确；对于无标题文件应代为拟出简明、确切的标题。

（三）启封

启封应由专人负责；标明亲收的亲启件，由领导人亲启；启封后应检查公文的完整情况。

（四）分办

即为公文确定运转方向。这是一项事关公文是否准确、迅速得到办理的决定性工作。依据文件的性质、重要程度、涉密程度、时限要求、内容所涉及的职责范围，及机关各部门、各级工作人员的分工、有关程序、惯例送交办理。

分办应有专门登记，有关责任者应同收件人履行交接手续。送出公文前应根据需要将《文件处理单》、《文件传阅单》等附上，使其随文运转。

（五）公文摘编

在重要公文投入办理之前对其所作的加工。目的是为办理公文提供方便，节省办公时间。文摘、提要可以附在公文上一并送领导者或其他工作人员阅处，也可刊载于《公文信息》、《来文摘报》等刊物上。综述、数据资料汇集一般则单独成文提供，也可刊载于《信息快报》等刊物上。

（六）组织传阅

在组织传阅时应注意：（1）选择合理的传阅路线形式。（2）正确排序，随情况变化做适当调整。（3）适当分流，如复制若干副本。（4）积极利用并发展多种传阅形式，可开辟阅文室、召集阅文者集中阅文、利用网络等现代化手段传阅文件等。（5）建立传阅登记手续。（6）及时检查阅读情况，有效落实有关领导者阅后的批示。

（七）催办

根据承办时限和有关要求对公文承办过程实施的催促和检查过程。

催办工作的一般过程为：明确对象与对承办工作的要求（时限、方式、原则等）；将有效进行催办工作所需要的情况以《文件催办单》等形式记录在案，作为催办依据；定期或随时向承办部门或人员催询、检查承办工作进展情况；及时协助制订和实施解决问题的方法、措施，保证公文迅速有效地运转；验收办毕公文，综合反映承办工作实际情况与结果，注销已办结公文。

（八）查办

公文查办是指核查重要公文执行情况，督促并协助承办单位全面、具体地落实公文精神，解决有关问题的活动。

公文查办与催办都是带有监督性质的管理活动，但两者的区别也是比较明显的：（1）催办是对承办公文过程的监督控制，重点在于使公文按“时”办毕，查办则不仅要监控承办过程，还要管公文产生实效的全部过程，按时、按质、按量地将有关事务办毕；（2）催办一般是以一份具体公文为单位展开，查办则是以一件“事情”为单位进行，在若干份公文反映同一“事情”的情况下，查办往往就围绕这样一组公文而展开。

查办工作的一般过程是：立案，即确定查办对象；交办，向有关部门布置查办任务；向承办部门催询办理情况；反馈，由查办人将查办情况和结果反映给领导者；销办，注销已获结果的承办事项，对办毕公文做出处理。

第二节　发文处理

一、发文处理的一般过程

（一）第一阶段：文稿的形成

1. 拟稿。指撰拟公文文稿。

2. 会商。是指当公文内容涉及其他有关同级或不相隶属机关或部门的职权范围，需征得其同意或配合时所进行的协商活动。

3. 核稿。是指拟就的文稿在送交有关领导签发或会议讨论通过之前，由部门负责人或经验丰富、水平较高的秘书人员对文稿所做的全面核查工作。

4. 签发。指由机关领导人或被授予专门权限的部门负责人对文稿终审核准之后，批注正式定稿和发出意见并签注姓名、日期的活动。

（二）第二阶段：公文的制作

5. 注发。是指在定稿形成后，批注缮写印发要求的活动，其作用是使签发意见进一步具体化、技术化。

6. 缮印。是指以誊录抄写、印刷等方式制作供对外发出的公文。

7. 用印或签署。即在印毕的公文上加盖发文机关的印章，或请有关领导者在公文正本上签注姓名。其作用均为表明公文的正式性质和法定效力。

（三）第三阶段：公文的对外传递

8. 分装。指按照规定具体拣配和封装公文。

9. 发出。指将已封装完毕的公文以适宜的方式发送给受文者。

（四）第四阶段：处置办毕公文

包括：立卷归档、暂存、销毁等。这一程序具有很强的确定性和不可逆性。

二、发文办理活动的过程

（一）文稿撰拟

（二）会商

会商的作用主要是维护公文的合法性、有效性，维护政令的一致。

会商由发文机关主动组织，就有关问题协商完毕取得一致意见后，应请这些机关或部门的有关责任者签注会商意见。会商意见应签在“发文稿纸”的有关栏目内，要写明对有关内容是否同意，并亲笔签名和注明时间。会商时应注意如下诸点：（1）协商的对象应齐全没有遗漏。为保证公文合法并有效，被其内容所涉及职权的所有机关或部门都在协商范围之列，应广泛征求其意见，征得其肯定或配合。（2）协商过程中，如未就有关问题取得一致，应及时向有关上级机关反映情况，请求指示。如未获准，不得按自己的意见向下行文。（3）协商时可采取多种具体方式，可以“跑会”，即主动到对方驻地去面商；也可以“函会”，即向对方寄发草稿和有关函件，请其签注意见后再寄回；也可以用会议方式同时召集有关机关或部门的责任者一起协商讨论，取得一致意见。

（三）核稿

核稿的重点是：（1）是否需要行文，是否具备行文条件，发文名义是否合适，有无错用。（2）文种是否正确、规范，行文方向是否正确、准确，有无多头主送、滥抄滥报、违制越级行文等现象，公文能否对受文者产生预计的影响。（3）公文内容是否合法，是否真实准确、明确具体、界线清楚、前后一致、切实可行、详略得当。（4）公文格式是否规范、正确，文体是否正确，结构是否齐全完整。（5）语言表达是否简明、得体、有条理，是否合乎语法、逻辑，是否准确，易于理解，没有歧义。主题是否明确显露，人名、地名、时间、数字、引文是否准确。标点是否正确，字迹是否工整清晰规范。（6）公文是否经过一定会议讨论通过，是否经过会商，是否需要上报。

（四）签发

根据签发人的身份、地位及工作程序的不同，可分为：

正签——签发人在自身法定职权范围内签发公文。

代签——根据授权代他人签发公文。

核签——又称加签，指上级领导人签发下级机关或部门的重要公文。

会签——两个或两个以上机关行文时，由各机关的领导人共同签发公文。

作好签发工作，必须做到：(1) 不得越权签发公文。(2) 必须先核后签。(3) 联合行文时，必须做好会签工作，使各机关或部门领导人均履行签发手续。(4) 必须在“发文稿纸”相应栏目内批注定稿及发出意见（如“发”、“急发”等）并签注完整的姓名与日期，不要只签姓或只签名，不要只签姓名不批注意见。如为代签应标注“代签”等字样。

（五）签署

是指签发公文的领导人亲笔在正式发出和使用的公文正本落款处签注姓名。签署权为机关正职负责人所有，除特殊情况，一般不能由副职代签。

三、发文管理活动的过程

（一）注发

注发的项目和相应的工作包括：(1) 明确公文的具体发授范围，公文阅读的级别，标注公文的时限、密级，规定印刷份数和发出时限。(2) 明确公文的制作方式。(3) 给发文字号。(4) 进行版式设计。(5) 向催办部门销办。注发的批注内容应填在“发文稿纸”的相应栏目内，并在专门设立的登记簿册或单据上加以记录。

（二）校对

(1) 一般公文需校对 2～3 次后方能付印，重要或上报的公文的校次还需适当增加，并有二人以上参加校对，以确保公文质量。(2) 校对方法用：对校、折校、读校。

（三）用印

用印的注意事项有：(1) 原则上以谁的名义制发公文，就用谁的印章。必要时可为下级机关的公文代章。代章时应标明“(代章)”字样。公文业务性强，仅涉及某一项专项职责时，可用专用章。(2) 用印前须履行批准手续，不经规定领导者签发的公文一律不予用印。(3) 用印次数，以领导者批准印发的份数或常规规定的份数为准，不得随意增加。(4) 印章及供拼装在印版上使用的印模须保管在文书部门专人手中，使用时须由其监印，用毕迅速退回。以照相、静电复印制成的印模用毕应尽快返回文书部门或就地监销。(5) 印章应盖在成文日期上方，并注意上不压正文、下压日期。应使用质量较好的印泥作为字迹材料，除专用章外，印泥应为红色。印迹必须端正、清晰、完整。(6) 用印情况须做正式记录。

（四）分装

具体步骤包括：(1) 由内收发人员清点份数，按领导签发意见和注发要求拣配公文。(2) 由内收发人员进行发文登记。(3) 装封。(4) 捆包。(5) 将装好的公文交外收发。

（五）公文的对外发出

发出公文就是将已封装完毕的公文以多种方式传递给受文者，这项活动主要是机关外收发（通信机要部门）的职责。其工作步骤主要包括：（1）同内收发人员履行签收手续接受公文；（2）清点检查数量和封装质量；（3）登记；（4）投送并同接取公文的有关方面履行签收手续。

第三节　公文立卷

公文立卷就是按照公文的特征和联系将若干具有共同点和联系密切的公文组合成有机联系的集合体的活动。从公文的组成结构中概括出来的为所有公文都共有的共同点，如作者、内容、地区等，是立卷工作的依据。立卷工作主要包括两项工作：分类和组卷。

分类是将机关产生的公文按照一定的特点分成若干部分，组合则是把每一小类的局部的公文，按照共同特点组成保管单位。但二者又有相似之处：分类的方法主要是分析，分中有合，其分类结果是将具有不同特点的公文分别集合为不同类别；组卷的方法主要是综合，合中有分，其结果是将具有共同特征的单份公文集合为一个集合体（案卷）。

一、分类方法

公文的分类应该符合分类的逻辑原则，力求简明、严密。每一分类层次上只能使用一个分类标准，也就是，将一大组公文划分成若干小组时，只能使用一个相同的标准，不允许同时使用几种标准。通常，机关公文分类可以划分为四个层次：分年度——分组织机构——分问题——分保管期限。

（一）分年度

即按照公文形成、处理的年度特征将同一年度的公文分为一类，不同年度的公文分为不同的类别。在现行机关，其工作的计划、总结等都是按照一个自然年度来安排，将每年的1月1日～12月31日作为一个工作周期，其工作周期中同步产生的公文，也自然而然就形成了以年度为单位的独立类别，因此，按年度分类，纵向地反映了机关工作的特点和逐年变化、发展的客观情况，有利于现行机关利用和归档之后其他机关的利用。

年度分类，要求根据公文准确日期归入相应的年度。不同年度的公文一般不得放在一起立卷，否则，会打乱公文的时序，给日后的查找利用工作带来极大的不便。但是，由于工作的连续性，有时也会出现跨越两个或两个以上年度的公文，针对这类跨年度公文可采用的常规处理方法有：

1. 回复性公文放在复文年度，如2005年的请示与2006年的批复，应将请示批复均放入2006年立卷；

2. 规划性的公文，应放在计划或规划针对的第一年立卷，如“2005～2010年科研工作规划”可以放在2005年立卷；

3. 总结性的公文应放在其内容针对的最后一年立卷；如2008年完成的“2006～2007年×××项目财务决算”应放入2007年；

4. 会议公文放入召开会议的年度；

5. 规范类公文，应放入公文针对的第一年；

6. 两项内容的公文，归入主要内容针对的年度，如“2007年工作总结及2008年工作安排”，可视内容侧重归入相应年度。

（二）分组织机构

即按机关的内部组织机构进行分类立卷。

机关中组织机构的框架，是根据本机关的职能设立的，每一个部门又有各自相对独立的职权、职责，由各部门自身产生或承办的公文在内容性质上也就是相对独立的一个类别。在一个年度内，按照内部各组织机构分类，自然能够保持公文之间内容上的主要联系，有利于专题查找和利用档案。

根据国家有关规定，我国党政档案实行统一管理的原则。因此一个机关一个年度内的公文按照组织机构标准分类的步骤是：将公文分成党、政、工、团等四大类别，在四大类别中每一类别再按组织机构继续分类。这种分类的结果，使一个机关的党、工、团等组织的公文与各行政、业务部门的公文分开，文秘部门（办公室）的公文与业务部门的公文分开，各内部机构的公文也相互分开，各自形成不同的类别，按组织机构的性质从各个方面层次清楚地反映整个机关各项工作活动的历史面貌。

（三）分问题

分问题，就是按照公文内容所反映的问题特征来划分类别。

问题分类，可以使性质、内容相同的公文相对集中，较好地保持同一问题公文之间的联系性，为利用者提供关于某一问题、事件或人物等的系统、完整的公文信息。减少或避免了同一问题公文的分散现象。

在选用问题分类时，特别要考虑使用的机关对象和分类层次。由于人们知识水平不同，认识事物的角度不同，对同一“问题”的看法各异，往往更多地掺入了个人主观成分在内，致使同一份公文产生的分类结果也可能出现多种归类，使分类时难以给公文准确定位。因此问题分类的方法，适用于第三、四层次的分类标准，通常在组织机构分类下使用。适宜在第一层次采用问题分类的，往往是一些内部机构设置比较简单或者不太稳定、机构分工不明确而且公文数量较少的机关。一些大、中型组织机关，其内部组织机构较多且相对稳定，各部门职能相对独立，公文数量较多，应该采取先按组织机构分类，再接问题分类的方法，一般不要轻易打乱组织机构采取问题分类。

问题分类时应遵循问题的伸缩性规律。每一个机构对本部门产生和处理的公文总是有主有从、有多有少，立卷时应根据具体情况，灵活掌握。公文多时，可将一个大问题分解为几个小的具体问题；公文少时，又可以把几个具体的问题概括为一个大问题。

（四）分保管期限

即按照公文的保存价值的不同，将公文划分成不同的类别。分保管期限，通常是在同一个问题之下进行，一般不作为一个机关第一层次的分类标准。

保管期限，是根据各类公文客观存在的保存价值确定。国家档案局《关于机关档案保管期限的规定》将应归档公文的保管期限确定为永久、长期（16～50 年）和短期（15 年以下）三种期限。这三种期限只是一个大致的规定，各个机关在具体的工作中根据本机关的地位、职能和业务活动等客观情况，制订出更加详细、准确的保管期限表。如有必要，还可以针对公文具体情况，将长期、短期的保存时间划分得更准确、更具体，如 5 年、10 年、20 年、25 年等。

分保管期限时，应该密切注意同一问题公文的完整性。由于公文自身的真实记录性、原始性，决定了公文的价值（对现行机关的现实凭证价值和对历史的参考价值）。划分保管期限应该以此为依据。同时公文的价值往往不是单份公文能体现的，更多是在相互联系的一组公文中展现。这是公文形成的联系性所决定的，因此在立卷时应维护同一问题公文的完整性。一般情况下，机关公文完整程度较高，划分保管期限应从严，反之，则应适当提高残存的不完整公文的保管期限，从宽处理这些公文。

二、组卷方法

公文组卷，即对分类后的各属类按照其共同特征和主要联系，将其组合成一个个案卷的活动。组卷的依据是从公文结构中概括出来的作者、问题、时间、名称、通讯者、地区等诸要素，它们体现了公文在这些方面特有的联系及形成规律。因此组卷的常用方法有：

（一）按作者特征立卷

即将同一作者制发的公文组合成案卷。作者指制发公文的机关、部门及其领导人。特别强调“同一作者”，本机关的发文、直接领导机关、某一个下级机关的来文，都可以采用作者特征立卷。按此特征组卷，有利于反映同一公文作者的工作状况及本机关与某机关之间的工作联系，有利于依据公文来源确定其重要程度和保存价值。

（二）按问题特征组卷

即将反映同一事件、案件、人物、问题、业务活动和同一性质工作的公文集中在一起组卷。此处所言的“问题”，是指公文内容反映的主题，包括事件、案件、人物的处理、具体问题的发生与解决、某项工作业务活动的开展等。按问题特征立卷，将同一主题的一系列关系密切的公文组合成一个整体，正好反映了“同一问题”发生。发展以及解决的全过程，既能保持公文之间的有机联系，又能符合利用者按问题（主题）检索公文的习惯，使它成为一种主要的常用的立卷方法。

（三）按时间特征立卷

即按照某一问题下公文产生的时间顺序将公文编立成案卷。时间特征，即指公文形成的时间（同一年度、同一时期、月份、日期）。按时间特征组卷，可以反映出一个机关（部门）在不同时期的工作特点和发展状况，有利于保持同一时间公文的联系，可以使利用者从“纵”的（历史）联系中去把握，认识事物的发生、发展、影响等，为那些需要从时间特征检索公文的人们提供方便。

（四）按名称特征组卷

是将名称相同或性质、作用相同、相近的公文集中组卷。公文名称即文种，它反映了公文的性质、效能和价值，因此，按公文的名称特征立卷，可适当区分公文的重要程度和保存价值，还可以把名称相近、保存价值相近的公文合并立卷。但要注意名称相同，其性质不同的一名多用情况。按名称特征组卷，可以满足人们从文种角度利用公文的需求。

（五）按地区特征组卷

就是将公文内容所涉及同一地区或作者所在同一地区的公文集中立卷。此处所言的“地区”，是指我国的省级、地（市）级、县级、乡（镇）级等各级行政区域，这种方法多用于上级机关对下属机关的来文、调查统计材料和某些专门公文的立卷工作中。运用地区特征组卷，便于反映该地区的工作情况或有关该地区问题的处理，方便人们按地区特征检索公文。

（六）按通讯者特征立卷

就是将本机关与某一机关之间就一定问题进行工作联系而形成的来往文书集中立卷。通讯者特征，是两个机关之间针对同一个问题的问复性质的往来文书，一般与名称特征的统称“往来文书”同时使用。通讯者特征是作者特征的一种特殊表现形式，适合于按通讯者特征检索公文的情况。

以上六种方法可以单独使用，但更多的情况是两种或两种以上的方法结合使用。由于卷内公文的联系和人们检索公文的习惯，常用的结合运用有作者——问题——名称、年代——问题——名称或地区——问题——名称等形式。结合几个特征立卷，卷内公文就具有几个方面的共同点和联系，结合特征越多，公文联系的紧密性专指性就越大，成分越单一，特点越明显。因此，在立卷时应该认真分析公文特点，发现公文的联系，尽量结合多种方法立卷。

三、公文组卷步骤

将公文划分到适宜组成案卷的数量时，即可按照下列步骤进行组卷：排列卷内公文、编卷内页码、填写卷内目录、装订案卷、加贴卷末备考表、填写案卷封皮。

第四节　归档、清退和销毁

文档的归档、清退和销毁是文书部门的一项经常性的工作，对文书归档的范围、归档时间、归档要求和对文书清退的范围、方法、销毁的范围及具体要求等要了解。

一、归档制度

归档制度是文书部门将立卷后的文书案卷移交档案部门的行为过程，是对归档工作的规定和要求。归档制度的主要内容包括：归档范围、归档时间和归档要求等。

二、文书清退

文书的清退，即文书部门根据有关制度和规定，对收到的上级机关或发出的应退回文件的清理和清退。清退是文书归档和销毁时的十分重要的环节。清退工作做得如何，直接影响到文书的立卷、归档和利用。

文书清退内容包括清退范围、清退办法和催退等。

清退的范围：印有密级的文件及资料；送给领导人传阅的文件；其他注明"清退"字样的文件。

三、文书销毁

文书的销毁是指对无保存价值的文书材料进行焚毁，是文书管理部门处理文书材料的一种方式。

销毁的范围：立卷时清理出的不需立卷的文书材料；平时清退出的重份文书材料；无保存价值的其他文献资料；上级机关授权销毁的材料；翻印复印的上级文件。

销毁的具体要求：按规定的销毁权限和范围销毁；认真履行销毁审批手续；销毁文件要登记造册；严禁向物资回收部门出售内部文件和资料、刊物。

四、档案鉴定销毁制度

学校各类档案的保管期限分永久、长期、短期三种。为确定各类档案的保存价值，需要做定期鉴定，对失去保存价值的档案，可定期进行销毁。规定如下：

（一）鉴定组织

由有关业务部门负责人、档案馆组成鉴定小组对各类档案进行鉴定。

（二）鉴定权限

鉴定小组有权鉴定学校档案馆保管的各类档案，提出保管期限的意见，最后经有关领导审批后为准。

（三）鉴定原则

从全局出发，从长远着眼，坚持确定保管期限要尽可能地长、销毁从严的原则。

（四）鉴定时间

每五年鉴定一次，鉴定后销毁一次。

（五）鉴定程序

由各类档案室提出应鉴定的档案目录清单，由鉴定小组审阅，对清单上的每卷档案进行集体讨论，写出鉴定报告，最后经有关领导批准。

（六）销毁

鉴定后，档案馆按审批意见，对确定可销毁的档案进行登记、造册，并由两人以上负责监销。

（七）鉴定过程形成的材料和注册，由档案馆归档保存，以备查考。

本章小结

本章主要从公文的收文、发文处理的一般过程、处理活动过程、管理活动过程三方面对行政工作过程中的公文处理进行了比较系统的分析说明，使学生熟悉公文流动过程中的一般步骤与要求。同时对公文的立卷、归档、清退和销毁的程序、要求及公文制度作出较系统的说明。

思考与练习

一、简答题

1. 简述公文处理过程中的“拟办”、“批办”、“承办”、“催办”、“注办”。
2. 发文处理的基本程序是什么？
3. 用印的注意事项有哪些？

二、实践题

1. 借用图表的形式综合分析公文的发文、收文、立卷和销毁的全过程。
2. 学会利用身边的条件整理身边的各种公文材料。

参考文献

[1] 赵文琦，沈呜呜．秘书写作．上海：上海社会科学院出版社，2006.
[2]《新概念写作范例大全》编辑部，中华写作网．新编机关文书范例大全．哈尔滨：哈尔滨出版社，2006.
[3] 千惠．实用应用文写作指导与范例全书．北京：中国戏剧出版社，2006.
[4] 方瑾．新编应用文写作一本通．北京：企业管理出版社，2007.
[5] 苗瑞．企业应用文写作规范与实例．北京：中国电力出版社，2006.
[6] 岳海翔．最新实用公文范本大全．北京：中国言实出版社，2006.
[7] 叶润平．应用写作．合肥：合肥工业大学出版社，2005.
[8] 张秉钊．新编应用文写作．广州：中山大学出版社，2005.
[9] 陈小军．现代应用写作教程．合肥：安徽人民出版社，2005.
[10] 王春．应用文写作．北京：清华大学出版社；北京交通大学出版社，2007.
[11] 岳海翔．法定公文写作要领与范文．北京：中国言实出版社，2008.
[12] 张元忠，杨梅芳．应用文写作与评析．武汉：华中科技大学出版社，2007.
[13] 郭建利．应用写作一点通．杭州：浙江大学出版社，2007.
[14] 耿煜．新编办公室标准文秘写作现查现用．北京：企业管理出版社，2007.
[15] 李晓蕊．新编行政机关文书写作一本通．北京：企业管理出版社，2007.
[16] 中华秘书网．
[17] 赵映诚．文书工作与档案管理（第二版，普通高等教育“十一五”国家级规划教材）．北京：高等教育出版社，2007.
[18] 张建．应用写作（第一版，银领工程·高等职业教育技能型紧缺人才培养培训工程系列教材）．北京：高等教育出版社，2005.
[19] 何小庭．旅游应用文写作（第二版，全国高等院校旅游专业规划教材）．北京：旅游教育出版社，2003.
[20] 袁纬国．秘书学．北京：高等教育出版社，1990.
[21] 陈功伟．最新公文精要．广州：广东人民出版社，2008.
[22] 李兴民．大学应用写作教程．成都：四川大学出版社，2005.
[23] 耿云巧等．现代应用写作．北京：清华大学出版社，2007.
[24] 杨文丰．高职应用写作．北京：高等教育出版社，2006.
[25] 徐硕强等．应用文写作．武昌：华中科技大学出版社，2006.
[26] 刘春丹等．财经应用文写作．北京：北京大学出版社，2007.
[27] 李峰．现代应用写作学．成都：四川大学出版社，2007.